GUDJONS
HANDLUNGSORIENTIERT LEHREN UND LERNEN

ERZIEHEN UND UNTERRICHTEN IN DER SCHULE

Herausgegeben von
Rudolf W. Keck / Gerhard Meyer-Willner / Uwe Sandfuchs

HANDLUNGSORIENTIERT LEHREN UND LERNEN

Schüleraktivierung – Selbsttätigkeit – Projektarbeit

von

Herbert Gudjons

5., überarbeitete und erweiterte Auflage

1997

VERLAG JULIUS KLINKHARDT · BAD HEILBRUNN

Für Dörte, Arne, Thekla und Ursel (†)

Die Deutsche Bibliothek – CIP-Einheitsaufnahme
Gudjons, Herbert:
Handlungsorientiert lehren und lernen ; Schüleraktivierung –
Selbständigkeit – Projektarbeit / von Herbert Gudjons. –
5. Aufl. – Bad Heilbrunn/Obb. : Klinkhardt,
1997
   (Erziehen und Unterrichten in der Schule)
ISBN 3-7815-0873-0

1997. 2. A. © by Julius Klinkhardt
Das Werk ist einschließlich aller seiner Teile urheberrechtlich geschützt. Jede Verwertung außerhalb der engen Grenzen des Urheberrechtsgesetzes ist ohne Zustimmung des Verlages unzulässig und strafbar. Das gilt insbesondere für Vervielfältigungen, Übersetzungen, Mikroverfilmungen und die Einspeicherung und Verarbeitung in elektronischen Systemen.
Gesamtherstellung: Graphischer Großbetrieb Friedrich Pustet, Regensburg
Printed in Germany 1997
ISBN 3-7815-0873-0

Zur Konzeption der Lernbuchreihe
»Erziehen und Unterrichten in der Schule«

Erziehen und Unterrichten sind die Hauptfunktionen des Lehrberufs. Die in den einzelnen Bänden der Reihe dargestellten Funktionskomplexe (Differenzieren und Individualisieren, Interessieren und Motivieren, Beraten und Helfen usw.) sind von diesen Hauptfunktionen abgeleitete zentrale Teilbereiche der Arbeit des Lehrers. Aufgabe der Lehrerausbildung wie auch der Lehrerweiter- und Fortbildung ist die Vermittlung grundlegender Kenntnisse in diesen Bereichen. Unsere Lernbuchreihe wendet sich daher an Studenten aller Lehrämter und Lehrer aller Schularten. Sie ist konzipiert für den Einsatz im schulpädagogischen Grundstudium sowie in der Zweiten Phase der Lehrerausbildung; sie gibt aber auch dem erfahrenen Lehrer zahlreiche Anregungen und Gelegenheit, seine Praxis an neuen Forschungsergebnissen zu überprüfen.

Die Reihe will zur Überwindung der Kluft zwischen erziehungswissenschaftlicher Theorie und pädagogischer Praxis beitragen, indem sie den Stand der praxisrelevanten theoretischen Diskussion widerspiegelt und zugleich die theoretische Darstellung an Beispielen aus der Unterrichtspraxis konkretisiert. Die Handlungsorientierung der Reihe und das Bemühen um praxisnahe und situationsgerechte Aufarbeitung pädagogischer Probleme lassen sich auch an den in der Aktionsform ausgedrückten Titeln der Einzelbände ablesen.

Die Reihe ist auch ausdrücklich zum Selbststudium gedacht: Jeder Band enthält (entsprechend den Erfordernissen des jeweiligen Themas) über den Darstellungsteil hinaus kommentierte Literaturhinweise und Arbeitsaufgaben zum selbständigen Weiterstudium, Lernkontrollen als Lernhilfen und Beispiele zur Sicherung des Lernerfolges und zur Praxisanregung.

Das *vorliegende Buch* will den allenthalben sich erhebenden Ruf nach *Handlungsorientierung im Unterricht* einlösen helfen durch die unterrichtsnahe Darstellung des *Projektunterrichts* in Verbindung mit der Berücksichtigung von Formen der *Schüleraktivität*. Der Hamburger Schulpädagoge Herbert *Gudjons* sieht in dem Unterrichtsprinzip Handlungsorientierung, das er in neueren didaktischen Ansätzen aufweist, die Möglichkeit, dem »Verschwinden der Wirklichkeit« und der Reduktion auf Sekundärerfahrungen im schulischen Lehren und Lernen entgegenzuwirken. Nach der pädagogischen Begründung verfolgt er die Wurzeln des Projektunterrichts, um daraus Schritte und Merkmale des Projektunterrichts und die Bedingungen und Formen seiner methodischen Realisation abzuleiten. Das vierte Kapitel bietet ein Tablett *situationsspezifischer Einsatzmöglichkeiten* von Handlungsorientierung im Unterricht, die er in seinen Möglichkeiten und Schwierigkeiten für die Praxis diskutiert.

Handlungsorientierung als Supermarkt der Schüler-Selbstbedienung? Wie ist Handlungsorientierung in Verbindung mit der für schulisches Lernen typischen Form des systematischen Lehrgangs zu realisieren? Wie beeinflußt die Impulssteuerung des Lehrers die handlungsorientierte Kommunikationsstruktur des Unterrichts? Antworten holt der Verfasser in den Ansätzen der neueren didaktischen und methodischen Forschung und Reformpraxis ab und bindet sie in sein Konzept des projekt- und handlungsorientierten Unterrichts ein, um einer einseitigen »Theoretisierung« der Bildung auf allen Schulstufen entgegenzuwirken.

Hildesheim/Braunschweig, im Frühjahr 1986   Die Herausgeber

Zur 3., neubearbeiteten und erweiterten Auflage

Seit 1986, dem Jahr der ersten Auflage des vorliegenden Buches, sind im Bereich handlungsorientierten Lernens, insbesondere im Projektunterricht, wichtige Veränderungen festzustellen. Zumindest Projektwochen gehören heute zum festen Programm vieler Schulen, aber die Projektidee hat auch Einzug in den Fachunterricht gehalten. Der Bedarf an Vorschlägen und Reflexionen handlungsorientierter Unterrichtsformen ist gewachsen, neue Literatur ist erschienen, der Verfasser hat in der Lehrerfortbildung weiterführende Erfahrungen gesammelt und sein Konzept entsprechend praktisch fortentwickelt. – Völlig umgearbeitet wurden deshalb das 2. Kapitel (Zur Begründung handlungsorientierten Lehrens und Lernens) und das 3. Kapitel (Projektunterricht). Große Teile der anderen Abschnitte wurden aktualisiert, die neueste Literatur eingearbeitet. – Unverändert geblieben ist dabei das Anliegen, zur Überwindung der Kluft zwischen erziehungswissenschaftlicher Theorie und pädagogischer Praxis beizutragen!

Hildesheim, im Herbst 1991   Die Herausgeber

Zur 5., überarbeiteten und erweiterten Auflage

Gegenwärtig ist der Unterricht in der Schule stark im Umbruch. Damit gewinnen auch die in der Reihe »Erziehen und Unterrichten in der Schule« bearbeiteten Themen ein neues Gewicht. Insbesondere der Projektunterricht findet mehr und mehr Eingang in alle Schulformen und Schulstufen. Die fünfte Auflage wurde wiederum an den Stand der Diskussion um handlungsorientierten Unterricht durch Einarbeitung neuerer Tendenzen und Forschungsergebnisse angepaßt und damit erfreulich aktualisiert.

Hildesheim, im Herbst 1996   Die Herausgeber

Inhalt

Zur Konzeption der Lernbuchreihe »Erziehen und Unterrichten in der Schule« 5
Einleitung 9

1. *Handeln lernen in einer handlungsarmen Lebenswelt – Zur praktischen Notwendigkeit eines handlungsorientierten Unterrichts* 13
1.1 »Das allmähliche Verschwinden der Wirklichkeit« und die Schrumpfung von Handlungsmöglichkeiten 13
1.1.1 Der Wandel der kindlichen Lebenswelt und der Jugendkultur 13
1.1.2 Der Verlust der sinnlichen Erfahrung in der Schule und das Motivationsproblem . . 19
1.2 Handlungsorientierung in neueren didaktischen Ansätzen 21
1.2.1 Exemplarisch-genetisches Lernen 22
1.2.2 Entdeckendes Lernen 24
1.2.3 Offener Unterricht 25
1.2.4 Freie Arbeit 28
1.2.5 Erfahrungsbezogener Unterricht 29
1.2.6 Lehrzielorientierter Unterricht 32
1.2.7 Soziales Lernen und Gruppenunterricht 33
1.2.8 Subjektive Didaktik – die Modellierung von Lernwelten 35
1.3 Handlungsorientierung in »Alternativen zur/in der Regelschule« 36

2. *Handlungstheorien und handlungsorientierter Unterricht – Zur theoretischen Begründung handlungsorientierten Lehrens und Lernens* 40
2.1 Aneignungstheorie und Handelnder Unterricht 41
2.2 Kognitive Handlungstheorie und handlungsorientierter Unterricht 44
2.3 Lern- und Motivationspsychologie und handlungsorientierter Unterricht 53
2.4 Pädagogische Begründung handlungsorientierten Unterrichts – Zusammenfassung der bisherigen Überlegungen 61

3. *Projektunterricht – ein umfassendes Konzept handlungsorientierten Lehrens und Lernens* 67
3.1 Woher kommt der Projektunterricht? 67
3.2 Projektunterricht zwischen Politisierung und Begriffsinflation 70
3.3 Was ist Projektunterricht? – Schritte und Merkmale eines Projektes 73
3.3.1 Merkmal: Situationsbezug 74
3.3.2 Merkmal: Orientierung an den Interessen der Beteiligten 75
3.3.3 Merkmal: Gesellschaftliche Praxisrelevanz 76
3.3.4 Merkmal: Zielgerichtete Projektplanung 77
3.3.5 Merkmal: Selbstorganisation und Selbstverantwortung 78
3.3.6 Merkmal: Einbeziehen vieler Sinne 79

3.3.7	Merkmal: Soziales Lernen	80
3.3.8	Merkmal: Produktorientierung	81
3.3.9	Merkmal: Interdisziplinarität	83
3.3.10	Merkmal: Grenzen des Projektunterrichts	83
3.4	Methodische Realisierung des Projektunterrichtes	86
3.4.1	Planung der Projektarbeit	86
3.4.2	Durchführung	93
3.4.3	Beendigung, Leistungsbeurteilung und Auswertung	95
3.5	Projektunterricht und Schulreform	100
3.5.1	Die bildungspolitische Bedeutung des Projektunterrichtes	100
3.5.2	Empirische Untersuchungen zum Projektunterricht	101
4.	*Handlungsorientierung in der Praxis des (Fach-)Unterrichts*	104
4.1	(Fach-)Unterricht handlungsorientiert planen	106
4.2	Handlungssituationen in den (Fach-)Unterricht integrieren	109
4.2.1	Beispiel: Spielen und Lernen	109
4.2.2	Beispiel: Erkunden und Erforschen	111
4.2.3	Beispiel: Herstellen und Verwenden	113
4.2.4	Beispiel: Erfahren und Erleben	115
4.2.5	Beispiel: Probieren und Studieren	117
4.2.6	Beispiel: Zusammenarbeiten und Kommunizieren	119
4.2.7	Beispiel: Phantasieren und Experimentieren	121
4.2.8	Beispiel: Tätigsein und Verantworten	123
4.2.9	Beispiel: Eingreifen und Verändern	124
4.2.10	Beispiel: Klassenreise und Schulleben	125
4.3	(Fach-)Unterricht handlungsorientiert auswerten – Lernkontrolle und Zensuren	127
4.4	Vier didaktische Probleme des handlungsorientierten Unterrichts	130
4.4.1	Problem: Systematik des Lehrgangs und Zufallsmoment beim Handeln	130
4.4.2	Problem: Impulssteuerung durch Lehrer/in und Selbstbestimmung der Schüler/innen	134
4.4.3	Problem: Lehrziele von Lehrenden und Handlungsziele von Lernenden	136
4.4.4	Problem: Institutionelle Bedingungen und die Einführung von handlungsorientiertem Unterricht	138

Statt eines Ausblicks 140

Literaturverzeichnis 141

Einleitung

Theoretiker tun sich schwer, wenn es um Leseempfehlungen geht. In der Regel weisen sie mit gewichtiger Miene auf die Unverzichtbarkeit gründlicher wissenschaftlicher Auseinandersetzung hin. Das gilt umso mehr für ein Buch, das Theorie und Praxis verbinden will.
Praktiker indes suchen nach Anregungen für den eigenen Unterricht, vielleicht auch ein wenig Brauchbares aus der Wissenschaft, das ihren Unterricht etwas aufmöbeln kann. Ich bin ein Mischling: einerseits Hochschullehrer, andererseits als Lehrer selbst seit Jahren Mitarbeiter in Schülerprojekten. Ich empfehle Ihnen deshalb durchaus, die mehr praktischen Teile dieses Buches zuerst zu lesen, vielleicht mit den Beispielen des vierten Kapitels zu beginnen. Das ist allerdings nicht ganz ungefährlich: Es sind Formen handlungsorientierten Unterrichts, die sich auch in einen lehrer/inzentrierten, verkopften Unterricht als Auflockerungselemente einstreuen lassen. Das muß man wissen, weil man handlungsorientiertes Lehren und Lernen sonst als ein beliebiges Sammelsurium eklektizistisch zusammengefügter Einzeltechniken mißversteht!
Andererseits ist handlungsorientierter Unterricht – so wie er in diesem Buch verstanden wird – *keine didaktische Theorie,* auch kein Modell (wie z. B. die »lehrtheoretische Didaktik« – W. *Schulz,* die »curriculare Didaktik« – C. *Möller* oder die »bildungstheoretische Didaktik« – W. *Klafki*). Wie so oft in der Geschichte der Pädagogik und der Schulreform ist auch beim handlungsorientierten Unterricht die Praxis der Theorie um einige Längen voraus. Handlungsorientiertes Lernen in der Schule wurde nicht in Curriculumwerkstätten von theoretisch versierten Wissenschaftlern entwickelt und dann in den Schulen implementiert, sondern entstand in den letzten – sagen wir 20 Jahren – an der »Basis«, als Impuls von unten, eher im Ausprobieren denn als Anwendung theoretischer Vorgaben.

> Es ist daher nachvollziehbar, wenn der Begriff »handlungsorientierter Unterricht« zunächst einmal als eine Art Sammelname für recht unterschiedliche methodische Praktiken verwendet wurde und wird. Diese Methoden sind nicht gänzlich neu (denkt man an die Reformpädagogik im ersten Drittel unseres Jahrhunderts, z. B. an Gaudigs Satz: »Es kommt darauf an, den Schüler aus dem Passivum in das Aktivum zu übersetzen«). Sie sind auch nicht klar abgrenzbar von verwandten Ansätzen (Freiarbeit, Offener Unterricht, entdeckender Unterricht, erfahrungsorientierter Unterricht u. a. m.). Ihr gemeinsamer Kern ist die eigentätige, viele Sinne umfassende Auseinandersetzung und aktive Aneignung eines Lerngegenstandes. Obwohl es inzwischen zahlreiche Arbeiten gibt, die sich um Klärung und sogar Entwicklung eines Konzeptes des handlungsorientierten Unterrichtes bemühen (*Rohr* 1982, *Aebli* 1983, *Witzenbacher* 1985, *Bönsch* 1995, *Jank / Meyer* 1991, *Halfpap* 1996, *Bastian / Gudjons* u. a. 1997) oder dieses kritisieren (*Zur Kritik* ... 1989, *Kashnitz* 1993) oder breit angelegte empirische Erprobungen z. B. im Feld beruflicher Bildung vorstellen (*Halfpap* u. a. 1993), so fehlt doch bis heute eine umfassende Begründungstheorie auf der Grundlage moderner Handlungstheorie(n), kognitiver Lernpsychologie oder subjektorientierter Didaktik.

Insofern ist der Begriff eher ein recht grobes Verständigungskürzel für einen an den Rändern unscharfen Methodenkomplex, weniger aber Ausdruck eines theoretisch konzisen didaktischen Modells. Er hat bisweilen stark appellativen Charakter, erscheint aber auch als konkrete Utopie einer veränderten Schule und als Antwortversuch auf veränderte Lernstile von Schülern und Schülerinnen.

Handlungsorientierung wird von mir aufgefaßt als ein *Unterrichtsprinzip*, das bestimmte Merkmale hat, das aber theoretisch (lernpsychologisch wie sozialisationstheoretisch) begründbar ist und das in verschiedenen Unterrichtszusammenhängen realisiert wird (und möglichst oft realisiert werden sollte!). Es ist aber nicht gleichbedeutend mit »Unterricht« oder »Schule«.

Wenn Sie also genaueres (als nur einige Vorformen auf der methodischen Ebene) erfahren wollen, lesen Sie das Kapitel 3 über Projektunterricht. Hier wird an manchem Einzel- und einem durchgehenden Hauptbeispiel durchbuchstabiert, was handlungsorientierter Unterricht sein kann, gleichsam idealtypisch in einer Unterrichtsform, die eine lange Tradition hat.

Wenn Sie sich darüber hinaus Gedanken machen über die tiefgreifenden Veränderungen in der Kultur der Gegenwart und ihre Auswirkungen auf die Schule, dann

beginnen Sie am besten doch mit dem ersten Kapitel und folgen Sie seiner Analyse. Diese entwickelt nämlich aus den gleichermaßen faszinierenden wie beängstigenden *Wandlungen der Kindheit und Jugend* (1.1) die These, daß hinter dem handlungsorientierten Unterricht wesentlich mehr steckt, als nur ein bißchen mehr Aktivität und Spaß für die Schüler/innen (das natürlich auch). Es geht um die bedrängende Frage, was die Schule angesichts verkürzter und vereinseitigter kultureller Aneignungsformen von Kindern und Jugendlichen in der Gegenwart tun kann und muß. Dazu ist es nötig, sich in der Didaktik umzusehen. Und es gibt eine Reihe von Ansätzen (1.2), die wesentliche Elemente eines handlungsorientierten Unterrichts enthalten – und praktiziert haben. Ich finde sie zum Teil außerordentlich anregend.
Wie läßt sich Handlungsorientierung aber außer mit dem Argument der Aufmunterung müder Schüler/innen didaktisch *begründen* (Kp. 2.)? Soll Unterricht nicht primär Kenntnisse und Einsichten vermitteln, – Handeln kommt ja erst später, im Leben?! *Aneignungstheorie* (2.1) und *kognitive Handlungstheorie* (2.2) belegen demgegenüber klar, daß alles Lernen im Grunde Handeln ist; auch begriffliches Lernen ist nichts anderes als geistiges Handeln. Aber auch aus der *Lern- und Motivationspsychologie* (2.3) – ein neuer Abschnitt in der 3. Auflage, in der 5. Auflage durch neueste Forschungsergebnisse ergänzt, – lassen sich wichtige Argumente zur Begründung handlungsorientierten Lernens gewinnen. Die bisherigen Überlegungen münden darum in eine lernpsychologisch-anthropologische und pädagogisch-didaktische Begründung des handlungsorientierten Unterrichts (2.4).
Das folgende Kapitel stellt dann die Frage: Wie sieht das praktisch aus, *Projektunterricht* und *projektorientiertes Lernen* in der Regelschule? Leider wird die Bezeichnung »Projektunterricht« heute stark verwässert, ja inflationär gebraucht. Ein Verständnis der historischen Ursprünge, vor allem der grundlegenden Arbeiten *Deweys* (3.1) sowie die Kennzeichnung von Schritten und Merkmalen eines Projekts (3.2) helfen, ein klares und praktikables Konzept des Projektlernens zu gewinnen. Das gesamte 3. Kapitel wurde für die 3. Auflage völlig umgearbeitet, um einerseits die konzeptionellen Grundlagen schärfer zu markieren, andererseits aber den Gesichtspunkt der Handlungsanleitung für die Projektpraxis zu verstärken. Erstmalig enthalten sind Möglichkeiten zur Lösung des heiklen Problems der Leistungsbeurteilung in Projekten. Ebenfalls neu gestaltet wurden die folgenden Abschnitte zur Planung und Durchführung von Projekten (3.3), sie enthalten erprobte Vorschläge zur Gestaltung der Praxis.
Aber Schulen sind im Alltag bestimmt durch Stundenplan und Fachunterricht. Projektunterricht bleibt Episode, wenn er sich auf gelegentliche Projektwochen vor den Sommerferien beschränkt. Auch der *normale Fachunterricht* kann aber nach dem Prinzip der Handlungsorientierung angelegt werden (Kp. 4). Dazu muß man anders

planen (4.1), Handlungssituationen in den Unterricht mehr und mehr integrieren (4.2) und das Ganze gelegentlich auch kritisch reflektieren/auswerten (4.3). Dazu wird eine Fülle von *Beispielen*, Ideen und praktischen Anregungen vermittelt, die ebenfalls für die 3. Auflage aktualisiert wurden.

Für die 5. Auflage wurden neben kleineren Abschnitten als Erweiterungen vor allem neuere Literaturhinweise ergänzt.

Nun sollen Handlungselemente aber nicht nur die Motivationsrosinen im trockenen Fachunterrichtskuchen sein. So wenig die Praxisbeispiele eine in sich geschlossene Didaktik repräsentieren, so deutlich geben sie Hilfe darin, langfristig und vorbereitend den Unterricht *insgesamt* stärker handlungsorientiert zu gestalten, um für projektorientierten Unterricht benötigte Kompetenzen aufzubauen.

Handlungsorientierter Unterricht ist von anspruchsvoller Qualität, und doch realisierbar, er ist in seiner Struktur einfach, aber nicht simpel. Darum fasse ich abschließend (4.4) einige *Grundprobleme* in vier Punkten noch einmal zusammen und versuche, handlungsorientiertes Lehren und Lernen auf solide didaktische Füße zu stellen.

Hamburg, im Herbst 1991 und 1996					Herbert Gudjons

1. Handeln lernen in einer handlungsarmen Lebenswelt – Zur praktischen Notwendigkeit eines handlungsorientierten Unterrichts

1.1 »Das allmähliche Verschwinden der Wirklichkeit« und die Schrumpfung von Handlungsmöglichkeiten

1.1.1 Der Wandel der kindlichen Lebenswelt und der Jugendkultur

Kinderwelt 1945: »Ausgenutzt wurde, was vorhanden war. Nämlich Trümmer. Es war ein herrliches Gebiet, wo man sich verstecken konnte, wo man Indianer spielen konnte, wo man sich der Beobachtung der Eltern, der Erwachsenen entzog, wo man sich aus diesen Trümmern wieder sein eigenes Reich aufbauen konnte. Hütten aus Stein usw. ... Ja, und daß ich immer die Squaw sein mußte, die den Kindern die Strümpfe stopfte; den Jungs wohlgemerkt, wenn die wieder auf solche Trümmer geschlichen waren und das nicht zeigen durften zu Hause« (*Schütze/Geulen*, in: *Preuss-Lausitz* u. 1. 1983, 33 f.).

Niemand wird das Verschwinden dieser »Wirklichkeit« bedauern. Jedenfalls soweit es die Trümmer betrifft. Anders ist es mit dem Aspekt des erfahrungsreichen Spielgebietes, der Freiheit von elterlicher Kontrolle, der Möglichkeit, sich sein »eigenes Reich aufzubauen«. Denn mit der Beseitigung der Trümmer, mit dem Wiederaufbau und dem Ausbau der uns umgebenden Welt in der Gegenwartskultur hat sich zugleich ein tiefgreifender Wandel der Bedingungen des Aufwachsens von Kindern und Jugendlichen vollzogen, einschlägige Veröffentlichungen spiegeln dies bereits im Titel: »Kinderkultur – die sanfte Anpassung«, (*Lenzen* 1978); »Kindsein ist kein Kinderspiel«, (*Hagedorn* u. a. 1987); »Per Knopfdruck durch die Kindheit«, (*Jörg* 1987). H. *von Hentigs* Buchtitel »Das allmähliche Verschwinden der Wirklichkeit« (1984) markiert dabei sehr genau die aktuelle Entwicklungstendenz.

Wer sich heute mit einem Konzept zum handlungsorientierten Unterricht beschäftigt, wird nämlich sehr nüchtern feststellen, daß die Veränderungen unserer Lebenswelt zu einem grundsätzlichen Nachdenken über die Funktion von Schule in einer »entwirklichten Wirklichkeit« zwingen. Im handlungsorientierten Unterricht geht es deshalb um mehr und anderes – so die *zentrale These dieses Buches* – als um ein neues didaktisches Konzept eines Unterrichts, der die Schüler/innen wieder stärker aktiviert, motiviert und den Spaß am Lernen erhöht (das soll er auch!); handlungsorientierter Unterricht ist ein notwendiger Versuch, eine (schul-)pädagogische Antwort zu finden auf den tiefgreifenden Wandel des kulturellen Aneignungsprozesses von Kindern und Jugendlichen in einer Welt, in der die »Erfahrungen aus zweiter Hand« jene »aus erster Hand« zu überlagern beginnen (G. U. *Becker* 1986) – mit allen Folgen für die Entwicklung der Persönlichkeit, aber auch für den Aufbau kognitiver Strukturen (vgl. Kap. 2), der von dem Schrumpfen von Handlungsmöglichkeiten direkt beeinflußt wird.

Doch das ist sehr pauschal formuliert. Stimmt die Behauptung vom tiefgreifenden Wandel in den äußeren Lebensbedingungen und von der Verringerung der Handlungsmöglichkeiten überhaupt? Wie läßt sie sich belegen? Dies soll geschehen durch die (hier nur sehr kurz mögliche) Beschreibung von Veränderungen
- im demographischen Bereich
- in der gegenständlichen Ausstattung von Kindheit
- im Raumerleben
- im Umgang mit Fernsehen und elektronischen Medien.

(Vgl. zu allen folgenden Daten *Rolff* 1982, 209 ff., *Rolff/Zimmermann* 1985, 65 ff., *Berg* 1991)

a) *Demographische Befunde*
Die Großfamilie, das »ganze Haus« mit alten und jungen Menschen, Geburt und Tod, insgesamt mit einem »Maximum von Lebensformen«, ist längst der modernen *Kleinfamilie* und ihren Lebensbedingungen gewichen: 1970 lebten in der BRD 90% der Familien ohne Großeltern im Haushalt; fast jeder 3. Haushalt ist heute sogar ein »Einpersonenhaushalt«. Der Anteil der sog. »Ein-Eltern-Familien« an der Gesamtzahl der Familien betrug im Jahre 1970 7,7%, im Jahr 1985 bereits 12,8%. Und der größte Anteil der alleinerziehenden Eltern hat nur ein Kind (73%) (*Grundmann/Huinink* 1991). Die reichhaltigen – nicht nur sozialen – Erfahrungsmöglichkeiten haben sich damit erheblich reduziert. Nimmt man dann noch den Ersatz des Brotbackens durch »Aufbackbrötchen«, den Ersatz der Konservierungstechniken durch Tiefkühltruhe und das Wegfallen von Feuermachern und Kohleschleppen durch die vollautomatische Zentralheizung u. a. m. hinzu, dann zeigt sich sehr rasch, in welchem Maß diese Entwicklung – nicht nur in der Großstadt – zum Verlust von anregender sinnlich-unmittelbarer Erfahrung im tätigen Umgang mit Dingen und Menschen geführt hat (vgl. *Erdmann/Rückriem/Wolf* 1996). – Allerdings: Dieser Verarmung auf der einen Seite steht auf der anderen durchaus Positives gegenüber, z. B. die Intensivierung der Eltern-Kind-Beziehung, die Zunahme an Empathie und Berücksichtigung der kindlichen Bedürfnisse und die mit der »Aufstörung« der Tradition einhergehende Ent-Bindung von Lebensmöglichkeiten und kulturelle Freisetzung von Lebensentwürfen (*Ziehe* 1982, *Beck* 1986).

b) *Gegenständliche Ausstattung von Kindheit*
Der Wandel der Lebensbedingungen ist im Bereich der Urbanisierung der Lebensformen, des Wohnens, Spielens etc. besonders drastisch und damit auch relativ leicht rekonstruierbar. So hat etwa das Vorrücken des *Autos* zum privaten Massenverkehrsmittel (statistisch hat jeder dritte Erwachsene heute ein Auto) zu erheblichen Veränderungen der Erfahrungswelt der Kinder geführt. Nicht nur, daß dieser Prozeß die natürliche und bauliche Umwelt für Kinder massiv verwandelt hat: die *Straße* – immer noch Lieblingsplatz von Kindern hat ihren Charakter von »Öffentlichkeit« (die für kindliche Aneignungsprozesse eine wichtige Rolle spielt) weitgehend verloren und droht zur bedeutungslosen Verbindungslinie zu werden – für Kinder unbespielbar. Hinzu kommt besonders in Großstädten die Gleichförmigkeit *moderner Siedlungsformen* (z. B. Suburbs), die einseitig auf die Funktion des Wohnens ausgerichtet sind und damit nur ein verarmtes kognitives, wenig stimulierendes Anregungspotential enthalten. Die »Straßensozialisation« mit ihrer relativ großen Freiheit für Eigentätigkeit nimmt offenbar ab, wenn z. B. für Hochhäuser empirisch nachgewiesen wurde: »Je höher die Wohnung liegt, umso häufiger spielt das Kind in der Wohnung« (*Mundt* 1980, 83).
Hingegen hat die Bedeutung des *Kinderzimmers* heute für Kinder aller sozialen Schichten erheblich zugenommen (*Lenzen* 1978, 93 ff.). Ausgestattet mit »kindgerechten« Möbeln und Spielgelegenheiten, aber auch mit vorfabriziertem Spielzeug (das Angebot umfaßt 20 000–25 000 Artikel) werden sie intensiv genutzt. 80% der Kinder in Stockwerkswohnungen betreiben Spiel und Hobby im Kinderzimmer. Kinderzimmer werden Reservate im Zuge eines Trends »von draußen nach drinnen«, der zugleich den Anteil der direkten Kontrolle durch die Eltern (meist Mutter) anwachsen läßt.
Damit verlagern sich die Handlungsmöglichkeiten der Kinder auf für sie ausgegrenzte, pädagogische *Spezialräume*. Hierher gehört auch die Zunahme von *Spielplätzen, Kindergärten, Sportanlagen* usw. – Gleichwohl gelingt es Kindern immer noch, sich Bereiche gegenständlicher Kultur außerhalb pädagogischer Reservate »auf eigene Faust« zu erobern, vom Hausflur, der Garageneinfahrt und der Grünanlage bis zum Warenhaus und zum geheimen Treff an der Straßenecke oder auf dem Parkplatz.

c) *Raumerleben*
Spätestens seit Muchows Beschreibung des kindlichen »*Streifraumes*« in den 30er Jahren ist die Bedeutung der aktiven Aneignung des alltäglich genutzten Raumes für die Entwicklung der Persönlichkeit des Kindes bekannt. Urbanisierung und Industrialisierung haben die Streifräume von Kindern gründlich verändert. »Sie bieten dem Kind nicht die Chance, in eigener Regie Außenwelt als ein Stück eigenständiger,

qualitativ von der Familiensphäre unterschiedener städtischer Umwelt zu erschließen und damit anschauliche Öffentlichkeit kennenzulernen« (*Bahrdt* 1974, 230). Am Beispiel des *Schulweges* – der oft zu gefährlich, zu langweilig oder auch zu weit geworden ist und darum nicht selten im Auto mit der Mutter zurückgelegt wird (über ein Viertel der Hausfrauen-Fahrten dient dem »Kinder-Taxi«) – läßt sich zeigen, daß selbst die Möglichkeiten zur Aneignung der *»Quartiersöffentlichkeit«* geringer geworden sind.

Rolff beschreibt die Umstrukturierung des kindlichen Raumerlebens als Leben auf mehreren *»Inseln«*: »Die ›Wohninsel‹ ist der Ausgangspunkt für zahlreiche Ausflüge zur ›Kindergarteninsel‹, später zur ›Schulinsel‹, zu den Inseln, wo die Spielkameraden wohnen oder die Verwandten, die Inseln, wo eingekauft wird usw.« (*Rolff* 1982, 221). Die Zwischen-Räume verschwinden, werden verdünnt, erlebnisarm, vor allem wenn sie im Auto oder mit öffentlichen Verkehrsmitteln nur noch »überbrückt« werden. Anzueignende Objekte im Raum scheinen sich durch Geschwindigkeit zu verflüchtigen, das Er-Fahren des Raumes wird abgelöst durch ein »panoramatisches Raumerleben. Allerdings sind hier erhebliche Unterschiede zwischen ländlichen Regionen und städtischen Ballungsräumen zu beachten.

d) *Fernsehen und elektronische Medien*
Die elektronische Welt vom Fernsehen bis zum Computer ist von informellen Strukturen gekennzeichnet, die keine unmittelbare Realität sind, sondern *Abbilder* einer konstruierten oder vorhandenen Welt darstellen, jederzeit veränderbar, auflösbar und damit »unangreifbar« (im doppelten Wortsinn). – Von 6–18 Jahren sitzt ein amerikanisches Durchschnittskind 16 000 Stunden vor dem Fernseher – mehr Zeit als es mit dem Vater verbringt (*Postmann* 1983, 168). Das Fernsehen zeigt besonders deutlich, in welcher Richtung sich der Modus der Aneignung symbolischer Kultur verändert hat. Kinder werden – je länger die Fernsehzeit umso mehr – über alles und jedes in der Welt »ins Bild gesetzt«. »Nicht die Erfahrung von Wirklichkeit erzeugt Bilder und Erinnerungen in ihnen, mit denen ihre Phantasie ... dann weiterarbeiten kann, sondern eine schier unendliche Fülle von flüchtigen Bildern purzelt in sie hinein und erzeugt eine Vorstellung davon, wie die Welt sei, wie Menschen miteinander umgehen usw.« (*Becker* 1986, 43). Das Fernsehen organisiert damit eine – am Kriterium der Unterhaltung und der Einschaltquote – orientierte *symbolische Welt*, die immer schon *Auswahl* und *Vorweg-Deutung* impliziert. Im Zusammenhang mit der bereits geschilderten Tendenz, daß Kinder immer weniger ursprünglich selbst erleben, anfassen, ausprobieren, erkunden etc. können, wird deutlich, daß die »ikonische« (= bildhafte) *Aneignungsweise* dominiert (*Postmann* 1983).
Nun ist nach J. S. *Bruner* (1974) die ikonische Aneignungsform, in der bildlich

Dargestelltes mit dem Auge wahrgenommen wird, aber keine eigenständigen Denkprozesse anregt, eine zwar wichtige Stufe in der vor-schulischen Entwicklung des Kindes, aber eben nur eine *Vor*-Stufe der *verbal-analytischen* Aneignungsform, die ein hohes Maß an intellektuellen Fähigkeiten verlangt. Die Dauer-Fernseher wissen über immer mehr immer schon Bescheid, bevor es ihnen »original« begegnet, aber eben durch das Bild, nicht durch das Wort. Ein Bild ist immer situationsgebunden, kann uns z. B. nie den Begriff »Arbeit« oder »Haus« oder »Schule« darstellen, sondern zeigt uns eine Besonderheit, ein Beispiel; das Wort dagegen gibt uns Verallgemeinerungen, den Begriff. Wörter sind Abstraktionen, die mehrere Stufen von der Wirklichkeit entfernt sind. Das Bild, das ein Wort (z. B. beim Vorlesen eines Märchens vom Prinzen) erzeugt, ist aber ein qualitativ anderes als das, welches das »Bild« von einem Prinzen erzeugt. – Erst »auf der Grundlage von ikonischer und verbal-analytischer Rezeptionsfähigkeit können weitere Problemfelder theoretisch erfaßt ... werden«, kann Kultur kategorial angeeignet werden (*Rolff/Zimmermann* 1985, 89). – Auch wenn man die positiven Aspekte, daß das Fernsehen das Gesichtsfeld der Heranwachsenden erweitert und ikonische Aneignung Lernprozesse ausgezeichnet unterstützen kann, mit bedenkt, so bleibt doch unter handlungstheoretischen Gesichtspunkten das Problem, daß ikonische Aneignung von Kultur die eigentätigaktive als Rezeptionsform zu überlagern beginnt.

Neurophysiologisch läßt sich die damit einhergehende Unterentwicklung kognitiver Fähigkeiten als *Hemisphären-shift* von der linken zur rechten Gehirnhälfte beschreiben (*Lutz* 1983, 332f.). Bekanntlich sind in der linken Gehirnhälfte des Menschen die Fähigkeiten zu linearsequentiellen Denkaufgaben, Mathematik, verbales, kognitives Wissen, Hör- und Sprachzentrum etc. beheimatet, während sich die rechte mit visuellen, assoziativen, kreativ-handwerklichen, künstlerischen u. a. Bereichen befaßt. Beide Gehirnhälften sind verbunden und werden normalerweise für »vernünftiges« Handeln gebraucht. – Nun ist wichtig, daß das Fernsehen gegenüber allen in der Menschheitsgeschichte jemals vorhandenen Ab-Bildern erstmalig überhaupt keine festen Bildstrukturen bietet, sondern Millionen einzelner Lichtpunkte, die sich in jeder Sekunde mehrmals auf- und abbauen. Diese vielen schnellen Bildinformationen können von der linken Gehirnhälfte nicht verarbeitet werden. Sie fließen dort gleichsam durch und gelangen ins visuelle Zentrum der rechten Hemisphäre, die aus den Lichtpunkten erst sinnvolle Bilder zusammensetzt – ein unbewußter Vorgang, der zur Verschiebung der Aktivitäten von der linken zur rechten Gehirnhälfte (Hemisphären-shift) führt. Der sogenannte Bereich 39 in der linken Gehirnhälfte (vor allem für Analyse, Integration und bewußte Aufnahme kognitiver Prozesse zuständig) wird bei täglich mehrstündigem Fernsehkonsum »abgeschaltet«. Dafür haben Gehirnstrom-Frequenzanalysen ein Zunehmen der sog. Alphawellenmuster in der rechten Gehirnhälfte gezeigt, also jener Frequenzen, die bei Meditation, Hypnose, aber auch bei leichten Halluzinogenen (z. B. Marihuana, Haschisch) nachgewiesen wurden (*Lutz* 1983, 334). – Entscheidend daran ist vor allem die auf Dauer eintretende Unterdrückung bzw. Reduzierung der kognitiv-kritischen Fähigkeiten der linken Gehirnhälfte.

Von den psychosozialen Konsequenzen des Fernsehkonsums in Richtung Isolierung, weiterer Vereinsamung und Kontaktverlust haben wir dabei noch abgesehen. Mit zunehmendem Alter spielen dann *technische Medien* eine immer größere Rolle: Walkman, Radio, Video-Clips usw. sind heute nicht wegzudenkende Elemente in der Bestimmung der Kinder- und Jugendkultur. Zudem schafft das Telefon enorm gesteigerte Kontaktmöglichkeiten – einerseits fördert es mediengetragene großräumige Kommunikationsnetze, andererseits mediatisiert es die »physische Nachbarschaft«, indem es sich als technisches Medium zwischen Personen schiebt.

Ähnliches gilt für die sich rasch ausbreitende *Kommunikationselektronik* und für den *Computer*, deren Bedeutung inzwischen nicht mehr infragegestellt wird. Der Umgang mit dem Computer kann ohne Zweifel Denkprozesse fördern (z. B. ein Problem zu definieren, Phänomene in einzelne eindeutige Elemente zu zerlegen und die Gesetze ihrer Re-Kombination aufzustellen, das Spiel mit logischen Strukturen, die unsere Denkprozesse abbilden – *v. Hentig* 1984, 30f.). Aber es macht nicht schöpferisch, weil mehr »operations« nicht gleichbedeutend sind mit erhöhter geistiger Produktivität. – In einer Welt, in der die ursprüngliche Erfahrung ohnehin immer knapper wird, fördern die »neuen Technologien« eher die Tendenz, die in ihnen präsente Logik für die Realität zu nehmen.

Kinder wie Jugendliche sind in ihren Aneignungsweisen heute aber vor allem dadurch bestimmt, daß ihnen eine wachsende Kulturindustrie ihre *massenkulturellen Produkte* in subtiler Weise »aufherrscht« (*Rolff/Zimmermann* 1985, 165), wobei sie industriell vorfabrizierte Aneignungsmuster verbreitet. Die »Botschaften«, Bedeutungen und Sinngebungen der massenkulturellen Produkte müssen nicht mehr wie in der eigentätigen Aneignung in aufwendiger und mühseliger Weise entschlüsselt werden. Zwar eignen sich Heranwachsende nach wie vor Kultur an, aber sie brauchen dabei gleichsam immer weniger auf Rohstoffe der Primärerfahrungen (»aus erster Hand«) zurückzugreifen.

Nun setzt aber die Aneignung von Erfahrungen Eigentätigkeit voraus, und Eigentätigkeit ist die »materielle Grundlage der Erkenntnistätigkeit«, in der »sich Selbstbild und Selbstsicherheit, Kompetenz und Urteilsvermögen« objektivieren (*Rolff/Zimmermann* 1985, 137). Wenn also Vorstellung und Verständnis von Wirklichkeit an die aktive Auseinandersetzung mit dieser Wirklichkeit gebunden sind, dann zerstört die massenkulturell geprägte Aneignung Zusammenhänge und Tätigkeiten, die im Erfahrungsprozeß eben gerade *nicht* zerschnitten werden dürfen, »nämlich Planung und Ausführung von Vorhaben, Erfahren der Folgen des eigenen Tuns, Interpretation und Reflexion der Auswirkungen vor dem Hintergrund vorgängiger Erfahrungen« (*Duncker* 1987, 39). Anders gesagt: Wo eine Vorstellung von *Entstehen* fehlt, wird das *Verstehen* schwieriger, – wenn nicht unmöglich. Stellt man sich den Lebensweltbezug von Aneignungsprozessen wiederum vor als ein Kontinuum zwischen den

Polen »Primärerfahrungen« und »Sekundärerfahrungen«, so ist eine Verschiebung zu den Erfahrungen »aus zweiter Hand« unverkennbar.

Das Schaubild (Abb. 1, entwickelt auf der Grundlage von *Rolff/Zimmermann* 1985, 171 ff.) faßt die aufgezeigte Entwicklung zusammen.

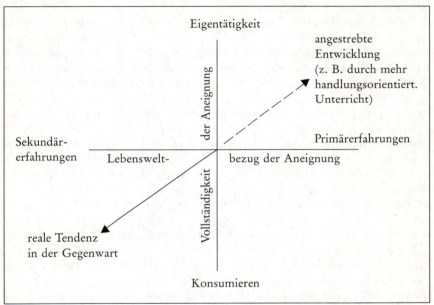

Abb. 1: Aneignung von Kultur bei Heranwachsenden heute

1.1.2 Der Verlust von sinnlicher Erfahrung in der Schule und das Motivationsproblem

Einerseits wird die Jugendzeit wie noch nie – durch die an sich begrüßenswerte quantitative Ausweitung von Schulbesuchsmöglichkeiten – durch Schule bestimmt. Andererseits aber fordert diese Institution Anstrengung für Ziele, deren individueller Nutzen in dem Augenblick zusammenbricht, wo Zukunftsunsicherheit (von der ökologischen Katastrophe über die militärische Bedrohung bis zur Arbeitslosigkeit) alle Hoffnungen auf Statusgewinnung, soziale Chancen, Arbeit und Zukunftssicherung infrage stellen. Eine Institution, deren Selbstdefinition davon lebt, Menschen auf Zukunft vorzubereiten, gerät in den Legitimierungsvakuum und eine tiefe *Sinnkrise*, wenn sich herausstellt, daß die Zukunft selbst unsicher geworden ist. Schulische

Zertifikationen (z. B. Abschlußzeugnisse) sind einerseits immer noch Voraussetzung und Berechtigungsnachweis für einen der (knapper werdenden) Arbeitsplätze, sind aber andererseits keine Garantie dafür, das Gelernte als Qualifikation, als Wissen und Fähigkeit im späteren Leben (vor allem im Beruf) anwenden zu können, geschweige denn Garantie für einen Arbeitsplatz.

Hans *Thiersch* (1983, 21) hat diese Situation der Heranwachsenden in der Schule in einem treffenden Bild zusammengefaßt: »So leben sie – in den Lernangeboten, in den Lebenserwartungen – gleichsam auf einer großen Treppe, die zu besteigen mühsam ist und von der sie doch wissen, daß das Portal am Ende der Treppe nur über wackelige Bretter hinunter ins offene Gelände führt.« – Deshalb ist die Krise der Schule heute nicht primär verursacht durch Autoritätskonflikte oder durch den Kampf um Freiheit, Emanzipation oder Demokratisierung (wie es noch für die beginnende Bildungsreform nach der »68er-Bewegung« kennzeichnend war), sondern eine Krise fehlender zukunftsrelevanter Handlungsperspektiven und damit des Sinns von Schule. Wenn vom Verlust sinnlicher Erfahrung in der Schule die Rede ist, so ist damit über die Kritik an der handlungsarmen Tafel-Kreide-Schwamm-Pädagogik hinaus eben dieses tiefere Problem des Sinn-Verlustes von Schule gemeint.

Andererseits zeigt die empirische Jugendforschung deutlich, daß die Reaktion vieler Jugendlicher auf die Armut an überzeugenden Zukunftsperspektiven in einer mehr oder weniger bewußten *Hinwendung zur Gegenwart* liegt, »sei es, um den Augenblick durch reflexionsarmes ›Action‹-Machen kurzfristig auszufüllen... oder um das bessere, humane Leben durch reflektiertere alternative Versuche wenigstens hier und jetzt schon zu beginnen...« (*Nipkow* 1983, 163). Für diesen Versuch einer Sinnstiftung durch Gegenwartserfüllung enthält eine Institution, die überwiegend von ihrer Bedeutung für ein zukünftiges Leben zehrt, zu wenige sinnlich erfahrbare Angebote. Darum muß die Absicht, Unterricht (und Schule!) handlungsorientiert zu verändern, hier ansetzen, um die Diskrepanz zwischen Zukunftsorientiertheit und Unmittelbarkeit von Erfahrungen in der Gegenwart zu verringern, Aktivität, Spontaneität, Lebendigkeit durch Auseinandersetzung mit Erfahrung und Gegenwart in die Schule hineinzuholen und damit Schule für die Heranwachsenden sinnvoll zu machen. Gleichwohl gehört es wesentlich zum Unterricht in der Schule, daß viele hier vermittelten Inhalte und Fähigkeiten erst »später« gebraucht werden. Schule kann sich nie im »Hier und Jetzt« erschöpfen, sie bereitet immer auch auf die Zukunft vor. Schüler/innen sehen (nach ihren eigenen Aussagen – *Hurrelmann* u. a. 1985, 79 ff.) die Schule als eine Pflicht, ohne deren Besuch man kein vollwertiges Gesellschaftsmitglied werden kann. Sie legen ihr lediglich eine *mechanisch-instrumentelle Sinnkonstruktion* zugrunde: Schule ermöglicht zwar kaum eigene Initiative und selbstgesteuertes Handeln – insofern ist sie Prototyp einer gesellschaftlichen Institution mit verdinglichten Systemstrukturen und Sachzwängen –, ist aber notwendig, weil Schüler/innen sich in der Schule auf das Leben vorzubereiten hätten, auch wenn ihnen die Logik dieser Vorbereitung uneinsichtig bleibt.

In dieser durch die beschriebene »Sinnakrobatik« von vornherein gebrochenen Motivation zum Schulbesuch (und nicht in der fehlenden »Motivierung« von Schüler(n)/innen für einzelne Unterrichtsthemen) liegt einer der Gründe für Schulmüdigkeit, Desinteresse, Lernunlust und deren kritische Zuspitzung in Form von Schulfeindschaft, Aggression und offener Verweigerung. Diese heute vielfach beklagte »Motivationskrise« ist nicht den einzelnen Lernenden schuldhaft anlastbar, sondern ist primär zu verstehen als eine ins Psychische übergegangene Legitimationskrise einer Gesellschaft, die die Zukunftsmöglichkeiten immer bedrohter und gefährdeter gemacht hat.

Die Belastung durch individuelle Sinnstiftungsprozesse führt zu starken Wünschen nach Eindeutigkeit, Betroffenheit, Intensität und Nähe. (Daß die Konflikte *unter* Jugendlichen zunehmen, ist dazu kein Widerspruch!) – Schüler/innen versuchen darum heute, weniger in der Aneignung von Kompetenzen (»Lernen«) als vielmehr über die Beziehungsebene ihre »Bedeutung« zu finden. In der Schule werden befriedigende Beziehungen gleichsam als Schutzmantel um Arbeits- und Lernprozesse gelegt. Oft wird Arbeitsfähigkeit gekoppelt daran, daß sich die Schüler/innen in ihrem Beziehungsgefüge zufrieden fühlen können. Nähe und Betroffenheit werden zu Voraussetzungen für jede echte Anstrengung in der Schule (*Ziehe* 1983, *Helsper* 1985).

Allerdings: Von Beziehungen und Gegenwartserfüllung allein kann Schule nicht leben. Gleichwohl muß die Schule die Herausforderung durch die Jugend annehmen, auch wenn in der Schultheorie Jugendprobleme kaum berücksichtigt werden und in den Jugendtheorien Schule eher am Rande erscheint (*Schweitzer/Thiersch* 1983, 12). Wie Hartmut von *Hentig* in seinem neuesten Entwurf überzeugend deutlich gemacht hat, muß Schule als aktueller Lebens- und Erfahrungsraum und angemessene Vorbereitung auf das zukünftige Leben kein Widerspruch sein (v. *Hentig* 1993).

1.2 Handlungsorientierung in neueren didaktischen Ansätzen

Pädagogen/innen aller Zeiten haben sich bemüht, Schule zu einer für Schüler/innen sinnvollen Lebensstätte zu machen. Dazu ehört auch der Versuch, Elemente von Aktivität, Handeln, Selbständigkeit usw. in der Schule zu realisieren. Die *Wurzeln des handlungsorientierten Unterrichts* reichen denn auch bis zu den Industrieschulen des 18. Jahrhunderts, z. B. J. H. G. *Heusinger* (1797): »Es ist nämlich das Prinzip der

Tätigkeit, welches ich überall in der Erziehung einzuführen versuche«, Zit. nach *Odenbach* 1963, 14) oder zu *Pestalozzis* berühmter Trias »Kopf, Herz und Hand« bei der Entfaltung menschlicher Kräfte. – Aber jeder Vorläufer hat seine eigenen historischen Bedingungen.

Erinnern wir uns an den Wandel der Aneignungsweise von Kultur bei Kindern *unserer* Zeit, so ergibt sich als Konsequenz: Wir müssen nach didaktischen Ansätzen suchen, die Eigentätigkeit und Unmittelbarkeit fördern, weniger aber auf Sekundärerfahrung und Konsumieren von Resultaten gerichtet sind, die einen handelnden Umgang mit Lerngegenständen ermöglichen und deutlichen Bezug zur Lebenswelt der Schüler/innen aufweisen. Sehen wir uns also in der didaktischen »Szene« um, ob wir Hilfe dabei erfahren.

1.2.1 Exemplarisch-genetisches Lernen

Nach dem 2. Weltkrieg war es vor allem Martin Wagenschein, der – am Beispiel des Physikunterrichts – mit seinem Prinzip des exemplarischen und genetischen Lernens wichtige Impulse gegeben hat (*Wagenschein* 1973, 4. Aufl.). Um die Schule »nicht im Stoff ersticken« und »Erledigungsmaschine« verkommen zu lassen (ebd. 8), kritisiert er den zwar »logischen«, aber unpädagogischen systematischen Lehrgang, der scheinbar zur Vollständigkeit, in Wirklichkeit aber »zur Hast und also zur Ungründlichkeit« führt (S. 9). Diesem »imposanten Schotterhaufen« setzt er den »Mut zur Lücke« als »Mut zur Gründlichkeit und bei begrenzten Ausschnitten intensiv zu verweilen« (ebd. 10), entgegen. Im Begriff des *»Exemplarischen«* faßt er sein *erstes grundlegendes Prinzip* zusammen: »Das Einzelne, in das man sich hier versenkt, ist nicht Stufe, es ist *Spiegel* des Ganzen« (S. 12; vgl. *Gerner* 1966, *Scheuerl* 1969, 3. Aufl.). Das Exemplarische (z. B. die Rakete für Newtons Grundsatz actio = reactio, das Fallgesetz für die Mathematisierbarkeit gewisser natürlicher Abläufe) steht dabei paradigmatisch, repräsentativ, abbildend (*Heimpel*: »mundus in gutta« – die Welt im Wassertropfen) für das Ganze. Auf andere Fächer übertragen hieße dies z. B.: die »Hausgans« als Exemplum für »Domestikation«, das »Kaiserquartett« für die »Wiener Musikklassik«, der »Reichstag zu Speyer« als Exemplum für das »Wesen des Protestantismus«.

Zwar ist das Prinzip des Exemplarischen (außer im Fach Geschichte) auf die Dauer kaum praktisch weiterdiskutiert worden. Es hat aber gerade für den handlungsorientierten Unterricht erhebliches Gewicht, weil in ihm ein zentrales Argument gegen den Vorwurf des »Zufälligkeitslernens« beispielsweise im Projektunterricht steckt. Allerdings müssen sich Handlungselemente im Unterricht gegenüber der Frage legitimie-

ren können, welche allgemeineren Zusammenhänge, Beziehungen, »Gesetzmäßigkeiten«, Strukturen etc. sich an ihnen aufzeigen und erarbeiten lassen.
Wagenschein geht konsequent noch einen Schritt weiter: »Ein streng exemplarisches Verfahren muß ›genetisch‹ sein.« (1973, 55) Was genetisches Lernen meint – im Gegensatz zum »darlegenden Unterricht«, den er mit der Führung durch eine geordnete Ausstellung von Funden einer abgeschlossenen Expedition vergleicht, macht *Wagenschein* an einem Beispiel (»Erdgeschichte«) klar (1973, 60 ff.).

- Am Anfang eine »weittragende Frage«, die sich dem wachen Menschen aufdrängt: die Landschaft. Ohne Eile wird eine Fülle von Lichtbildern durcheinander gezeigt, von Geröll über Lawine bis zu Brandungsküsten. *Grundsätze:* Exposition, die Sache redet, der Lehrer führt nur minimal, Schüler äußern Einfälle.
- Dann zündet das Thema: »Wie soll das enden? Alles geht zu Tal. Wird eine Zeit ohne Berge kommen?« *Grundsätze:* Geduld, Zeit, das Denken in Bewegung setzen, Emotionen (Beunruhigung, produktive Verwirrung) als Motivation zulassen. – Der Lehrer »muß bereit und fähig sein, mit dem Kind zu denken, in der Art, die das Kind zeigt, wenn er es nicht indoktriniert« (1982, 67).
- Eine *Kette von Einfällen, Nachprüfungen, neuen Fragen* entwickelt sich, produktives Material dazu wird vorgelegt, z. B. Zurückschreiten des Niagarafalles / voranschreitendes Nildelta u. a. m. – Es entsteht der Eindruck fortschreitender Einebnung und Versumpfung, bis dann die Gegenfrage von selbst kommt: »Gibt es keine Gegenkräfte?« – *Grundsätze:* »Ich stelle keine Fragen …, sondern gehe von dem aus, was die Kinder spontan vorfinden, was sie wendet, wo sie anfangen zu denken« (1982, 73). – Aber auch: Nicht bloß alles »interessant« finden, sondern »man muß das, was die Schüler sagen, angreifen …« (ebd.)
- *Naheliegende Einfälle* werden untersucht, auch wenn sie »falsche Erklärungen« enthalten (Katastrophentheorie): Vulkane, nein sie sind nur Begleiterscheinungen, nicht letzte Ursache; andere Kräfte in Gebirgen (z. B. Besuch von Steinbrüchen), gewaltige Verwerfungen, Erdbeben werden studiert, Versteinerungen … – *Grundsätze:* Vorrang des Verstehens vor dem Hersagen von Ergebnissen, »Verstehen kann jeder nur für sich selber«, absoluter Respekt vor dem eifersüchtigen Geist des Kindes, selbsttätig zu sein, einzige Regel für den Untesrricht ist die Bitte des Kindes zum Lehrer: »Hilf mir, daß ich es von mir aus tun kann!« (*Montessori*)
- *Schließlich die Einsicht: Wir leben auf einer ruhelosen Erde* und das *Verständnis für die* »*wahrhaft entsetzlichen Zeiträume*«. Geologische Zeiträume werden »Ereignis in uns«, sind nicht bloße Information. *Grundsätze:* Wirklichkeit der Erde ist in der Schule »anwesend«. Fragestellungen, Begriffe, Symbole, Strukturen drängen sich dem Schüler aus der *Sache* auf. – Wochen, oft Monate Zeit (möglichst Epochenunterricht). – Erst neben diesem genetischen Lernen – das oft der historischen Entstehung von Forschungsergebnissen gleicht – (der Gegenstand wird in seine Ursprungssituation und seinen Werdeprozeß zurückgeführt) – wird dann informativ doziert, »meinetwegen mit großer Geschwindigkeit« (1982, 68).

Halten wir fest: 1. Exemplarisch-genetische Lehrgänge, wie *Wagenschein* sie an zahlreichen Beispielen in seinem Buch »Naturphänomene sehen und verstehen« (1988, 2. Aufl.) erläutert, setzen bei aufschlußreichen und aufregenden *Phänomenen* an (*Wagenschein*: »Rettet die Phänomene!«). – 2. Indem die Wirklichkeit gleichsam immer »anwesend« bleibt, wird sie »ergriffen«, »durchgefühlt«, erlebt, durchdacht;

Schüler sollen mit Leib und Seele bei der Sache sein können, ihr kritisch-prüfendes selbsttätiges Denken und Suchen vollzieht sich entlang der Sache. – 3. Der Lehrgang soll »im lebendig-beweglichen Fluß – angeregt durch die Wissenschaftsgeschichte – sowohl die volle Wirklichkeit des Gegenstandes wie die des Lerners anwesend halten« (*Berg* 1989, 178). – 4. Die Führung des Lehrers ist (scheinbar) minimal, vergleichbar der sokratischen Mäeutik (»Hebammenkunst«). Es handelt sich aber insgesamt um nachproduzierendes Lernen, dessen sachliches Ergebnis letztlich feststeht. Neuerdings haben C. *Berg* und T. *Schulze* in ihrer »Lehrkunst-Didaktik« u. a. diese Ansätze *Wagenscheins* aktualisiert (*Berg/Schulze* 1993).

1.2.2 Entdeckendes Lernen

Vor allem J. S. *Bruner* war es, der das entdeckende Lernen vehement vertrat und die Curriculumentwicklung in den 70er Jahren entscheidend beeinflußte.

»Ob es ein Schüler ist, der selbständig vorgeht, oder ein Wissenschaftler, der sein wachsendes Gebiet beackert, stets werde ich von der Annahme ausgehen, daß Entdeckung ihrem Wesen nach ein Fall des Neuordnens oder Transformierens des Gegebenen ist. Dies so, daß man die Möglichkeit hat, über das Gegebene hinauszugehen, das so zu weiteren neuen Einsichten kombiniert wird.« (*Bruner*, in: *Neber* 1973, 16)

Der entscheidende Gewinn, das Ergebnis von Entdeckung, ist also nicht nur die »Entdeckerfreude«, sondern die *Einsicht in die Struktur (Zusammengehörigkeit) von Informationen*, die vorher nicht vorhanden war. Selbstentdecken lehrt, Informationen so zu erwerben, daß sie für das Problemlösen weitaus fruchtbarer werden als die Methode, etwas *darüber* zu lernen, den Stoff also als fertiges Endprodukt im Gedächtnis zu speichern. Beim entdeckenden Lernen wird der Lernende Konstrukteur, er ist nicht nur mehr oder weniger fremdgesteuerter Rezipient dessen, was andere ihm vorsetzen (»darbietender Unterricht«).

Bruner erprobte die Entdeckungsmethode u. a. in einem sozialwissenschaftlichen Curriculum. Ein Beispiel (*Bruner* 1970, 34): Beim sozial- und wirtschaftsgeographischen Thema »Städte« präsentierte er den Schüler/innen – statt auf herkömmliche Weise mit einer der üblichen Landkarten zu arbeiten – eine Karte, die nur topographische Merkmale und Zeichen für Bodenschätze enthielt. Wo könnte man möglicherweise Städte erwarten? Warum? Die Schüler/innen diskutierten verschiedene Voraussetzungen einer Stadt: Wasserwege, Minerallagerstätten etc.; die Aufregung war groß, einige Schlußfolgerungen wurden bestätigt, andere nicht, – neue Untersuchungen folgten. – An einem nicht gerade vielversprechenden Thema war es Bruner gelungen, intrinsische Motivation und entdeckendes Denken zu entwickeln.

Es gibt inzwischen eine Fülle von *unterrichtspraktischen Beispielen* zum entdeckenden Lernen, die vor allem belegen, daß entdeckendes Lernen bereits vom ersten Jahr der Grundschule an möglich ist (*Foster* 1974, *Brunnhuber/Czinczoll* 1974, *Klewitz/Mitzkat* 1977, *Neff* 1977, *Brandes/Wilde/Wollrad* 1981). Aber auch entdeckendes Lernen ergibt sich nicht von selbst, sondern wird gezielt initiiert, wobei der Grad der Strukturierung durch den/die Lehrer/in in ein wichtiges Kriterium auf der Skala vom »völlig ungelenkten« bis »angeleitetem Entdecken« ausmacht. In vielen Fällen schulischen Lernens allerdings ist – darauf hat besonders *Ausubel* (1973) in seiner scharfen Kritik Bruners hingewiesen – ein völlig autonomes Entdecken nicht möglich. Die Konsequenz: In der Unterrichtspraxis geht es eher um »*entdecken-lassende Lehrverfahren*« (*Eigler* u. a. 1973, 61) oder um »*gelenktes Entdecken*« (*Einsiedler* 1981, 67), bei dem es darauf ankommt, den Lehrgegenstand so aufzuarbeiten, daß seine Strukturen für die Schüler/innen leichter zu entdecken sind, daß Lehrinhalte in Probleme transformiert werden – bei minimaler Hilfe (*Einsiedler* 1996).

So gewinnt die Integration des Entdeckungslernens in die Lehrstrategie des/der Lehrers/in und die Steuerung des Lernens durch den/die Lehrer/in wieder entscheidende Bedeutung – es sei denn, entdeckendes Lernen wird konsequent mit offenem, schülerorientiertem Unterricht verbunden, der den/die Schüler/in in einer dezidiert entscheidungskompetenten Position sieht. »Entdeckendes Lernen« (*Neber* 1973) und »selbstgesteuertes Lernen« (*Neber* u. a. 1978) sind – nicht nur in Buchtiteln – zu unterscheiden.

1.2.3 Offener Unterricht

Theorie und Praxis des *offenen Curriculums* verdanken ihre Existenz dem – weitgehenden – Scheitern der herkömmlichen geschlossenen *Curricula*, die Lehrer/innen mehr und mehr zu Ausführungsorganen fertiger Pakete und Schüler/innen zu Lernzieladaptionsobjekten machten. Das Konzept *offenen Unterrichts* indes ist weniger ein von Theoretikern ausgearbeitetes komplexes Modell, sondern eher eine *praktisch gewordene Erziehungsphilosophie*. In ihr geht es um die Verwirklichung von Selbstbestimmung, Selbständigkeit in der Umweltauseinandersetzung, Kritikfähigkeit, aber auch um Kreativität, undogmatisches Denken, Kommunikationsfähigkeit und Selbstvertrauen, – kurz um die Fähigkeit, sein Lernen und Handeln selbständig zu steuern. Je nach Akzentuierung eines Zielbereichs ergeben sich begriffliche Nuancen: schülerzentrierter/schülerorientierter/offener Unterricht, was (nach *Kunert* 1978, 13) einen synonymen Gebrauch der Adjektive zuläßt.

Die zentrale Idee des offenen Unterrichts ist die *konsequente Umsetzung der Erziehungsziele Selbständigkeit und Mündigkeit* in entsprechende Unterrichts-

praktiken, um »Lernen aus eigener Verantwortung zu fördern, individuelle Entwicklungsziele zuzulassen und methodisch in hohem Maße Selbsttätigkeit oder Selbststeuerung zu ermöglichen« (*Einsiedler* 1985, 20).
Eine Systematisierung der Dimensionen von Offenheit – zugleich als Kriterien- und Frageraster zur begrifflichen Einordnung einzelner Unterrichtsversuche – hat A. C. *Wagner* (1978, 53 ff.) in ihren grundlegenden Arbeiten zum offenen/schülerzentrierten/selbstgesteuerten Lernen in der Schule entwickelt:

1. *Offenheit in der Organisationsform* (inwieweit kann ein/e Schüler/in wählen, wann er/sie etwas tut; hat er/sie solange Zeit wie benötigt; mit wem in welcher Arbeitsform?)
2. *Offenheit im inhaltlichen Bereich* (was ist verpflichtend, Regelungen?, wer wählt aus, Einzelne/Gruppen, Veröffentlichung des Lehr- oder Arbeitsplans, betrifft der Inhalt die Schüler/innen selbst?)
3. *Offenheit im kognitiven Bereich* (wie festgelegt ist das Vorgehen, entdeckendes Lernen?, welche kognitiven Ebenen – nur Wissen? oder auch Kreativität? – sind angesprochen, inwieweit ist das bearbeitete Thema fächerübergreifend, wie autoritätsabhängig/-kritisch ist das Vorgehen?)
4. *Offenheit im sozioemotionalen Bereich* (wie demokratisch – nicht laissez-faire! – ist der Umgang von Lehrer/in und Schüler/innen, Abbau von Angst, Befähigung zur Gruppenarbeit, wieweit werden soziale und emotionale Bedürfnisse mit berücksichtigt, Konflikte bearbeiten?)
5. *Offenheit gegenüber der Welt außerhalb der Schule* (wieweit Lerngegenstände von draußen, soziale Herkunft der Schüler/innen, Öffnung in die Umwelt, Gemeinde, Einbeziehung von Eltern oder Experten, Erkundungen, Exkursionen?)

Diese Dimensionierung deckt sich in vielen Punkten mit den Merkmalen, die *Einsiedler/Härle* (1978, 3. Aufl., 196 ff.) als integratives Modell im Rahmen einer Didaktik des schülerorientierten Unterrichts entwickeln.
Inzwischen ist der »Offene Unterricht« in der Praxis vielfältig weiterentwickelt worden, so daß *Wallrabenstein* (1991, 54) ihn kennzeichnet als »Sammelbegriff für unterschiedliche Reformansätze in vielfältigen Formen inhaltlicher, methodischer und organisatorischer Öffnung mit dem Ziel eines veränderten Umgangs mit dem Kind auf der Grundlage eines veränderten Lernbegriffs«. Man erkennt Offenen Unterricht zunächst an charakteristischen äußeren Merkmalen (ebd. 61 f.): einer anregenden Lernumwelt in der Klasse mit Werkstattcharakter, einer freien und flexiblen Lernorganisation mit wenig Frontalphasen, kreativen und selbsttätigen Lernmethoden, einer akzeptierenden Lernatmosphäre, zahlreichen praktischen Lerntätigkeiten, sichtbar dokumentierten Lern- und Arbeitsergebnissen im Klassenzimmer. »Brennpunkte« sind der »Stuhlkreis« (für Gemeinsamkeit), die Freie Arbeit (für eigene Entscheidungen der Kinder), der »Wochenplan« (für eine transparente Organisation der Arbeit), Projekte (für Sinnzusammenhänge), der gestaltete Klassenraum (für das

Miteinander-Leben), Arbeitsmittel (für das Praktische Lernen) und ein ausgeprägtes Schulleben (als Öffnung für ein eigenes Schulprofil). – Auch für die Sekundarstufe gibt es inzwischen zahlreiche Erfahrungen und Anregungen (PÄDAGOGIK H. 7/8 1989 »Über die Projektwoche hinaus«, H. 6/1990 »Lernziel: Selbständigkeit«, H. 2/1991 »Schüler als Forscher«, H. 4/1991 »Öffnung von Schule«, H. 6/1991 »Freie Arbeit«, H. 10/1993 »Freie Arbeit und Projektunterricht«).

Offener Unterricht ist damit, wie vor allem *Bastian* (1995, 7 ff.) herausgearbeitet hat, ein Konzept, das vorsichtig Übergänge vom traditionellen frontalunterrichtlichen, lehrerzentrierten Setting zu schüleraktiven Formen ermöglicht und die vielen Widersprüchlichkeiten ernst nimmt:

1. öffnet er sich den Fragen und Interessen der Beteiligten, ohne die Vorgaben der Institution aus dem Auge zu verlieren;
2. öffnet er sich der Verschiedenheit der Schüler/innen, ohne die Gemeinsamkeit der Lerngruppe zu vernachlässigen;
3. öffnet er sich den Erfahrungen und ermöglicht Handeln in außerschulischen Lernorten, ohne die Chancen geordneter Lernräume in der Schule zu übersehen;
4. bemüht sich dieser Unterricht um schüleraktivierende und handlungsorientierte Methodenvielfalt, ohne die bewußte methodische Gestaltung der Lernumgebung aufzugeben;
5. fördert er Mündigkeit durch Selbständigkeit und Selbstverantwortung im begrenzten Raum der Schule, ohne die Perspektive der demokratischen Handlungsfähigkeit in der Gesellschaft damit gleichzusetzen;
6. fördert er Lernen über Fächergrenzen, ohne den Wert der Fachperspektiven gering zu schätzen;
7. betont er die persönliche Bedeutsamkeit des Lernens, ohne notwendig erachtetes Wissen zu vernachlässigen;
8. kultiviert er die Rolle des Lehrers im Sinne eines Lernberaters, ohne die Rollen von Lehrenden und Lernenden zu nivellieren;
9. bemüht er sich um ein mehrdimensionales Leistungsverständnis und entsprechend um angemessene Formen der Leistungsrückmeldung, ohne gegenüber dem Zwang zur Zensur blauäugig zu sein;
10. versteht er sich als Ergänzung zu »geschlossenen« Lernformen, die weiterhin als systematische Vermittlung von Kenntnissen und Fähigkeiten sinnvoll bleiben.

In diesen Merkmalen ist die Spannung dieser Unterrichtsform gut eingefangen und einem platten Idealismus konsequent vorgebeugt: ein Spagat ist eben schwieriger als eine einfache Rolle vorwärts ...

Wer nun mit diesem »Super-Konzept« in seine Hauptschulklasse geht und ab heute offen und schülerorientiert unterrichten will, wird – zumindest – die Erfahrung jener

vielbeschriebenen »recht chaotischen Phase« (*Wagner* 1982, 33) machen. Schüler/innen einer Klasse sind ja kaum eine geschlossene, gut aufeinander eingespielte Gruppe; neben Cliquen gibt es die Motivierten, die Störer, Ängstlichen, Vorlauten, – die Lernvoraussetzungen sind in der Regel unterschiedlich und die Ziele in Erziehung und Unterricht zudem heterogen. Im offenen Unterricht müssen deshalb die verschiedenen Strukturmerkmale jeweils im Grad ihrer konkreten Ausprägung auf die unterschiedlichen Ziele und Lernvoraussetzungen bezogen werden. Je nachdem wie stark die Offenheit in den Zielen/Inhalten, in den Methoden, in den Lernmaterialien, der Lernkontrolle usw. ausgeprägt ist, ergeben sich unterschiedliche »Profile« offenen Unterrichtes (*Einsiedler* 1985, 21). »Schülerorientierter Unterricht ist für uns kein Idealtypus eines Unterrichts, den man nach der Art des ›Alles-oder-Nichts‹ entweder durchgeführt oder ›verfehlt‹, sondern ein Prozeß, *in dessen Verlauf Lehrer und Schüler gemeinsam dirigistisches Verhalten abbauen und die unterrichtliche Struktur so verändern, daß ein zunehmend größeres Ausmaß an Selbständigkeit und Mitbestimmung der Schüler möglich wird.*« (*Wagner* 1982, 28)
In einer umfänglichen Studie haben F. *Bohnsack* u. a. 1984 die bisher herangezogenen Ansätze im Umfeld eines »schülerorientierten Unterrichts« konzeptionell zusammengefaßt und Erfahrungen mit der praktischen Einführung/Erprobung im Unterricht dargestellt.

1.2.4 Freie Arbeit

Die Freie Arbeit (auch »Freiarbeit«) ist eine Art Zwischenglied zwischen Offenem Unterricht und Projektunterricht (PÄDAGOGIK H. 10/1993, *Krieger* 1994, *Hegele* 1995, *Vaupel* 1997). Schüler (mehr und mehr auch in der Sekundarstufe – *Sehrbrock* 1993) können innerhalb eines festen Zeitrahmens (z. B. in der Woche) selbst bestimmen, welche Aufgaben oder Vorhaben sie in einem Fach bearbeiten wollen, allein oder in Gruppen und nach eigenem Rhythmus. Frei ist diese Arbeit in unterschiedlichem Ausmaß: Ein erster Schritt ist, daß der Lehrer bestimmte Materialien und Arbeitsmittel auswählt, diese vorbereitet und einführt; Schüler/innen können für das Thema entsprechendes auswählen. Ein zweiter Schritt ist dann die freie Wahlmöglichkeit zwischen verschiedenen inhaltlichen Vorschlägen des Lehrers (zu einem Oberthema) oder Handlungsformen (Erkunden, Experimentieren, Recherchieren). Ein gemeinsam erarbeiteter Plan strukturiert dabei die Arbeit. Sehr nahe dem Projektunterricht kommt dann der Schritt, selbständig und frei gewählte Themen oder Aufgaben in Gruppen handlungsorientiert zu bearbeiten. In der Regel werden die Ergebnisse der Klasse präsentiert. Freie Arbeit ist ansatzweise aber auch möglich,

wenn es um Wiederholungs- oder Übungsphasen im Unterricht geht, wobei die Schüler/innen nach ihrem eigenen Rhythmus und ihren speziellen Lernnotwendigkeiten gezielt Aufgaben bearbeiten.
Gelegentlich ist die Freie Arbeit identisch mit dem *Wochenplanunterricht*, bei dem die Schüler und Schülerinnen einen vom Lehrer entwickelten Arbeitsplan (Pflicht – Wahl – freie Aufgaben) selbständig, in Gruppen, nach eigener Reihenfolge und in eigenem Lerntempo bearbeiten, wobei sie die Ergebnisse selbst überprüfen, dem Lehrer aber rechenschaftspflichtig sind (*Claussen* u. a. 1993, *Vaupel* 1996).
Freiarbeit in den unterschiedlichen Varianten ist keineswegs an eine Stufe oder Schulform gebunden: So liegen z. B. für die Förderung lernschwacher Schüler in der Sonderschule sehr positive Erfahrungen vor (*Reiß/Eberle* 1995).

1.2.5 Erfahrungsbezogener Unterricht

H. *von Hentigs* Buch »Schule als Erfahrungsraum?« hat eine Diskussion eingeleitet, bei der das Konzept eines »*erfahrungsoffenen Unterrichts*« (*Garlichs/Groddeck* 1978) sich zugleich als Kritik der fundamentalen Prinzipien der herkömmlichen Schule verstand. Erfahrungsoffener Unterricht

– unterdrückt die aktuellen Bedürfnisse, Interessen und Neigungen der Schüler/innen nicht länger im Dienste der beschriebenen »Zukunftsorientierung«,
– verdrängt die Subjektivität, die eigene Sichtweise der Lernenden nicht aus dem Lern- und Aneignungsprozeß, im Gegenteil: sie werden Voraussetzung für eine angemessene Gegenstands- und Problembearbeitung und vermitteln damit die Erkenntnis, daß »auch die scheinbar objektive Perspektive, die in Schule und Wissenschaft Lerngegenstände konstituiert, das Resultat sozialer Konsensbildung ist« (S. 12).
– stellt die sinnliche Auseinandersetzung mit Gegenständen/Themen/Problemen in ihrem »natürlichen« Lebenskontext der Aufteilung in Fachdisziplinen entgegen, bezieht sie zumindest auf größere Bedeutungszusammenhänge,
– betont gegenüber der abstrakten Belehrung (»Erfahrungen aus zweiter Hand«) die eigenen konkreten Operationen, Aktivitäten, »Begegnungen« der Lernenden mit den Lerngegenständen,
– versteht schulisches Lernen als Hilfe für die Lebenspraxis anstatt zur Produktion von Prüfungswissen, für Noten und Klassenarbeiten,
– nimmt auch das »informelle Sozialverhalten« außerhalb von Lehrer/Schüler-Rolle ernst (Beispiel: »Lehrer und Schüler erforschen ihr Verhalten bei Disziplinproblemen« – *Heinze-Prause/Heinze*, ebd. 67 ff.),
– statt eine geschlossene, bisweilen »totale« Institution zu sein, öffnet die Schule sich für ihr soziales Umfeld und läßt das übrige gesellschaftliche Leben bewußt hinein.

Damit ergibt sich nun allerdings auch ein anderer *Wirklichkeitsbegriff*: nicht mehr die didaktisch auf wenige Merkmale leicht(er) verdaulich reduzierte Wirklichkeit, sondern die Mehrdeutigkeit, Konflikthaftigkeit, Widersprüchlichkeit und Unbequemlichkeit von Sachverhalten und Problemen sind gemeint, – deren Vielfalt aber in pädagogisierten schulischen Erfahrungen mit ihrer Sterilität, Abgestandenheit und Lebensfremde kaum noch auftaucht. Nur wenn Erfahrungen in diesem Sinne ernstgenommen werden, kann ein auf sie bezogener Unterricht helfen, »mit den Brüchen in der Kontinuität der Welt- und Selbsterfahrung zu leben, etwas damit aufzufangen« (*Rumpf* 1976, 166).

Nun ist gleichwohl im Erfahrungsbegriff eine didaktische Differenzierung nötig. Neben den »gegebenen Erfahrungen« (die die Schüler/innen mit in die Schule bringen) sind im Unterricht besonders die »didaktisch erschlossenen Erfahrungen« (die der/die Lehrer/in durch Konfrontation der Schüler/innen mit geeigneten Materialien und Methoden anschaulich vermitteln kann) und die »kollektiv hergestellten« (in einer gemeinsam geplanten Aktion auch außerhalb der Schule gesammelten) Erfahrungen wichtig (*Schaeffer/Lambrou* 1972, 54).

Ein auf zahlreiche praktische – d.h. realisierte! – Beispiele gestütztes Konzept eines solchen erfahrungsbezogenen »Unterrichts« hat I. *Scheller* (1981, 53 ff.) entwickelt. Schüler/innen wird hier die Möglichkeit gegeben,

»– Fragen, Probleme und Erscheinungen zu untersuchen, die ihnen *wirklich wichtig* sind;
 – nicht nur kognitiv, sondern auch *sinnlich-körperlich* zu handeln und zu lernen;
 – sich *nicht immer nur über Sprache zu verständigen*, sondern auch über Bilder, Spiele, Musik, Gegenstände und Aktionen;
 – *Produkte herzustellen*, in denen sie ihre Erfahrungen, Vorstellungen und Bedürfnisse vergegenständlichen können und die einen Gebrauchswert für sie haben;
 – sich nicht nur selbst darzustellen und gegen andere abzugrenzen, sondern voneinander und miteinander zu lernen, d.h. *soziale Erfahrungen zu machen* und Beziehungen aufzubauen;
 – in ihren Aktivitäten nicht auf die Schule und den Klassenraum eingeschränkt zu sein, sondern *auch außerhalb der Schule* Erkundungen und Aktionen durchzuführen;
 – sich unabhängig von der Gängelung durch die Schulzeit und den Stundenplan nach dem *eigenen Arbeits- und Lernrhythmus* mit Erscheinungen, Fragen und Problemen auseinanderzusetzen.«

Freilich garantieren erfahrungsoffene – im Vergleich zur traditionellen Unterrichtspraxis schon »alternative« – Unterrichtssituationen noch keineswegs, daß *»Erfahrungen«* (nicht nur *»Erlebnisse«*) gemacht und diese reflexiv verarbeitet werden. Erst die aktive, bewußte Auseinandersetzung mit Erlebnissen läßt Erfahrungen entstehen. Erfahrungen setzen die Symbolisierung von Erlebnissen, d.h. eine Interpretation im Horizont vorgängig erlernter Bedeutungen voraus, und – soweit die Erlebnisse neue Erklärungen notwendig machen – können sie zur Umstrukturierung und Erweiterung dieser Bedeutungen führen. Nur so bestimmen Erfahrungen das eigene Denken und Handeln in dem Sinn, daß sich die Person als Subjekt in der tätigen Auseinandersetzung mit der Welt produziert. Die *didaktische Konsequenz*, die *Scheller* zieht: Erlebnisse, Erfahrungen und Phantasien der Schüler/innen sind zwar Gegenstand von Lernprozessen, »allerdings sind es vor allem erinnerte, an Texten, Bildern, Filmen aktualisierte Situationen, die rekonstruiert und in Auseinandersetzungen mit anderen ... Erfahrungen begriffen werden sollen.« (*Scheller* 1981, 63) Erfahrungsbezogenes Lernen wird daher konkret in drei wesentlichen Elementen methodisch organisiert.

1. Aneignung von Erfahrungen. Der/die Lehrer/in schafft Situationen, in denen die Schüler/innen ihre Wahrnehmungen und Erlebnisse erinnern, darstellen und reflektieren können. Ein Beispiel: Hauptschüler/innen haben eine Schule für Körperbehinderte besucht – im Kontext einer Fülle von Erlebnissen, Wissen, Phantasien, Haltungen, Wahrnehmungen etc. – Die Schüler/innen erhalten die Aufgabe – statt wie üblich »zu besprechen«, was sie erlebt haben – allein oder mit andern jene Situationen, die ihnen besonders in Erinnerung geblieben sind, zu beschreiben, zu zeichnen ode szenisch darzustellen: Was war daran neu und wichtig? Im Zusammenhang mit *vorher* gelesenen Texten, gesehenen Filmen, Bildern (symbolisch vermittelt in den Unterricht eingebracht) bezieht sich die Aneignung zunächst auf eben die subjektiven Bedeutungen, die die Schüler/innen mit ihren Erlebnissen verbinden.

2. Verarbeitung von Erfahrungen. Darüber hinaus brauchen die Schüler/innen aber neue Perspektiven, Erklärungsmuster und Erfahrungen, damit sie das Erlebte neu sehen, interpretieren und in seiner gesellschaftlichen Dimension erklären können. Dabei sind die Erlebnisse, Haltungen und Phantasien der Schüler/innen – auch wenn sie »klischeehaft« oder emotional umgangssprachlich banal sind – als Basis der Verarbeitung zu akzeptieren. Sie bilden das Rohmaterial, das der organisierenden Bearbeitung bedarf, um es – z. B. durch Konfrontation mit Wissen und Erfahrung anderer (Schüler, Lehrer/Lehrbuchautoren, Journalisten u. a.) – zu »reorganisieren«:
Der/die Lehrer/in kann den Schüler/innen Erfahrungsberichte von Behinderten zu lesen geben, Filme über den perspektivlosen Heimalltag zeigen, Schüler in Rollstühlen fahren und in der Stadt Aufgaben erledigen lassen – um dann miteinander nach Erklärungen zu suchen oder Alternativen zu studieren.

3. Veröffentlichung von Erfahrungen. Damit der eigene Lernprozeß nicht folgenlos bleibt, wird das Erarbeitete einer über den Klassenzusammenhang hinausgehenden Öffentlichkeit zugänglich gemacht.
Am Beispiel der Behinderten können die Schüler/innen durch Darstellung und Diskussion ihrer Position (diese natürlich zugleich auch nochmal als Arbeits- und Lernprozeß rekonstruieren und damit erneut überprüfen) einen Beitrag leisten zur Aufklärung über ein gesellschaftlich immer noch weitgehend tabuisiertes Thema.

Scheller zeigt nun an einer Fülle von Beispielen *konkrete Möglichkeiten* auf, diesen Dreischritt von Aneignung, Verarbeitung und Veröffentlichung von Erfahrungen zu leisten. Neben dem *Gespräch* (S. 121 ff.), dem *Schreiben* (S. 128 ff.), der *Literatur* (S. 155 ff.), dem *szenischen Spiel* (S. 191 ff.) ist dies auch die *Fotografie* (S. 179 ff.). *Schellers* Konzept macht auf der einen Seite zwar die zentrale Rolle des Lehrers/der Lehrerin im erfahrungsbezogenen Unterricht deutlich, belegt aber andererseits beeindruckend, wie sich über das Element der Erfahrung (und ihrer Verarbeitung/

Aneignung) konkrete Handlungsmöglichkeiten für Schüler/innen im Unterricht ergeben können. Allerdings: Unterricht in der Schule lebt nicht allein von den Erfahrungen der Schüler/innen, sein untrennbares (dialektisches?) Gegenstück ist das nach einschlägigen Methoden organisierte Lehren und Lernen (*Duncker* 1987).

1.2.6 Lehrzielorientierter Unterricht

Die Überschrift weckt Erstaunen: *Lehr*zielorientierung – ist das nicht die Todsünde wider die *Schüler*orientierung? War nicht gerade die Verplanung der Schüler/innen und ihres »Endverhaltens« durch die curriculare Didaktik mit ihrer ausgefeilten Technik zur Operationalisierung von Zielen Anlaß zur Entwicklung von Gegenkonzepten (vgl. S. 24)? (Wir reden hier von *Lehr*zielen, weil es sich um Ziele der Lehrenden handelt, während der Begriff »Lernziel« suggeriert, es handelt sich um die Ziele von Lernenden). – Nun wurde zwar die wichtige Funktion des/der Lehrers/in in den bisherigen Ansätzen nicht bestritten – aber geht es nun doch wieder um einen Unterricht, der von den Lehrzielen der Unterrichtenden determiniert wird? Fremdsteuerung rediviva?
Mitnichten. Sicherlich, der curricular-zielanalytische Ansatz definierte mit dem Lehrziel die lernenden und handelnden Schüler/innen als verdinglichte Mittel eines antizipierten Endverhaltens (*Keck* 1983, 86). *Lernen* schrumpft zusammen auf das Erfüllen der *Lehr*intentionen.
Aber daraus muß nicht notwendig die Konsequenz gezogen werden, sich von Lehrzielen völlig zu verabschieden. R. *Keck* (1983) hat eine Konzeption entwickelt, die die positiven Aspekte der curricular-zielanalytischen Didaktik und der »Artikulation« des Unterrichtes in der bildungstheoretischen Tradition fruchtbar zur Ergänzung bringt. Er geht aus von einem Unterrichtsverständnis, »das die Interaktions- und Beziehungsebene nicht mit dem Vermittlungsaspekt gleichschaltet, das getrennte Perspektiven zwischen Lehrendem und Lerner erlaubt, das neben Zielorientierung *Zielverständigung* anstrebt« (S. 87. Die Leitbegriffe dieses Ansatzes sind also *Zielorientierung* und *Zielverständigung*, die beide gleichermaßen wichtig sind. Die Zielorientierung trägt dem Vermittlungsaspekt (s. o.) Rechnung und ist ausgerichtet auf Steuerbarkeit und Kontrollierbarkeit des Unterrichts, während Zielverständigung die kommunikativ-genetische Beziehungskomponente abbildet, die auf Verständigung und emotionale wie soziale Stabilisierung ausgerichtet ist.
Das Entscheidende dieses Ansatzes ist, daß die Schüler/innen als Subjekte wieder ins Spiel kommen und zwar so, daß *innerhalb* des überwiegend praktizierten lehr/lernzielorientierten Unterrichts (z. B. der Lehrer/innengeneration, die in den 70er

Jahren studiert hat) Freiräume für schülerorientiertes Vorgehen geschaffen werden. Die Mängel der Stufenlehre (Artikulationsansatz) werden ebenso wie der rigide zielanalytische Ansatz überwunden durch drei wichtige Modifikationen:

Erstens: Teiloperationalisierung, »d. h.
- in einer nur teilweise feinanalytischen Planung
- in einer Zentrierung dieser Planung auf die drei Hauptstufen: Eröffnung (1), Zielverständigung (2), Anwendung/Übung (3).« (S. 102f.)

Die zielanalytische Feinformulierung wird nur an ausgewählte, von der Sache her gebotene *Gelenkstücke* und *Markierungspunkte* des Unterrichtsverlaufes gebunden (S. 92), an *Schaltstellen*, die für das Erreichen des Unterrichtszieles zwingend nötig sind. Damit wird z. B. möglich, aufkommende Interessen und Bedürfnisse der Schüler/innen nicht zu berücksichtigen, andersartige Lösungsversuche zuzulassen und kooperative Mitentscheidung zu fördern. Die Teiloperationalisierung beschränkt sich auf die drei o. a. Grundstufen, sie »macht erst das möglich, was schülerorientierter Unterricht will« (S. 95).

Zweitens: Inhaltstypische Schrittabfolge. Die in der Sache selbst liegenden objektiven Entscheidungskriterien für ein erfolgreiches Vorgehen kommen zum Tragen, indem mit Hilfe einer fachwissenschaftlich-systematischen Inhaltsanalyse eine gegenstandstypische Aufgabenfolge ermittelt wird (S. 91).

Drittens: Alternierung, in der Zielverständigung und Beziehungsherstellung genetisch gefaßt, d. h. als Prozeß verstanden werden. »*Für die Praxis formuliert* heißt Alternierung: Welche anderen möglichen Wege kann ich vorsehen, welche Beispiele und Handlungsimpulse, welche emotiven Interessenschwerpunkte, Erfahrungen und Veranschaulichungen kann ich bereitstellen, um auf überraschende und intuitive Situationen der Schüler im Sinne des Problem- und Sachkontextes umschalten zu können?« (S. 92) Die Alternierung, und dies ist dann für die Planung handlungsorientierten Unterrichtes besonders wichtig, zielt darauf, »*auf der Grundlage eines zielversichernden Dialogs zwischen Lehrenden und Lernenden* weitere Zugänge und Handlungsmöglichkeiten zu ermitteln« (S. 100). U. a. werden damit die kognitiven Leistungsanforderungen an konkrete Handlungsaufgaben wie projekthafte Elemente, »originale Begegnung« (*Roth*) und nicht zuletzt Gruppen- und Partnerarbeit zurückgebunden.

Der Gruppenunterricht hat nun, quer zu den bisher herangezogenen Ansätzen, eine lange eigene Tradition, die für den handlungsorientierten Unterricht von zentraler Wichtigkeit ist.

1.2.7 Soziales Lernen und Gruppenunterricht

Die spezielle Sozialform des Gruppenunterrichts – genauer gesagt: der Kleingruppenarbeit im Unterricht – bietet eine Fülle gegenstandsbezogener, vor allem aber sozialer Handlungsmöglichkeiten (*Gudjons* 1993).

Um nicht in der Vielfalt möglicher unterrichtlicher Gruppierungsformen – auch begrifflich – unterzugehen, wird hier daran festgehalten, daß sich Gruppenunterricht im engeren Sinne bezieht auf einen Unterricht

- in Kleingruppen (meist 3–6 Schüler/innen) *einer Klasse*;
- bei derselben Lehrkraft, zur selben Zeit, meist auch im selben *Raum*
- und *Aufgabenstellungen*, die in einem unterrichtlichen Gesamtzusammenhang auf die Entwicklung von Kooperationsfähigkeit, auf forschend-entdeckendes Verhalten und gemeinsame Problemlösungen zielen (*Gudjons* 1979, 466).

Seit *Dietrichs* empirischer Untersuchung (1969, zur Kritik: *Glück* 1976) ist sehr wahrscheinlich, daß Unterricht mit Kleingruppenarbeit in der Reproduktion von Wissen (Behalten), in der Beherrschung von Arbeitstechniken, in der Ausprägung sozialer Verhaltensweisen und in persönlichkeitsformenden Faktoren (Aktivität, Produktivität, Arbeitsintelligenz, Kontaktverhalten u. a. m.) ungleich höhere Chancen hat als ein Unterricht ohne Kleingruppenarbeit (*Gudjons* 1985, 6ff.).
Und im Anschluß an Andreas *Knapps* Forschungen (1975) lassen sich die besonderen Vorteile des Gruppenunterrichtes in vier Punkten zusammenfassen: 1. »Erhöhung der Interaktionschancen des einzelnen und somit zur Förderung sprachlich gehemmter Kinder«, 2. »Entwicklung der Fähigkeit des kritischen Überprüfens von Inhalten und Gegebenheiten«, 3. »Verstärkung produktiver, kreativer Prozesse«, 4. »Ermöglichung wechselnder Identifikation und ... Sensibilität für den anderen« (*Meyer* 1977, 43).
Unangemessene Erwartungen lassen sich vermeiden, wenn man die Funktionen des Gruppenunterrichts auf drei Ebenen beschränkt. – *Erstens:* Durch stärkere Beteiligung an der Planung von Gruppenarbeitsprozessen öffnet sich für den/die Schüler/in die Möglichkeit eines freieren, offeneren und an seinen/ihren Interessen orientierten inhaltlichen Lernens, – *Schülerorientierung auf der Sachebene*. –
Zweitens: Durch Übernahme unterschiedlicher Arbeitsfunktionen, Differenzierungen nach individuellen Fähigkeiten, durch das Erlernen arbeitsmethodischer Kompetenzen, Planungs- und Realisierungsstrategien wird Zusammenarbeit mit anderen gelernt, – *Kooperation auf der Ebene des Arbeitsvorhabens*. – *Drittens:* In der eigenen Gruppendynamik einer Kleingruppe müssen die Beziehungen untereinander entwickelt, emotionale Konflikte gelöst, metakommunikative Techniken gelernt, Außenseiter integriert, funktionale Rollen übernommen und Interaktionsstörungen ausgeräumt werden – *Kommunikation auf der Ebene sozialer Beziehungen*.
Motivation und Aktivität der Schüler/innen lassen sich durch Gruppenunterricht spürbar steigern, dies zeigen z. B. zahlreiche Erfahrungsberichte (*Schroeder* 1975, *Meyer* 1975, 5. Aufl., *Sharan* 1976, *Fuhr* 1977, *Haselmann* 1978, *Klafki/Meyer/Weber* 1981, *Denecke* 1981, *Wöhler* 1981, PÄDAGOGIK H. 1/1992, *Gudjons* 1993). Aber eine mangelnde Identifikation mit einer (aus den bereits genannten Gründen) abgelehnten Schule kann auch der beste Gruppenunterricht in einem oder zwei Fächern nicht beseitigen.

Der Gruppenunterricht realisiert zwei für den handlungsorientierten Unterricht zentrale Elemente in besonderer Weise: das Moment der aktiv-tätigen Auseinandersetzung mit dem Lerngegenstand (*die Schüler/innen* handeln, nicht der/die Lehrer/in!) und das Moment der Tätigkeit als *sozialem Handeln*. Handelnder Unterricht bezieht sich nicht nur auf Gegenstände, sondern versteht Handeln immer auch als ein Sich-Erfahren in sozialen Rollen und in der Kommunikation.

1.2.8 Subjektive Didaktik – die Modellierung von Lernwelten

Viel mehr als eine dem handlungsorientierten Unterricht »verwandte« Form eines didaktischen Ansatzes ist die subjektive Didaktik, die von einem grundlegend veränderten Lern- und Bildungsverständnis ausgeht. Die subjektive Didaktik als eine radikale Alternative zur herkömmlichen Didaktik hat der Freiburger Schulpädagoge Edmund *Kösel* (1995) vorgelegt. Grundsätzlich ist in diesem Ansatz Lernen (und auch Lehren!) ein bei jedem Individuum aufgrund seiner (Lern-)Biographie anders verlaufender – also ein höchst »subjektiver« – Prozeß. Daher nennt *Kösel* seinen Ansatz »subjektive Didaktik« (im Gegensatz zur »objektiven Didaktik«, die die allgemeinen und überindividuellen Strukturen didaktischer Prozesse betont).

Drei große Denkrichtungen bilden das theoretische Gerüst der subjektiven Didaktik: die Postmoderne (d. h. die Bejahung von Pluralität und Individualisierung persönlicher Stile), der radikale Konstruktivismus (d. h. die Überzeugung, daß jeder Mensch sich seine »Welt« als subjektives Konstrukt – eben auch beim Lernen – schafft) und die Systemtheorie (d. h. die zirkuläre Organisation lebender Systeme, die sich selbst erzeugen, steuern und organisieren in struktureller Kopplung mit ihrem Milieu).

Die Konsequenz: Didaktik funktioniert nicht nach dem »Input-Output-Modell« (Nürnberger Trichter, für alle wissenschaftlich objektiviert), sondern kann nur Anreizstrukturen für die je individuell Lernenden geben, die das lernende Subjekt dann im Sinne der Selbstorganisation weiterverarbeitet. Didaktik kann nur eine »Modellierung von Lernwelten« sein, – so der Titel des Buches. *Kösel* zeigt dies sehr praktisch an der Integration einer Fülle von ganzheitlichen Lernkonzepten aus der humanistischen Psychologie und Pädagogik: Körperorientierte Verfahren (z. B. Bioenergetik), Themenzentrierte Interaktion (Verbindung von Thema, Gruppe und Individuum im Sinne eines lebendigen Lernens, Ruth *Cohn*: TZI), Psychodrama (Inszenierung von Lebensproblemen wie auf einer Bühne), Neurolinguistisches Programmieren (NLP, d. h. Selbstbeeinflussung durch sprachliche Mittel), Gestaltpädagogik (Zugang zu Themen über Kognition und Emotion), Interaktionserziehung (soziales Lernen durch Kommunikation und Kooperation in der Gruppe), partnerzentriertes Gespräch (nichtdirektives Gesprächsverhalten), aber auch Projektarbeit u. v. a. – ohne die Frage nach der Bedeutung der »Sache« im Bildungsprozeß aus den Augen zu verlieren. – Es bleibt abzuwarten, wie dieser Ansatz einer konsequent »subjektiven Didaktik« in der pädagogischen Diskussion rezipiert wird.

1.3 Handlungsorientierung in »Alternativen zur/in der Regelschule«

Während der Gruppenunterricht als das klassische Beispiel für Möglichkeiten einer stärkeren Handlungsorientierung mit den Elementen Partizipation an Planungen und Entscheidungen, Selbständigkeit, Aktivität, Kooperation, Kommunikation, Produktivität, Verantwortung u. a. m. im Alltag der Regelschule gelten kann, liegt das faszinierendste Feld des handlungsorientierten Lernens in umfassendem Sinn gerade in zahlreichen Schulen, die bewußt als institutionelle *Alternativen zur staatlichen Regelschule* entwickelt worden sind. Gerade weil sie den üblichen Zwängen und Einschränkungen der Regelschule nicht – vielleicht auch nur nicht so stark – unterliegen, haben sie die Chance, Leben und Lernen völlig anders zu organisieren (Ausführlich dazu: *Klemm/Treml* 1989, Arbeitsgemeinschaft Freier Schulen 1993).

Alternativschulen
Einen wesentlichen Anstoß erhielt die deutsche Alternativschulbewegung durch ausländische Versuche, vor allem in den 70er Jahren durch die *Tvind-Schulen in Dänemark* (*Beck/Boehncke* 1978, *Borchert/Derichs-Kunstmann* 1979, *van Dick* 1979 u. a.). Die Tvind-Schulen sind vor allem dadurch zu charakterisieren, daß sie gemeinsames *Arbeiten* (z. B. eigene Produktion von Nahrungsmitteln, Energie, Dienstleistungen) mit gemeinsamem *Leben* (größtenteils Internatscharakter) und gemeinsamem *Lernen* (lebenspraktischer wie für externe Prüfungen benötigter Kenntnisse) verbinden. Dies geschieht in einem System verschiedener Schulen: »Reisende Hochschule«, »Notwendiges Seminar«, »Efterskole«, »Gästeschule«.

Für einen handlungsorientierten Unterricht ist vor allem die Aufhebung der Trennung von *Hand- und Kopfarbeit*, von Theorie und Praxis entscheidend. Aber auch der *Ernstcharakter* der Arbeit, die das Element der *Verantwortung* betont, die Erfahrung *nicht-entfremdeter, selbstorganisierter, produktiver Arbeit* (wie sie schon in der Herstellung und im Verkauf eines Fotokalenders zum Apartheid-Elend in Südafrika – produziert von einer Gruppe der »Reisenden Hochschule« 1985 – liegt) sowie der ständige *Bezug der Lerngegenstände zum Subjekt* und zu seinem *gesellschaftlichen Umfeld* (jede/r Schüler/in weiß, warum er/sie etwas tut/lernt, wozu es nützlich ist) sind Elemente, die z. B. den Projektunterricht auch an der Regelschule wesentlich bestimmen können.

In Deutschland ist es wohl vor allem die *Hiberniaschule* (als Waldorfschule), die neben der *Verbindung von praktischem, künstlerischem und theoretischem Lernen* das Konzept der *Integration von beruflichem und allgemeinbildendem Lernen* am weitesten entwickelt hat (*Rist/Schneider* 1977, *Fucke* 1981, *Edding* u. a. 1985).

In den *Landerziehungsheimen* (*Becker* 1986, *Seidel* 1995) wird neben dem Bezug zur Natur vor allem das Element der *Lebensgemeinschaft* betont, das ebenfalls eine Fülle von sozialen Handlungsmöglichkeiten enthält. Bei aller unterschiedlicher Ausprägung im einzelnen hat hier nicht nur das Miteinander-Leben und Miteinander-Umgehen einen anderen – existentiell bedeutsameren – Charakter als in der Halbtagsschule, der Ernstcharakter wird auch durch die zahlreichen praktischen Arbeiten ermöglicht (von der handwerklichen Arbeit, dem Gartenbau bis hin zur Reinigung der Häuser, Arbeit in Küche oder Wäscherei u. a. m.). Handlungsanlässe werden nicht mit pädagogischen Tricks künstlich hergestellt, sondern ergeben sich aus dem Leben selbst; Sozialverhalten wird nicht durch Belehrung, sondern durch Erfahrung gelernt.

Die inzwischen zahlreichen alternativen »Freien Schulen« lassen sich zusammenfassend durch folgende Hauptmerkmale und Zielsetzungen beschreiben (*Bäuerle* 1980, 22):

»– Lehren und Lernen mit Freude und Eigeninitiative;
 – Förderung der Spontaneität;
 – Ausleben und Befriedigung der Neugier;
 – Selbstbestimmung durch und in bewußter Konfliktregelung;
 – Förderung von Gerechtigkeit und Chancengleichheit;
 – Befreiung von Zwängen jeder Art;
 – Befreiung von staatlicher Aufsicht;
 – Freistellung des Schulbesuchs;
 – Selbstbestimmung der Lehr- und Lernprozesse;
 – Abschaffung des Bewertungssystems durch Noten und Zeugnisse;
 – Befreiung von Stufungen und Sitzenbleiben;
 – Orientierung der Unterrichtszeiten an lernpsychologischen Erkenntnissen;
 – Berücksichtigung von Voraussetzungen des Lernens;
 – Berücksichtigung von Emotionen neben kognitiven Lernelementen;
 – Praxisorientierung des Lernens;
 – gemeinsame Bestimmung des Lehr- und Lernprozesses durch Lehrer, Schüler und Eltern;
 – Orientierung der Lehrer und Eltern an den Bedürfnissen der Schüler.«

Darüber hinaus ist es für die *Freien Schulen*, die sich auf die *Sekundarstufe* beziehen, wichtig (z. B. für die »Freie Schule Hamburg« – Autorenkollektiv, in: *Claußen/Koch* 1984) auch schul*un*spezifische Lernorte als »Schule« anzubieten.

In Hamburg geschieht dies durch Integration der Schule in das Kommunikationszentrum »Honigfabrik«, (einem alten, ausgebauten Fabrikgebäude), das neben Werkstätten, Kneipe, Küche u. a. auch Räume für die Schule enthält. Innerhalb dieser Voraussetzungen haben Projekte mit Ernstcharakter (wie Herstellung, Lagerung und Verkauf von Obstsaft aus biologischem Anbau oder Verköstigung von Großgruppen – 150–250 Mitglieder) durch die Jugendlichen aus dem sozialen Slum des Stadtteils eine größere Akzeptanz erfahren als »Lernprojekte« (wie der Bau von Heißluftballons).

Andere Schulen, besonders die in staatlicher Trägerschaft befindlichen wie die *Laborschule* Bielefeld, die *»Glocksee-Schule«* in Hannover oder das Grundschulprojekt *Gievenbeck* in Münster sind inzwischen so ausführlich dokumentiert, daß hier auf eine nähere Untersuchung verzichtet werden kann (*Röhrs* 1986).

Alternativen in der Regelschule
Von den *in* der Regelschule entwickelten »Alternativen« enthalten besonders die Community Education und die Freinet-Pädagogik für den handlungsorientierten Unterricht wichtige Impulse.
Die *»Community Education«* versucht, die Schule dem Stadtteil zu öffnen, neuerdings nicht nur in England, sondern auch in Deutschland (*Loose* 1985). Wir fassen diese Bewegung in vier Merkmalen zusammen.

Erstens: Schulen bauen Freizeitmöglichkeiten aus, organisieren Clubs, Treffs, richten Werkstätten ein, starten Stadtteilinitiativen, ermöglichen Familien Urlaub in schuleigenen Ruder-, Paddel- und Segelbooten – *Schule als Stätte zahlreicher Aktivitäten der Bewohner eines Stadtteils.* Dabei sind Eltern so normale Teilnehmer am Schulleben wie Schüler.
Zweitens: Erwachsene lernen (z. B. in Kursen zur Vorbereitung der Abschlußprüfung) mit Jugendlichen gemeinsam, besuchen Fortbildungsveranstaltungen oder gehen gemeinsam ihren Hobbys nach – *generationsübergreifendes Lernen.* Für den Unterricht sind Projekte zentral. Grundprinzip ist: »Laßt Eltern rein und Schüler raus« (*Loose* 1985, 540).
Drittens: Wenn z. B. arbeitslose Jugendliche von – älteren – Arbeitslosen ausgebildet, in vielen Fällen praktische Sozialarbeit geleistet oder Ausländer integriert werden, zeigt sich die open school als *offen für die sozialen Probleme der Menschen eines Stadtteils.*
Viertens: Schließlich müssen sich diese Schulen völlig anders, selbstregulierend und flexibel organisieren – Schule gewinnt nicht zuletzt unter bildungspolitischem Aspekt als Institution *mehr Autonomie.* Die für den handlungsorientierten Unterricht wichtige Verbindung der Schule mit dem Leben (Stadtteil und Schule als Lebenswelt) liegt auf der Hand. Ein eindrucksvolles Beispiel dafür bietet die Berliner »Stadt-als-Schule« (*Grieser* 1996).

Auch bei *Freinet* (dt. 1979) steht die aktive Natur des Lernens im Mittelpunkt (*Dietrich* 1995). Die Aufhebung der Trennung von Kopf- und Handarbeit drückt sich in der *Einrichtung des Klassenraumes* aus:

Eine Druckerei, Arbeitsecken (»Ateliers«) mit zahlreichem Handwerkzeug und Material, aber auch mit Büchern, Heften und Lernmaterialien u. a. m. – *Arbeit als Substanz der Didaktik.* Im »freien Text« schreiben die Kinder, was sie zu sagen haben«, in *Klassenzeitung* und *Korrespon-*

denz mit andern Klassen stellen sie »öffentliche« Bezüge her und erweitern ihre eigene Erfahrungswelt, – Schreiben und Geschriebenes bekommen einen unmittelbaren *Sinn*. – Schülergruppen oder Einzelne arbeiten parallel, drucken in den Ateliers, lösen Aufgaben aus der Rechtschreib- oder Mathematikkartei, malen, schreiben Texte oder arbeiten einen Vortrag zu einem selbstgewählten Thema aus. Das alles geschieht nach selbsterstellten individuellen und gemeinsamen *Arbeitsplänen*; gemeinsame Vorhaben und Probleme werden im *Klassenrat* besprochen.

Obwohl *Freinet* Grundschullehrer war, gibt es inzwischen auch ermutigende Versuche für die *Sekundarstufe* (*WPB* 1983, PÄDAGOGIK H. 2/1993). Die prinzipielle Betonung der *Sinnhaftigkeit von Schülerprodukten*, die *selbstverantwortete Arbeitsplanung* und die selbsttätige praktische Arbeit als Kern des Unterrichts sind für den handlungsorientierten Unterricht wichtiger als die einzelnen, oft als »Freinet-Pädagogik« verstandenen Arbeitstechniken und -mittel. Die aktuelle Weiterentwicklung dieser Ansätze wird mit praktischen Beispielen im Themenheft »Freie Arbeit« (PÄDAGOGIK H. 6/1991) aufgezeigt. – Auch ist hinzuweisen auf eine Synopse von Lutz van Dick (ebd., 31–34), die Freie Arbeit, Offenen Unterricht, Projektunterricht, Handlungsorientierten Unterricht und Praktisches Lernen tabellarisch gegenübergestellt und damit einen kurzgefaßten hilfreichen Vergleich ermöglicht.

Während die bisher unter dem Aspekt von Elementen eine Handlungsorientierung untersuchten Ansätze sich überwiegend nicht aus wissenschaftlichen Theorien abgeleitet haben, geht es im folgenden Kapitel genau darum: um den handlungstheoretischen bzw. lernpsychologischen Begründungszusammenhang von Handeln und Lernen.

2. Handlungstheorien und handlungsorientierter Unterricht

Eine Szene aus dem Schulalltag, wie sie überall vorkommen kann:

»Ihre Schüler waren heute aber sehr aktiv in der Stunde; Sie haben die ja sehr geschickt zum eigenständigen Handeln motiviert!« lobte der Schulrat den jungen Kollegen am Ende der Lehrprobe. Die Aufgabe hatte für die Schüler/innen gelautet, eine Brückenkonstruktion aus einem Papierbogen zu entwickeln, die einen dicken Stein tragen konnte. Kleingruppenarbeit, selbständiges Agieren der Schüler/innen, keine vorgegebenen Lösungswege, ein hoher Grad an Aktivität. In der zweiten Stunde wurden die Erfahrungen und Abläufe in den Gruppen mithilfe eines kleinen Fragebogens ausgewertet. Am Ende stand an der Tafel eine (mit Hilfe des Lehrers erarbeitete) Übersicht über Funktionen und Rollen bei Arbeitsprozessen in Gruppen. – Keine reine Wort- und Buchschule, sondern Lernen durch Handeln im Unterricht ...

Zwar hebt diese Stunde sich positiv ab von mancher minutiös durchstrukturierten, lehrerzentrierten, frontalunterrichtlichen und von Grobziel zu Feinziel eilenden Lektion des »Beybringens« (*Henningsen* 1974). Aber wie Momente von Aktivität, Kooperation, Selbständigkeit, »Handeln« in ein Unterrichtskonzept eingebettet sind, ist allein auf der unterrichtlichen Erscheinungsebene nicht auszumachen. Unser Beispiel zeigt lediglich auf, wie ein Lehrer versucht hat, sein Thema »Kommunikations- und Kooperationsprozesse in Gruppen« statt über das Sozialkundebuch hier handlungsorientiert aufzubereiten. Er nimmt damit zum einen Bezug auf die erfahrungs- und erlebnisorientierte Gestaltpädagogik, die sich bemüht, ein Thema durch »affektive Auflading« (*Burow* 1988, 174) in den Interessen- und Fragehorizont der Schüler/innen zu rücken. Zum andern ist der Versuch getragen von der Auffassung, daß Informationsaufnahme, Begriffsbildung, Einsichts- und Einstellungsentwicklung im Zusammenhang mit Handlungserfahrungen dem Lernen angemessener sei. Das ist eine theoretische Annahme. Welche Theoriegrundlage kann diese Annahme haben?

Zunächst bietet sich ein Konzept an, das sich »Handelnder Unterricht« nennt (*Mann* 1977, *Wilhelmer* 1979, *Rohr* 1982, *Kormann/Ramisch* 1984) und auf Anhieb sehr geschlossen wirkt. Seine Bezugstheorie ist die materialistische Aneignungstheorie. – Eine zweite Grundlage ist erheblich offener: die kognitive Handlungstheorie (*Piaget*, *Aebli*). – Die dritte Argumentationsebene: Lern- und Motivationspsychologie, ist noch weniger konsistent, – hilft aber durchaus überzeugend, das Grundanliegen des »Lernens durch Tun« mit einer Fülle von Einzelargumenten zu untermauern. – Man kann diese zunehmende »Öffnung« der theoretischen Begründungen kritisieren, sie spiegelt aber m. E. die gegenwärtige Entwicklung, die sich von Versuchen geschlossener Unterrichtstheorien hin bewegt auf (auch theoretisch offene) Lernkonzepte, mit deutlichem Primat der Praxisebene.

2.1 Aneignungstheorie und Handelnder Unterricht

Grundlage des Handelnden Unterrichts ist wie gesagt die materialistische Aneignungstheorie, die sich auf bedeutende *sowjetische Psychologen* der sog. kulturhistorischen Schule stützt (*Wygotsky* 1964, *Leontjew* 1975, 1977, *Galperin* 1969, 1979, *Rubinstein* 1979 u. a. – Zur deutschen Rezeption: *Jantzen* 1983, *Zur Kritik* ... 1989, 126 ff.). Drei Elemente sind darin grundlegend: Erkenntnis und Tätigkeit, Aneignung und Lernen, pädagogische Lenkung des Aneignungsprozesses.

Erkenntnis und Tätigkeit
Ohne daß hier im einzelnen auf das komplexe Werk dieser Autoren angemessen eingegangen werden kann, ist festzustellen, daß dem handelnden Unterricht zunächst eine bestimmte *Erkenntnistheorie* zugrunde liegt, die mit der zentralen Kategorie der »*Widerspiegelung*« beschrieben wird. Widerspiegelung meint das Verhältnis von Abzubildendem (Gegenstände, Erscheinungen, Prozesse in der Welt) und dessen Abbild im menschlichen Bewußtsein (Wahrnehmungen, Empfindungen, Begriffe). Der Zusammenhang des Menschen mit der Welt, in der er lebt, wird hergestellt durch die aufgrund seiner »*Tätigkeit*« zustandekommende Eigenart der Beziehung zwischen äußeren Gegenständen und inneren Erkenntnissen, Handlungsstrukturen, Fähigkeiten usw., wobei »die psychische Tätigkeit das Ergebnis der Übertragung des äußeren materiellen Handelns in der Form der Widerspiegelung ist – in die Form der Wahrnehmungen, der Vorstellungen und Begriffe« (*Galperin* 1969, 379).
Hatte noch *Wygotsky* den Menschen stärker als der Außenwelt gegenübergestellt und diese wahrnehmend aufgefaßt (und daher den Prozeß der Interiorisierung erkenntnistheoretisch in den Vordergrund gestellt), so betonen *Leontjew, Galperin* und vor allem *Rubinstein* stärker die Rolle der Tätigkeit bei der Bildung psychischer Erscheinungen. Damit wird – *entgegen einer passivistisch-deterministischen Auslegung* des Prozesses der Widerspiegelung – deutlich, daß das Abbild »keine mechanische Kopie des Abgebildeten ist, sondern eine komplizierte, dialektisch-widersprüchliche Übersetzung von Materiellem in Ideelles« (*Rohr* 1972, 139). Als Ergebnis einer Wechselwirkung von Erkenntnisobjekt und erkennendem Subjekt bilden

sich keine statischen Abbilder, sondern der ursprüngliche, sinnlich gegebene Inhalt eines Gegenstandes verändert sich *im* Erkenntnisprozeß selbst.

Einerseits spiegelt menschliches Erkennen also die unabhängig existierende objektive Welt im Subjekt wider, andererseits wird sie gebrochen durch das »Prisma der konkreten Besonderheiten des Individuums« (*Leontjew* 1977, 54). Die Widerspiegelung der Wirklichkeit in Bewußtseinsinhalten ist nach Leontjew also zweifach determiniert: äußerlich (durch die »Logik« der Gegenstände) und innerlich (durch Erkenntnisbedingungen des Subjekts). Letztere können – und darin liegt eine in der Diskussion noch zu wenig beachtete Perspektive bei *Leontjew* – in der Form subjektiver Motive zu einer Nicht-Übereinstimmung von *objektiver »Bedeutung«* der Dinge/Umstände der Außenwelt und persönlichem *»Sinn«* führen (*Leontjew* 1977, 57).

Darüber hinaus ist grundlegend, daß sich Erkenntnis immer (nur) auf der *Basis der konkreten gesellschaftlichen Verhältnisse* (z. B. der Klassengesellschaft oder der sozialistischen Gesellschaft, also der Produktionsverhältnisse und Produktivkräfte einschließlich des historischen Erbes) vollziehen kann.

Aneignung und Lernen
In engem Zusammenhang mit diesen erkenntnistheoretischen Ausgangsbedingungen steht eine entsprechende *Lerntheorie*, die die praktische Herstellung dieser Wechselwirkung des Menschen mit der Welt durch menschliche Tätigkeit, durch Aneignung der Welt im Handeln beschreibt. »Die Tätigkeit des Menschen ist die Substanz seines Bewußtseins« (*Leontjew* 1977, 61).

Mit Tätigkeit sind nicht die zahlreichen Aktivitäten im Rahmen irgendeines praktischen Tuns gemeint, sondern umgekehrt: Tätigkeit ist der *Gesamtzusammenhang*, in dem sich der Mensch die reale Welt zu eigen macht, der Gesamtprozeß, in welchem er die *objektive Welt* (z. B. Gebrauchsgegenstände, Technik, Wissenschaft, Kultur) in *subjektive Formen* umwandelt (in Vorstellungen, Bewußtsein, Sprache). Aber auch *sich selbst* – ebenso wie die Außenwelt – kann der Mensch durch Tätigkeit begreifen und verändern. –

Tätigkeit ist stets verbunden mit einem hervorrufenden *Motiv*, hinter dem wiederum ein *Bedürfnis* steht (das sich allerdings im Verlauf der Tätigkeit verändert). Die Tätigkeit realisiert sich in ihren »Komponenten«, den *Handlungen*. »Unter Handlungen verstehen wir einen einem bewußten *Ziel* untergeordneten Prozeß« (*Leontjew* 1977, 34). Teilziele regulieren wiederum die einzelnen Handlungen. Wir werden noch sehen, daß hier eine deutliche Übereinstimmung mit kognitiven Handlungstheorien westlicher Provenienz zu finden ist. – Die beim Handeln nötigen konkreten Verfahren des Handlungsvollzuges sind die *Operationen*. – Festzuhalten ist vor allem, daß

bei der Herausbildung des Bewußtseins die *aktive praktische* Tätigkeit die entscheidende Rolle spielt.
Menschliches Lernen geschieht demnach im Rahmen dieses übergeordneten Zusammenhanges durch »Aneignung des von anderen Menschen bereits Vergegenständlichten, des gesellschaftlichen Erbes in seinen vielfältigen Formen« (*Wilhelmer* 1979, 148).
Der Begriff der *Aneignung* verweist also auf die grundsätzlich gesellschaftliche Natur menschlicher Lernprozesse und ist der Schlüsselbegriff zur Entwicklung eines handelnden Unterrichts. Werkzeuggebrauch, Sprachentwicklung und Ausbildung geistiger Handlungen sind z. B. Formen, in denen die Aneignung gesellschaftlich verdichteter Erfahrungen vollzogen wird und in denen sich die Gesellschaft reproduziert. Aneignung kennzeichnet das spezifisch *menschliche* Lernen im Unterschied zu dem des *Tieres*, das sich anpaßt. Beim Tier gibt es weder den Prozeß der *Interiorisierung* (»das heißt die allmähliche Umbildung äußerer in innere, geistige Handlungen« – *Leontjew* 1975, 243) als Aneignungselement, noch den entgegengesetzten Vorgang der *Exteriorisierung*, also die Entäußerung bereits angeeigneter (Denk-)Tätigkeiten in neuer, schöpferischer Form, ihre Vergegenständlichung z. B. in materiellen Produkten oder in Sprache. Beide Prozesse – Interiorisierung und Exteriorisierung – bilden im Aneignungsprozeß eine Einheit: Der Mensch *wird* nicht nur in der Aneignung gesellschaftlicher Verhältnisse geformt, »sondern gleichzeitig ist er derjenige, der diese Verhältnisse schafft und verändert, sich dabei selber verändert und entwickelt und neue Fähigkeiten entfaltet« (*Rohr* 1982, 97).

Pädagogische Lenkung des Aneignungsprozesses
Wenn die geistige Entwicklung des Heranwachsenden ein solcher Aneignungsprozeß ist, hängt viel von der pädagogisch organisierten Qualität und Gestaltung dieses Prozesses ab. – *Galperin* (Schüler *Wygotskis* und *Leontjews*) hat den Prozeß der Umwandlung äußerer materieller Handlungen in innere geistige als *etappenweise Ausbildung* in fünf Niveaustufen differenziert und gegliedert, die zugleich die wichtigsten Merkmale der Stufung handelnden Unterrichts bedeuten (*Rohr* 1982, 121ff.: *1. Etappe: Orientierungsgrundlage, 2. Etappe: Materialisierte Handlung, 3. Etappe: Übertragung der Handlung in gesprochene Sprache, 4. Etappe: Sprechen für sich, 5. Etappe: Innere Sprache – geistige Handlung.*
Die umfassende theoretische Grundlegung des Handelnden Unterrichts z.B. für lernbehinderte Schüler/innen (z. B. *Rohr* 1982) ist sehr wertvoll, weil sie den Lernbedingungen und Lernweisen dieser Kinder durch die Betonung sinnlicher Erfahrung und konkreter Handlungen viel besser gerecht wird als die Buchschule. Zugleich erscheint aber eine zu enge Ableitung einer materialistischen didaktischen Gesamt-

konzeption aus einer geschlossenen Bezugstheorie, »aufbauend auf einer einheitlichen philosophisch-weltanschaulichen Grundlage« (ebd. 155), problematisch (vgl. auch *Holzkamp* 1993, 416 ff.).

2.2 *Kognitive Handlungstheorie und handlungsorientierter Unterricht*

Die Unterscheidung zwischen »*handelndem*« und »*handlungsorientiertem*« Unterricht ist also keineswegs nur eine begriffliche Spielerei. Sie drückt den Bezug zu zwei unterschiedlichen theoretischen Hintergründen aus.

Inhaltlich ist die Entwicklung der handlungstheoretischen Richtung innerhalb der westlichen Psychologie allerdings inzwischen so verlaufen, daß sie sich in ihren Grundannahmen nicht mehr wesentlich von der materialistischen Psychologie unterscheidet (*Söltenfuß* 1983, 57); die *kognitive Psychologie* hat sich inzwischen weit vom *behavioristischen Verständnis* menschlichen Verhaltens entfernt, und in der Gesamtdiskussion um eine moderne Handlungstheorie lassen sich allenfalls »eine mehr subjektivistische und eine mehr objektivistische Variante der Problemlösung« (*Stadler/Seeger*, in: *Lenk* 1981, Bd. 3/1, 227) unterscheiden. Wird menschliches Tun als Handlung aufgefaßt, dann wird auf der Basis eines *dialektischen Person-Umwelt-Modells* nicht mehr nur das »Verhalten« (als eher re-aktiv, passiv, sich anpassend) des Menschen erklärt, sondern die gesamte Auseinandersetzung des Menschen mit seiner Umwelt, sein aufgrund von Zielvorstellungen geordnetes und reguliertes Tun, seine kognitiven Leistungen, letztlich also menschliche Subjektivität kommen in den Blick.

Darum ist es auch nicht verwunderlich, daß es in der breiten interdisziplinär ausgerichteten Forschung der letzten Jahre (*Lenk* 1977–1984) keine einheitliche Handlungstheorie gibt, die eine geschlossene Grundlage für den handlungsorientierten Unterricht abgeben könnte. Eine anspruchsvolle Kritik der immer noch mangelhaften handlungstheoretischen Begründung wurde zwar inzwischen (mit der Perspektive einer begrifflichen Untermauerung) geleistet (*Zur Kritik ...* 1989), aber sie ist erstens vorwiegend auf die Didaktik der Wirtschaftslehre bezogen und zweitens wissenschaftstheoretisch zu weit ausholend (auch was mögliche Einwände betrifft), um hier ausführlich diskutiert zu werden.

Was kennzeichnet eine Handlung?
Zunächst aber einmal: Was ist das überhaupt – eine »*Handlung*«? Jemand stolpert, oder ein anderer zuckt nach einem Knall zusammen, haben sie gehandelt? Sicher nicht. Denn Handlungen lassen sich aus dem Strom des Lebens dadurch ausgliedern, daß wir sie zunächst einmal als Verhaltensweisen definieren, »die Maßnahmen und Sachen bewußt einsetzen, um ein Ergebnis zu erreichen« (*Aebli* 1983, 185). Danach

wäre Geschirrspülen eine Handlung, auch das Reiben eines entzündeten Auges, nicht aber das Weinen. Handlungen sind auch mehr als bloße Fertigkeiten, »es sind zielgerichtete, *in ihrem inneren Aufbau verstandene Vollzüge*« (*Aebli* 1983, 182). G. *Dietrich* hat in seiner neuen handlungstheoretisch ausgerichteten *Pädagogischen Psychologie* (1984, 58 f.) als Ergebnis der modernen Psychologie *drei Hauptmerkmale* der Handlung zusammengefaßt:

1. »Handlung ist eine zielgerichtete (intentionale) Tätigkeit, in der eine Person versucht, mittels Veränderung von Selbst- und/oder Weltaspekten einen für sie befriedigenden (bedeutsamen, wertvollen) Zustand zu erreichen oder aufrechtzuerhalten ...
2. Handlung ist proaktive bzw. reaktive Auseinandersetzung mit einer Situation bzw. mit einer Abfolge von Situationen ... Auf der Grundlage mehr oder weniger komplexer Situationsdeutungen stellt die Person den Grad der Handlungsdringlichkeit und das Ausmaß der Ermöglichungschancen der Zielrealisierung fest. Demgemäß handelt sie.
3. Handlung ist die Auseinandersetzung der personalen Ganzheit mit einer Situation. D. h. (d. Verf.) daß ... physische (physiologische, motorische) und psychische Bestandteile zusammenwirken ..., insofern Handlungsintention, Handlungsorganisation und Handlungsevaluation integrativ verflochten sind ...«

Diese Merkmale zeigen deutlich, daß die Lücke zwischen »Aktion« und »Kognition« durch einen komplexen Begriff geschlossen wird. Denn dadurch, daß Menschen Situationen deuten und begreifen, Informationen aufnehmen und verarbeiten und aktiv/tätig sind und so ein immer komplexer und differenzierter werdendes Handlungsrepertoire durch interne Strukturierungsprozesse (kognitiver Strukturaufbau = Lernen) gewinnen, wird der *Dualismus von Denken und Handeln* überwunden. Traditionell wirkte sich die Trennung von Denken und Handeln so aus, daß das *Gymnasium* das Denken und die *Hauptschule* (oder berufliche Bildung) das Handeln repräsentieren, eine Elite mit Geist und das Volk für das praktische Tun ...

»Denken – das Ordnen des Tuns«
Die »kognitive Wende« in der Handlungstheorie weist in eine grundsätzliche andere Richtung. Bereits das bekannte handlungstheoretische Modell von *Miller/Galanter/ Pribram* (1960, dt. 1973) faßte den Menschen als rational, hypothesenprüfend (d. h. denkend) beim Handeln auf (TOTE-Einheit = Test, Operation, Test, Exit; Handlungen werden solange ausgeführt, bis die Prüfungen/Zwischentests – in hierarchischer Organisation, insgesamt als Regelkreis – ein befriedigendes Ergebnis – Exit – ergeben haben; vgl. das berühmte Beispiel »Nagel einschlagen« S. 42). – Insbesondere hat dann *Aebli* nicht zuletzt unter didaktischen Aspekten herausgearbeitet, daß sich Denkstrukturen aus verinnerlichten Handlungen entwickeln. Der Titel seiner kognitiven Handlungstheorie ist bezeichnend: *»Denken: das Ordnen des Tuns«* (Bd. I 1980, Bd. II 1981). Seine fundamentale *These* lautet: »Denken geht aus dem Handeln

hervor und es trägt – als echtes, d. h. noch nicht dualistisch pervertiertes Denken – noch grundlegende Züge des Handelns, insbesondere seine Zielgerichtetheit und seine Konstruktivität« (1980, 26). Wenn Denken das Ordnen des Tuns ist, aus diesem hervorgeht und auf es zurückwirkt, dann sind Wahrnehmung und Denken gleichsam »die Magd des Handelns« (1980, 168).

Bereits Konrad *Lorenz* hatte die stammesgeschichtliche Bedeutung der Greifhand für die Entwicklung des dreidimensionalen Denkens betont und Karl *Jaspers* die Hand das Werkzeug des Denkens genannt. Wenn nun kognitive Strukturen wesentlich durch Handeln aufgebaut werden und andererseits der Handlungsregulation dienen, so dürfte man angesichts dieser engen Verbindung eigentlich gar nicht von »*Kognitionsgeschehen*« sprechen, sondern von »*Kognitions-Aktionsprozessen*«, bei denen sich Denk-, Entscheidungs-, Urteils-, Erinnerungs-, Reaktions-, Einspeicherungsprozesse wechselseitig in ihrem Ablauf beeinflussen (*Doerner*, nach *Söltenfuß* 1983, 77).

Schulischer Unterricht dagegen meint weithin immer noch, aus Büchern vergegenständlichte Begriffe und Wissensinhalte holen und als Erkenntnisse in begrifflicher Form vermitteln zu können, ohne zu sehen, daß dem Begriff das Begreifen, der Einsicht das Einsehen, der Erkenntnis das Suchen, Forschen, Beobachten, Nachdenken vorausgeht. »Man kann sich Vorstellungen und Begriffe nicht in fertiger Form einverleiben« (*Aebli* 1983, 182). Nur indem man sie *nachschafft, nachkonstruiert*, so daß sie in ihrem inneren Aufbau verständlich werden, gelangen wir zu einem *Wissen*, das nicht nur aus Versatzstücken besteht, sondern ein Handlungsrepertoire bedeutet, das den Menschen befähigt, aktiv in die Welt einzugreifen, sie zu verändern.

Gleichsam urbildlich läßt sich am Aufbau neuer praktischer *Handlungsschemata* aufzeigen, was auf der abstrakteren Ebene der Operationen (die nichts anderes sind als abstrakte Handlungen) oder der des *Begriffes* (der ebenfalls durch Aufbau entsteht) analog geschieht. Sehen wir uns das genauer an. Handlungsschemata sind im Handlungswissen oder Handlungsgedächtnis gespeicherte Handlungselemente. Eine gut trainierte Fußballmannschaft hat bestimmte »Schemata« der Spielhandlung, die aus Elementen wie Angriff, Verteidigung, bestimmten Spielzügen bestehen und in verschiedenen Spielen dieser Mannschaft lediglich variiert werden. Handlungsschemata sind als ganze gespeichert, daher reproduzierbar und auf neue Gegebenheiten übertragbar.

> An einem einfachen *Beispiel*, der Herstellung von Hartkäse als einem kleinen »Projekt« einer Schulklasse, macht Aebli deutlich, welches die Struktur einer Handlung ist: Sie hat ein *Ziel* (die Erzeugung des Ergebnisses »Käse«), besteht aus *Teilhandlungen* mit den daran beteiligten Elementen (den »Handlungsteilnehmern« in Gestalt von Aktoren und Dingen) und hat einen *Gesamtablauf*, bei dem jeder Einzelschritt ein Teilziel verwirklicht, auf welches der nächste Schritt aufbaut (1983, 187 ff.). Das Ganze geschieht nicht

an der Wandtafel, sondern in der konkreten Wirklichkeit: Milch erwärmen, mit Lab impfen, gerinnenlassen, Käsemasse pressen und formen, lagern und salzen usw. – Bevor dies jedoch geschieht, muß eine zum Suchen und Denken anreizende *Problemstellung* da sein, z. B.: Wie könnte man Milch verarbeiten, damit sie haltbar und außerdem ohne spezielle Einrichtungen transportabel wird? »Wer ein Ziel hat und sieht noch nicht, wie er es erreichen wird, hat ein Problem. Wer zu sehen beginnt, wie man es lösen könnte, hat ein Projekt« (ebd. 196).
Nachdem die Spannung auf die Lösung geschaffen und dem Nachdenken die Richtung gewiesen ist, wird die Handlung geplant und durchgeführt. Dabei sind folgende Phasen wichtig:
1. *Klärung, Begründung, Rechtfertigung der Zielvorstellung* (Was wollen wir? Warum?)
2. *Beurteilung der Ausgangslage* (Mittel? Wen brauchen wir?)
3. *Bestimmung der einzelnen Lösungsschritte* (Welche Handlungsschritte ergeben sich, wenn wir vom Ziel her – und umgekehrt, wenn wir von der gegebenen Situation aus zum Ziel kommen?)
4. *Beurteilung des Plans* (als Ganzem; kann mit ihm das Problem erfolgreich gelöst werden?)

Bei der *Durchführung* der Handlung schlägt sich jeder Teilschritt in einem objektiven Ergebnis nieder, das man sehen, riechen, anfassen kann – man sieht, was man getan hat, um es zu erzeugen. Anders gesagt: »Im Ergebnis objektiviert sich die Handlung« (ebd. 189). (Wir werden gleich noch sehen, daß dies bei der Operation und beim Begriff ähnlich ist, nur daß diese sich in einem andern Ergebnis »vergegenständlichen«.) Weil alle Schüler/innen an der Handlung teilnehmen (auch wenn nicht jeder jeden Handgriff macht), bilden sie sich eine Vorstellung von ihr, sie verfügen über das Handlungsschema in Form einer *Handlungsvorstellung*. Dabei hat sich ein ursprünglich globaler Handlungsentwurf *differenziert* (im Zuge einer sowohl vorwärts – als auch rückwärtsschreitenden Planung, s. o., was sowohl im Probieren als auch in der Vorstellung möglich ist). Zugleich wurden beim Brückenschlag zwischen gegebener Situation und Handlungsziel Handlungselemente aus dem Repertoire des Handlungswissens abgerufen (*integriert*): Um Milch haltbar zu machen, müssen wir sie kochen; damit sie sich verfestigt, muß man sie zum Gerinnen bringen usw.
Nun ist das Ziel des Unterrichts aber nicht nur der Aufbau/die Realisierung eines Handlungsschemas als *effektive* Handlung, sondern eine Handlungs*vorstellung*, die innerlich ausgeführt, auf andere Situationen *übertragen* und wiederum in eine effektive Handlung umgesetzt werden kann. Dazu muß eine Handlung *verinnerlicht* (*»interiorisiert«*) werden. Während die effektive Handlung sich am konkret vorliegenden Gegenstand vollzog, entbehrt die Handlungsvorstellung dieser Stütze. Darum ist der Erwerb einer genauen Vorstellung der Ausgangssituation, des ursprünglichen Zustandes des Handlungsobjektes und der Veränderungen im Laufe der Handlungsschritte wichtig. Vor allem für Grundschüler, aber auch für ältere bis zu

Erwachsenen gilt, daß eine neue Handlung (und auch Operation, bisweilen sogar ein Begriff) »im effektiven Versuch leichter erlernt und besser verstanden wird als im reinen Gedankenexperiment« (*Aebli* 1983, 195). Eine zentrale Rolle bei der Verinnerlichung spielt die *Versprachlichung*. Schon während der Planung und Durchführung diente die Sprache als Vorstellungsstütze. Die Verinnerlichung wird von *Aebli* (S. 201) *in drei Stufen* dann weiter vorangebracht.

1. Die Beteiligten blicken nach Abschluß der Handlung nochmal auf die Arbeit zurück und gehen alle Handlungen in Gedanken nochmal durch, *rekapitulieren* sie innerlich, wiederum unter Betonung präziser sprachlicher Darstellung.
2. Die Schüler/innen stellen sich den Handlungsverlauf vor, indem sie sich nur noch auf eine *bildliche Darstellung* – des Entstehungsvorganges, z. B. (Tafel-)Skizzen stützen.
3. Schließlich sollen die Handlungen ohne anschauliche Stütze aus der *reinen Vorstellung* wiedergegeben werden.

Voraussetzung für qualifiziertes Handeln des Menschen ist zu lernen, die in verschiedenen Situationen vorfindlichen Variablen als vergleichbar sprachlich zu identifizieren (*Tymister* 1978, 67), insofern schreitet er von der Sprache als »geronnener Handlung« zu eigenem Handeln.

Der Aufbau einer *Operation* (also z. B. das Erlernen der Addition 3 + 4 = 7 oder auch der Zahl π) verläuft ähnlich wie der Erwerb eines neuen Handlungsschemas, denn »Operationen sind abstrakte Abkömmlinge der Handlungsschemata; diese sind umgekehrt ihre konkreten Vorläufer« (*Aebli* 1983, 203). In der Operation werden Handlungen in abstrakte Zeichensysteme übersetzt, »kodiert«, also z. B. in Zahlen oder Buchstaben für algebraische Variable ($a + b = c$).

»Eine Operation ist eine effektive, vorgestellte (innere) oder in ein Zeichensystem übersetzte Handlung, bei deren Ausführung der Handelnde seine Aufmerksamkeit ausschließlich auf die entstehende Struktur richtet. Abgekürzt sagen wir: eine Operation ist eine abstrakte Handlung.« (ebd. 209) Auch hier geht es um die Stiftung von Beziehungen zwischen vorgefundenen oder selbst erzeugten Elementen, wobei diese über das Ziel in eine Struktur gebracht werden. Auch Operationen müssen verinnerlicht werden, um sie innerlich und symbolisch auszuführen: über die Stufe der ikonischen (also als Vorstellungsbild) hinaus bis dahin, mit Zeichen zu operieren wie mit den Sachen selbst, die Zeichen zu verändern, Beziehungen unter ihnen aufzubauen oder aufzulösen. Didaktisch werden dabei von Aebli immer wieder die Schritte *Tun, Verstehen, Verinnerlichen, Automatisieren* betont.

Schließlich gleicht die Struktur eines *Begriffes* (z. B. »Schutzfarbe« bei Tieren) der Struktur der Operation und der des Handlungsschemas, aber der Begriff vergegenständlicht sich nicht in einem wahren Ergebnis (»Hartkäse« oder $\pi = 3{,}14$), sondern in einem Sprachzeichen, dem Begriffsnamen (*Aebli* 1983, 180). Schon in der Handlung ist es möglich, die Grundstruktur einer begrifflichen Erfahrung zu verwirklichen. Die schrittweise Verinnerlichung, Systematisierung und sprachliche Kodierung dessen, was zuerst handelnd erarbeitet worden ist, macht deutlich: »Der Begriff ist das theoretische Gegenstück zum Handlungsschema« (ebd. 386), wobei »Gegen-Stück« nicht die Andersartigkeit, sondern die innere Entsprechung meint.

Jeder konstruiert sein Wissen selbst
Es läßt sich also aus dem Aufbau kognitiver Strukturen im Zusammenhang mit dem Handeln von Schüler/innen begründen, daß nicht die Vermittlung von fertigem, unverbundenem oder assoziativem Wissen sinnvoll ist, sondern der Aufbau von Handlungs- und Denkstrukturen. Die Schule vermittelt dann nicht mehr – im Unterschied zu einer »Häppchen-Didaktik« – nur assoziatives Wissen, sondern ermöglicht »strukturelles Lernen« (*Aebli* 1987, 152), bei welchem das Handlungswissen sich hierarchisch aufbaut und sich dabei gleichsam des assoziativen Wissens bedient (*Aebli* Bd. I 1980, 162). Es geht um die Vernetzung der durch Handeln erworbenen Kenntnisse, Informationen und Einsichten in die kognitive Struktur.
Wir wissen nämlich inzwischen einiges darüber, wie unser Gehirn als »System-Gigant« (*Miller-Kipp* 1992, *Engelkamp* 1990, *Otto* 1995) arbeitet: Es speichert Informationen nicht einfach in Schubladen, sondern ordnet es zu komplexen Netzen. Wichtig für eine solche netzwerkartige Verarbeitung (und eine entsprechend vielfältige spätere Abrufbarkeit!) ist, daß motiviert und interessiert aufgenommene Informationen in ihren Tiefenmerkmalen gespeichert werden, während anderes sich nur an der Oberflächenstruktur ansiedelt. Für eine multiple Eincodierung (die Verbindung verschiedener Eingangskanäle) ist der »Tu-Effekt« – also die Unterstützung des Lernens durch Handeln – von großer Bedeutung (*Einsiedler* 1996). Handelnd zu lernen in lebensnahen Problemen, durch Forschen, Entdecken und Erkunden, fördert den Aufbau solcher Netzwerke im Gehirn, weil vielfältige Bezüge eines Problems / einer Sache deutlich werden.
Wir hatten ferner schon gesehen, daß »inneres Handeln« (Denkoperationen) und »äußeres Handeln« (materielle Operationen), Aktion und Kognition, eng aufeinander bezogen sind. Genetisch betrachtet besitzen sie dieselbe Struktur, weil Denken aus dem Handeln hervorgeht und auf dieses steuernd zurückwirkt (*Aebli* 1980, 26). Man könnte sagen, daß Begriffe – zentrale Mittel unseres Denkens – Abkömmlinge und Werkzeuge des Handelns zugleich sind. Da weiterhin unser Wissen netzwerkartig gespeichert ist und unsere Begriffe sich in Clustern oder Begriffshierarchien aufbauen, die durch handlungsorientiertes Lernen besser gefördert werden als durch isolierte Informationsaufnahme, liegt es nahe, durch Handlungsprozesse eher »kognitive Landkarten« aufzubauen als enzyklopädisches Wissen zu vermitteln. Das Abrufen und Fruchtbarmachen von »sinnvoll« geordneten Wissensbeständen aber ist

49

wiederum eine zentrale Bedingung dafür, handeln zu können. Denn im Handeln ziehen wir sozusagen die Fäden unseres assoziativen Wissens zusammen, zu einem Knoten gleichsam, der zielgerichtet eingeordnetes Wissen anwendet und für die Bewältigung der Handlung fruchtbar macht.

Fehlt dieser Zusammenhang von Lernen und Handeln, von Wissen und Anwendung, kommt es – wie neuere Forschungen zum Wissenserwerb betonen – zu »trägem Wissen«: Gemeint ist ein »Wissen, das nicht zur Anwendung kommt, das in bestehendes Vorwissen nicht integriert wird und zu wenig vernetzt und damit zusammenhanglos ist ...« (*Gerstenmaier/Mandl* 1995, 867). Die konstruktivistische Didaktik (also jene Richtung, die die Selbstkonstruktion allen Wissens durch den Lernenden selbst betont) nötigt uns heute, unsere »Annahmen über den Prozeß und die Förderung des Wissenserwerbs zu überdenken. Um das Problem des trägen Wissens zu vermeiden, sollten sich Lernende nicht als passive Rezipienten von Wissen verstehen, sondern als aktive, selbstgesteuerte Lernende. Sie sollten zunehmend in der Lage sein, ihr Lernen selbst zu planen, zu organisieren, durchzuführen und zu bewerten. Lehrende sollten sich weniger als Vermittler, Präsentatoren von Wissen verstehen, sondern mehr als Mitgestalter von Lernumgebungen und Unterstützer von Lernprozessen.« (Ebd. 883)

Dies bestätigt auch ein neuer Forschungstrend, der die Ergebnisse der erkenntnistheoretischen konstruktivistischen Diskussion didaktisch fruchtbar macht (*Dubs* 1995, 890f.). Konstruktivistischer Unterricht muß sich

1. an *komplexen, lebens- und berufsnahen, ganzheitlich zu betrachtenden Problembereichen* orientieren. Das bedeutet: »Nicht vereinfachte (reduktionistische) Problemstellungen, sondern die Realität unstrukturierter Probleme sind dem Unterricht zugrunde zu legen, denn verstehen läßt sich etwas nur, wenn es im komplexen Gesamtzusammenhang erfaßt ist, dann Einzelheiten im Gesamtzusammenhang betrachtet und vertieft und schließlich wieder in den Gesamtzusammenhang gebracht werden (das Ganze ist mehr als seine Teile). Zu überwinden sind also das vorherrschende, additive Aneinanderreihen von einzelnen Lerngegenständen und das bloße Üben mit gut strukturierten Problemstellungen, weil dies nicht genügt, um verstandenes Wissen aufzubauen, mit dem in neuartigen lebenswirklichen Lernsituationen weitergearbeitet werden kann.« (Ebd. 890) Besser als eine Lektion über Stadtgeographie ist demnach z. B. das Erkunden einer Neubausiedlung.
2. Lernen ist daher als *aktiver Prozeß* zu verstehen, in welchem vorhandenes Wissen aus neuen eigenen Erfahrungen verändert und neu konstruiert wird. Besser als die Vermittlung von isolierten Kenntnissen über Gentechnologie ist daher z. B. die Analyse von Markenkennzeichnungen von Nahrungsmitteln im Hinblick auf genetisch manipulierte Substanzen.

3. Durch *kollektives Lernen* (z. B. in Gruppen) erst wird die individuelle Interpretation und Sinngebung überdacht und neu strukturiert. Besser als einsames Lernen zu Hause ist also z. B. eine Debatte in der Lern- oder Arbeitsgruppe oder eine »amerikanische Debatte« (PÄDAGOGIK H. 1/1997) in der Klasse.
4. Dabei sind *Fehler* erlaubt, ja bedeutsam, weil ihre Besprechung und Korrektur verständnisfördernd wirkt und zur besseren Konstruktion des verstandenen Wissens beiträgt. Besser als die korrekte Lösung von Buchaufgaben ist also z. B. das Experimentieren mit ungewissem Ausgang.
5. Für die Lerninhalte sind *Vorerfahrungen und Interessen* der Lernenden deshalb wichtig, weil diese eine Herausforderung für die Neustrukturierung des bisherigen Erfahrungsschatzes bedeuten. Besser als die Vermittlung gesicherter Ergebnisse der Sexualforschung ist also z. B. das Anknüpfen an Erfahrungen Jugendlicher mit Liebe und Sexualität.
6. *Gefühle und persönliche Identifikation* sind bedeutsam und müssen einbezogen werden, weil sie den Untergrund für kognitive Prozesse bilden. Besser als abstrakte Kenntnisvermittlung in der Mathematik ist also ein Beispiel für die Faszination von der Bedeutung mathematischer Operationen für die Lösung philosophischer Probleme.
7. Die *Evaluation* (Überprüfung, Auswertung) richtet sich nicht primär auf die Lern*produkte*, sondern auch auf die Fortschritte im Lern*prozeß*, weil statt bloßer Wissens*reproduktion* vor allem die Wissens*konstruktion* angestrebt wird. Selbstevaluation fördert die Beurteilung der individuellen Lernfortschritte und die Verbesserung der eigenen Lernstrategien. Besser als abschließende Noten für eine Klassenarbeit sind also z. B. Arbeitsprozeßberichte der Schüler/innen bei einem Projekt und individuelle feedbacks der Lehrkraft zu dem, wie und was in einer Gruppe gearbeitet wurde.

Dieses Konzept gilt sowohl für die Hauptschule als auch für das Gymnasium und erst recht für die Grundschule: *Handeln und Denken, Theorie und Praxis* gehören zusammen. Handlungsorientierter Unterricht dient aufgrund des dargelegten Zusammenhanges von Handeln und Denken der Persönlichkeitserweiterung durch Selbstkonstruktion und Differenzierung kognitiver Stukturen zum Zwecke klarer Einsichten in die Zusammenhänge dieser Welt und der Kompetenz, sie handelnd zu gestalten. Wenn Denken eine »*Metatätigkeit*« über das konkrete Handeln ist (*Aebli* 1980, 22), dann müssen selbst Begriffsbildungsprozesse ihren Ausgang immer wieder von konkreten Handlungsvollzügen nehmen. Wird Lernen in der Schule als Handlungsprozeß, im Sinne einer zielorientierten, versprachlichten und reflektierten Tätigkeit organisiert, dann steht nicht mehr die didaktisch geschickte *Aufbereitung des Lehrstoffes* im Mittelpunkt, sondern die auf Handeln und Erkennen gerichtete *Planung* und *Realisierung* von *Handlungsprozessen* der Schüler.

Mit diesem Prinzip eröffnet sich für die Schule zugleich die enorme Chance, die viel beklagte Entfremdung vom »wirklichen Leben« zu überwinden, – oder zumindest doch Schule und Leben wieder stärker einander anzunähern. Schule kann die Erfahrungen der Schüler in ihrer »Lebenswelt« aufgreifen (heute eher: die Lebenswelten, denn wir leben in einem Geflecht ganz unterschiedlicher Lebenswelten, die nebeneinander existieren, *Böhme / v. Engelhardt* 1979, 117f.). Lebensweltliche Erfahrung ist persönliche Erfahrung, sie wird im ganzheitlich handelnden Umgang mit Menschen und Dingen der Umgebung erworben, sie ist als sinnliche Wahrnehmung an den Leib gebunden und ist eine ebenso wichtige und legitime Erfahrungsweise wie die wissenschaftliche (die ja um der Erforschbarkeit willen Effekte und Qualitäten von Gegenständen bewußt isoliert) (*Preker* 1986, 37f.). – Ein eindrückliches Beispiel für das Auseinandertreten wissenschaftlicher und lebensweltlicher Erfahrung ist die Geburt und die Geburtshilfe: »Die Verwissenschaftlichung der Geburtshilfe hat eine fantastische Spezialisierung, Steigerung und Präzision der technischen Kompetenzen der Geburtshilfe gebracht. Faktisch verloren gegangen ist dabei das Wissen um die Geburt als einem biographischen Ereignis und einem sozialen Handlungszusammenhang.« (*Böhme* 1980, 49) – Wir leben heute in einem historischen Stadium beispielloser Informiertheit, und gleichzeitig schwindet uns die lebensweltliche Urteilskraft: gewonnenes Wissen kann immer weniger aus dem lebensweltlichen Erfahrungshorizont heraus beurteilt werden. Wissen verselbständigt sich und muß mühsam wieder in Handlungszusammenhänge sinnvoll eingebracht werden (*Preker* 1986, 54ff.). Hinzu kommt, daß wir zunehmend die Wirkungsfolgen unseres Handelns nicht mehr sehen: Die Langzeitfolgen der in den Ausguß gegossenen Chemikalien für das Trinkwasser sind nicht unmittelbar zu spüren; Tschernobyl hat erschreckend gezeigt, daß die Auswirkung von radioaktiver Strahlung geradezu eine Erfahrungslücke hinterläßt, weil die Folgen sehr wenig sinnlich wahrnehmbar und nur sehr langfristig spürbar sind. Menschliche Verantwortung bleibt hinter der Reichweite des Handelns zurück.

Mit der »*denkenden Erfahrung*« (*Dewey*) sucht der handlungsorientierte Unterricht aber gerade dem *Zusammenhang* von Problemen auf die Spur zu kommen; der Lebensweltbezug (und freilich auch die Aufklärung von Ideologien in dieser Lebenswelt und im Alltagswissen!) rückt Erfahrung und Wissen wieder näher zusammen und wirkt als Herausforderung bei der Bewältigung eines Problems, »indem wir die Kraft der Lernmotivation aus einem mächtigen Strom des Denkens und Handelns ableiten, so wie die großen Persönlichkeiten der Geistes- und politischen Geschichte ihre Kraft aus einer großen Vision ihrer Aufgabe geschöpft haben, aus einem ›Projekt‹«, formuliert *Aebli* (1987, 153) etwas prosaisch, aber durchaus treffend.

Daß die Schule dazu befähigen soll, in Lebenssituationen handlungsfähig zu sein, ist ebenso unbestritten wie folgenlos für das »Schulehalten«. Da hilft es auch nicht, wenn gelegentlich den Schülern und Schülerinnen die Möglichkeit gegeben wird, selber aktiv etwas zu machen, statt rezeptiv Informationen aufzunehmen. Eigentätigkeit ist gut, aber Handeln ist mehr. Schüler und Schülerinnen sollen nicht beschäftigt werden, sondern Handlungskompetenzen aufbauen.

Dabei ist »finales Handlungswissen« (also durch Handeln erworbenes und zu Handlungen befähigendes Wissen – *Reetz* 1994) zur Bewältigung von Handlungssituationen im Leben unverzichtbar. »Werden die Situationen schwierig, kommt es zur Bewährungsprobe des Handlungswissens. Es muß unter Umständen neu organisiert werden. Wir sprechen von Problemlösung und greifen auf das Wissen mit Sachstruktur zurück, was umso eher gelingt, je mehr wir daran gewöhnt sind, Sachwissen in zielgerichtetes Handlungswissen zu transformieren.« (*Reetz* 1994, 35) Einfacher gesagt: Sachwissen ist gut und nötig, aber für eine Handlungskompetenz ist es wichtig, daß unser Sachwissen schon im Hinblick auf das Handeln organisiert ist. Und das geschieht am besten, wenn es handelnd erworben wurde.

In solchen Handlungszusammenhängen gewinnen fachliche Aspekte, die Vermittlung von Kenntnissen, die abständige Reflexion, die denkende Verarbeitung – Kennzeichen des methodisch organisierten Fachunterrichts – also durchaus einen sinnvollen und legitimen, ja notwendigen Stellenwert.

2.3 Lern- und Motivationspsychologie und handlungsorientierter Unterricht

Nachdem wir uns den prinzipiellen Zusammenhang von Handeln und Denken auf der Grundlage der kognitiven Handlungstheorien vergegenwärtigt und den lebensweltlichen Erfahrungshorizont als Kontext der schulischen Handlungsorientierung betont haben, geht es nun weiterführend um einige wichtige Ergebnisse und Befunde der Lern- und Motivationspsychologie (vgl. *Gudjons* 1989, 47–52). Im Mittelpunkt stehen – eher als Sammlung von Argumenten zur Begründung handlungsorientierten Lernens denn als in sich geschlossene Theorie – die *Bedeutung der Sinne für das Lernen*, die *Gedächtniswirksamkeit des Handelns*, der *Bewegungsaspekt beim Lernen* und die *Förderung der Lernmotivation durch Handlungselemente*.

a) Sinnliche Erfahrungen und Lernen

Untersuchungen zum Wachstum von Hirnstrukturen, die für die Steuerung kognitiver Funktionen grundlegend sind, belegen die hohe Bedeutung sensorischer und motorischer Aktivität für die Entwicklung der intellektuellen Leistungsfähigkeit (*Möller* 1987). Unmittelbar einsichtig sind bereits die Folgen von Bewegungsarmut, statischer Belastung des Körpers und einseitig »geistig« beanspruchenden Situationen: herz- und kreislaufphysiologische Reaktionen zeigen z. B. einen schnellen Ermüdungseffekt.

Möglicherweise hat auch die Schule ihren Beitrag zu körperlichen Schäden geleistet, die in Berlin an 122 600 Schülern festgestellt wurden: 5% Wirbelsäulenverkrümmungen, über 8% Brustverbildungen, über 16% Haltungsanomalien und 37% Fußverbildungen (*Möller* 1987, 99). *Horst Rumpfs* Anmahnung der »übergangenen Sinnlichkeit« erscheint für die Schule von daher in einer neuen Dramatik, wenn er zugespitzt meint, daß Schüler (wie Lehrer) ihre Körper nur noch als »Prothesen für redende Münder, hörende Ohren, lesende Augen, schreibende Hände« in den Unterricht einbringen (*Rumpf* 1981, 7). –

Die Ergebnisse und Befunde der Erforschung von Verarmung und Entzug sinnlicher Reize (Deprivationsforschung) legen die hohe Bedeutung einer ausreichenden Beanspruchung der Sinnes- und Bewegungsorgane im Rahmen einer anregungsreichen Umwelt nahe. Trotz vieler ungeklärter Einzelzusammenhänge gilt als erwiesen, daß reizarme Situationen und einförmige Tätigkeiten zur Herabsetzung der psychischen Aktivität, zu Antriebsmangel, Konzentrationsausfällen und Ermüdung führen (*Möller* 1987, 113). So wurde lernphysiologisch nachgewiesen, daß der Grad der Erregung der Formatio reticularis (eines Teilgebietes des Hirnstamms) z. B. durch Tast-, Geruchs-, Geschmacks-, Gehör- und Sichtreize ganz entscheidend die Aktivierungslage auch des Großhirns und die freigestellte Energie bestimmt. Insofern kann Ermüdung nicht nur Folge von Anstrengung, sondern gerade umgekehrt von mangelnder Beanspruchung sein, wenn z. B. die verschiedenen sensorischen »Einströme« in die Formatio reticularis ausbleiben. – Pädagogische Konsequenz daraus ist die Bemühung um ein optimales, also weder zu hohes noch zu niedriges, Aktivierungsniveau, – nicht aber die Verwechslung von »Handlungsorientierung« mit permanenter »action« und Reizüberflutung durch den Lehrer als Show-master ...

Aus der Entwicklungspsychologie ist bekannt, daß es in der (früh-)kindlichen Entwicklung sog. »sensible Phasen« zum Aufbau bestimmter Gehirnstrukturen gibt, z. B. der Zahl der Synapsen und Dendritenverzweigungen zwischen den Nervenzellen. Die bisherige Annahme, daß diese feinstrukturelle Entwicklung bis zum 3. Lebensjahr abgeschlossen und danach eine Beeinflußbarkeit durch äußere Reize nicht mehr vorhanden ist, muß allerdings nach neueren Forschungsergebnissen revidiert werden, mehr noch: Die Plastizität der Gehirnentwicklung ist nicht nur auf die sensiblen Phasen beschränkt, denn weitere Untersuchungen deuten darauf hin, »daß während des ganzen Lebens bestimmte Strukturen im Gehirn sich bei Nichtgebrauch zurückbilden, bei Stimulation dagegen regenerieren« (*Möller* 1987, 126). – Für die Schule – und keineswegs nur für die Grundschule, sondern prinzipiell auch für die Sekundarstufe – ergibt sich daraus die Notwendigkeit, die Sinne vielseitig zu fördern und den »reizmonotonen« Unterricht (48,9% gelenktes Unterrichtsgespräch – *Hage* u. a. 1985) zu erweitern durch sensorische und motorische Aktivierung vieler Sinne und damit die Chance der generellen Beeinflußbarkeit von Gehirnstrukturen durch *Beanspruchung* zu nutzen.

b) Handeln und Gedächtnis

Jeder wird aus der Alltagserfahrung die Gedächtniswirksamkeit des eigenen Handelns gegenüber Formen bloß verbaler Kenntnisvermittlung kennen und die Plausibilität einer von *Witzenbacher* (1985, 17) zitierten Untersuchung der American Audiovisuell Society über menschliche Behaltensleistungen bestätigen können: Danach behalten wir 20% von dem, was wir hören, 30% von dem, was wir sehen, 80% von dem, was wir selber formulieren können und 90% von dem, was wir selbst tun. – Aus der Fülle empirischer Einzelergebnisse zur Wirkung handlungsorientierter Lernprozesse auf Gedächtnisleistungen sollen hier exemplarisch nur die sog. »multidimensionale Kodierung« und die Bedeutung der Beanspruchung von Bewegungsorganen aufgezeigt werden. – »Handlungsintensives Lernen begünstigt die ›multidimensionale Kodierung‹ von Informationen, da es verschiedene Sinnesorgane beteiligt, mehrere Gehirnregionen mitschwingen läßt und ein breites Netz bedeutungshaltiger Assoziationen ermöglicht« (*Möller* 1987, 185).

Die Beanspruchung mehrerer »Eingangskanäle« (z. B. visueller, auditiver, taktiler) bei der Aufnahme von Informationen wird bereits deutlich an der Rolle *anschaulicher Vorstellungen* im Lernprozeß. Ein Beispiel: Eine naturkundliche Information über das Meerschweinchen wurde in einer ersten Gruppe begleitet von einem Foto des Tieres, in der zweiten Gruppe durch ein ausgestopftes Meerschweinchenmodell und in der dritten durch ein lebendiges Exemplar. Die Gruppe »Bild« lag in den Behaltensleistungen mit 9,5%, die Gruppe »Modell« mit 20%, die Gruppe »lebendiges Tier« mit 40,7% über der Kontrollgruppe, der lediglich verbale Informationen geboten wurden (*Düker/Tausch* 1957, 394). Die Tatsache, daß ein lebendiges Tier besonderes Interesse erzeugt, wirkte sich offenbar förderlich aus; noch intensiver dürften die Behaltensleistungen sein bei weiterführenden Tätigkeiten: Untersuchungen, Umgehen, Herstellen usw. – in der Verbindung mit dem Verbalisieren dieser Tätigkeiten. Auf jeden Fall ist bereits die bildhafte Informationsvermittlung überlegen.

Wie ist das zu erklären? Information kann in *zwei Speichersystemen* (vgl. *Otto* 1995, *Engelkamp* 1990) niedergelegt werden (double encoding theory), einem bildhaften und einem verbalbedeutungsmäßigen, die sich wahrscheinlich jeweils in der rechten und in der linken Gehirnhälfte lokalisieren lassen (und die übrigens auch getrennt störbar sind) (*Angermeier* u. a. 1984, 151f.). Die Wirksamkeit der multidimensionalen Kodierung ist aber auch zu erklären durch ihre höhere *Redundanz*, d.h. der Verbindung von Nebeninformationen mit dem Lerninhalt, die in der Phase der Reproduktion dann die Erinnerung begünstigen: Je mehr Nebeninformationen als »Hinweisreize« (z. B. in der Form von lebendigen Vorstellungen und persönlichen Erlebnissen) fungieren können, desto eher die Wahrscheinlichkeit, daß etwas erinnert wird. Vor allem, wenn die Informationen in einen Sinnzusammenhang eingefügt worden sind, der vom Lerner selbst hergestellt wurde, ist die Gedächtnisbildung erheblich verbessert. Das ist auch nicht verwunderlich, weil die Aufnahme von Informationen auf ein System von Bedeutungen bezogen bzw. an eine definierte Stelle der (bereits erworbenen) Bedeutungsstruktur angelagert wird. Eine Information wie z. B.: »Der Tunneleffekt wird vermittels der Esaki-Diode ausgenützt«, kann nicht ins Bedeutungssystem eingeordnet werden, wird nicht verstanden und bald wieder vergessen (*Angermeier* u. a. 1984, 154).
Kein Wunder, daß beim Lernen von Wörtern eine Versuchsgruppe, die sich zu den Wörtern eine verbindende Geschichte ausdachte, sich an 93% der Wörter erinnerte gegenüber der Gruppe der Auswendiglerner, die es nur auf 13% brachte; offensichtlich sind selbstgefundene Ideen, die einzelne Elemente (in den Begriffen der Gestalttheorie) zu einer sinnvollen »Gestalt« verbinden, die wirksamsten – gegenüber der Speicherung von isoliertem Einzelwissen.
Genau darauf zielt der Handlungsbegriff z. B. des Projektunterrichts. Bloße »Tätigkeiten«, das Ausführen vorgegebener Anweisungen oder das sinnlich-anschauliche Erfahren und Erleben allein genügen letztlich nicht, weil ihnen die *kohärente Struktur* einer Handlung fehlt. Ein Projekt hingegen lebt vom übergreifenden Handlungszusammenhang, in dem Einzelelemente wie Ziel, Handlungsplan, Lösungsversuche, Teilhandlungen, Ergebnis, Produkt, Reflexion usw. ein beziehungsreiches Ganzes bilden. Im Unterschied zum ausschließlich lehrerzentrierten Unterricht gestalten die Schüler im Projektunterricht durch Eigenaktivität ihre Einsicht in dieses kohärente Ganze zunehmend selbst. Wesentliches Merkmal des Projektunterrichts ist dabei, daß Handlungen durch den Bezug zu den Interessen der Schüler, durch Einbeziehung der Schüler in Mitverantwortung und durch weitgehende Selbststeuerung als subjektiv bedeutsam empfunden werden (vgl. unten »Motivation«). – Darin entspricht der Projektunterricht – wie gezeigt – zentralen Voraussetzungen nicht zuletzt für gedächtniswirksame Lernprozesse.

c) Bewegung und Lernen

Schließlich ist auf den *Bewegungsaspekt* bei der Aneignung von Lerninhalten hinzuweisen. Auch hier zeigt zunächst wieder die Alltagserfahrung, daß Aneignung über das motorische Handeln besser im Gedächtnis haftet als bloß verbale Übermittlung: Wer kennt nicht das hilflose Gefühl nach der Lektüre einer Gebrauchs- oder Aufbauanleitung und die Befriedigung, nachdem (vielleicht mit viel »trial und error«) ein kompliziertes Gerät durch handelnden Umgang mit Teilen, Zusammenbauen, Ausprobieren, Verbessern von Lösungsversuchen usw. zum Funktionieren gebracht wurde. Und die Gewißheit: beim zweiten Mal würde ich manches »gleich richtig machen«, – d. h.: Ich habe gelernt ... –

Das »Bewegungsgedächtnis« ist phylogenetisch und ontogenetisch die früheste Form des Gedächtnisses. So wie in der Entwicklung der Menschheit der archaische Gedenkstein (der an etwas erinnerte, was sich begeben/»bewegt« hatte) durch die sprachlichen Berichte und schließlich durch Bibliotheken abgelöst wurde, so überlagert in der kindlichen Entwicklung das intellektuelle Sprachgedächtnis immer stärker das ursprüngliche Bewegungsgedächtnis. Obwohl nun das Bewegungsgedächtnis langsam an Bedeutung verliert (der Ball als Reiz löst nicht mehr nur motorische Reaktionen wie Rollen, Fangen, Werfen usw. aus, vielmehr wird das Wort »Ball« zum Signal für die erfahrenen Bedeutungen), »bleibt es doch ein elementarer Mechanismus auf allen Stufen der Erkenntnis« (*Wohl* 1977, zit. nach *Möller* 1987, 175). Bestätigt wird dies durch Forschungen sowjetischer Psychologen zur Rolle der Bewegung bei der Gedächtnisbildung: Versuchspersonen erinnerten sich auf die Frage, was sie auf dem Weg von der Wohnung zur Arbeitsstätte erlebt hätten, vor allem an das, was sie *getan* haben; oder wenn Gegenstände und Methoden aus der Arbeit wiedergegeben werden sollten, so wurden zu 81% die bei der Arbeit gebrauchten Instrumente erinnert (*Smirnow, Schochorawa, Lapschina,* zit. nach *Möller* 1987, 175). (Übrigens kann auch ein erlebter *Geruch* ganze frühkindliche Szenen in der Erinnerung wieder lebendig werden lassen, wenn man diesem bestimmten Duft wiederbegegnet, wie C. G. *Jung* es am »Gänsegeruch« auf einem Spaziergang beschreibt. *Jung* 1968, 4).

Auch die Neuropsychologie kennt den Zusammenhang von Bewegung und Gedächtnis: Bei der »Aphasie« (einer fortschreitenden Störung der verbalen Speicherung von Inhalten) werden von den Patienten zuerst die Substantive, dann die Adjektive und erst zuletzt die Verben (= »Tätigkeitswörter«) vergessen! –

d) Motivationspsychologische Aspekte

Aktivierung hat auch Auswirkungen auf die Motivation. Das zeigt wiederum bereits die Alltagserfahrung: Wo Schüler etwas demontieren, herstellen, untersuchen, ausprobieren usw. können, wo sie unter Einbeziehung möglichst vieler Sinne »hantieren«, wächst das Interesse, entsteht manchmal sogar Faszination. Nachweislich ist bereits diese Aktivierung und Motivation eine günstige Bedingung für das langfristige Behalten der damit verbundenen Inhalte (*Möller* 1987, 178f.). Darüber hinaus ist allerdings wichtig, daß Schüler diese Inhalte als *sinnvoll* begreifen, ihnen also eine *subjektive Bedeutsamkeit* geben. Anfassen von und Umgehen mit Gegenständen allein erzeugt noch kein Verstehen und Behalten. Hinzukommen muß eine innere Anteilnahme, die sowohl die »affektive Färbung« eines Inhalts betrifft als auch die Integration in den persönlichen Kenntnisbesitz, also das Verknüpfen mit bereits bestehenden Positionen im persönlich verfügbaren Bedeutungssystem. Nicht allein die motorische Aktivität im Lernprozeß, »sondern das Durchdringen von Handeln, Denken und Erleben« bedingt »die Lern- und Gedächtniswirksamkeit des handelnden Lernens« (*Möller* 1987, 179).

Natürlich ist der Hinweis auf die Erfahrung, daß handlungsorientierte Lernprozesse in der Regel den Schülern und Schülerinnen einfach mehr *Spaß* machen, fast schon banal. Aber dahinter steht der inzwischen gut erforschte Zusammenhang von Emotion und Kognition (*Mandl/Huber* 1983). Emotional wichtige Informationen werden z. B. besser behalten, denn das »Limbische System« im Gehirn (das eng mit der für Denkprozesse bedeutsamen Großhirnrinde verknüpft ist – *Otto* 1995) sorgt für die ständige emotionale Tönung von Denkprozessen, wobei Sinnhaftigkeit und subjektive Bedeutung stark motivierende Kräfte sind. Wenn sich Schüler und Schülerinnen mit einem selbstgewählten Vorhaben identifizieren können, gewinnt ihre Tätigkeit für sie einen subjektiven Sinn und wird persönlich bedeutsam. Der Lehrer kann dann auf die üblichen »Motivationstricks« verzichten (auch wenn er in Krisenphasen schon einmal gut zureden muß . . .).

Sinnhaftigkeit und subjektive Bedeutsamkeit sind also stark motivierende Kräfte. Im handlungsorientierten Unterricht wird dies oft erreicht durch das Anstreben *konkreter Produkte*: das Gesundheitskochbuch, nach dem man Gerichte kocht, der Film, den man öffentlich vorführt, das Boot, mit dem man auf's Wasser geht. »Es ist die herstellende Anwendung, die die Schüler am stärksten motiviert.« (*Aebli* 1987, 158) – Neuere Motivationstheorien betonen, daß es ein grundlegendes Motiv des Menschen ist, seine *Kompetenz* zu steigern, in neuen Situationen zu bewähren und sich selbst zu erfahren als Wesen, das seine Welt gestalten und beherrschen kann (*White* 1959). Diese »Kompetenzmotivation« bringt uns zum Lernen, um leistungsfähiger zu werden, sie ist damit auch von enormer Bedeutung für das Selbstvertrauen und das Selbst-Bewußtsein, zumal dann, wenn ein Produkt des Projektunterrichts z. B. die Erfahrung vermittelt, etwas bewirkt zu haben, ein Stück gesellschaftlicher Realität verändert oder eine unbefriedigende Situation verbessert zu haben. Dies beginnt bei der Ausstattung des Pausenhofes mit Spielmöglichkeiten und schließt den Aufbau eines alternativen Fahrradladens ebenso ein wie die Gründung eines Kommunikationszentrums für Deutsche und Ausländer. – Aber selbst wenn so »hohe« Ziele nicht erreichbar sind, darf die motivierende Stärke dieses *Wirkungsaspektes* nicht geringgeschätzt werden. Kompetenzmotivation ist *intrinsisch*, also in sich selbst sinnvoll, lohnend und befriedigend, unabhängig von äußeren, sachfremden Anreizen oder gar Zwängen wie Noten, Strafen, Leistungsbewertungen usw. (= *extrinsische* Motivation).

Aber auch die Anfangsphase handlungsorientierter Lernprozesse enthält bedeutende Motivierungselemente. Aus dem »entdeckenden Lernen« (*Neber* 1981, 214) ist bekannt, wie stark die Entwicklung von Neugier motivierend wirkt. Ein Konflikt in der Anfangsphase startet eine Suchbewegung; dies kann geschehen durch »Überraschung« (die Kugel paßt nach Erwärmung nicht mehr durch den Ring ...), »Zweifel« (kann ein Schiff aus Eisen wirklich schwimmen?), »Verwirrung« (mehrere konkurriende Lösungen sind möglich ...), »Verblüffung« (man kann auf dem Meer genau angeben, wo man sich befindet, obwohl weit und breit nur Wasser ist ...) oder »Widerspruch« (Pflanzen brauchen Licht, aber Pilze können im dunklen Keller wachsen ...). Ein entdeckendes Lernen motiviert erstens deshalb (gegenüber der bloßen Rezeption von Informationen) zu einem qualitativ wertvolleren Lernen, weil es durch »Verstehen« funktioniert, Wissensbestandteile aufeinander bezieht und integrierte Strukturen des Wissens aufbaut (*Berlyne* in *Neber* 1981, 233). Ein solches Lernen macht zweitens den Schüler auch eher zum »Konstrukteur« seiner eigenen Problemlösungs- und Lernprozesse. Anders ausgedrückt: die »Zielhandlung« (intrinsisch) motiviert die »Mittelhandlungen«, die (als Mittel zum Zweck) dann durchaus extrinsischen Charakter haben können (*Aebli* 1987, 139). »Durststrecken« im Arbeitsprozeß können leichter ausgehalten werden, weil man ihre Funktion für das Ziel begreift.

Als didaktisches *Fazit* aller kognitions- und lernpsychologischen Argumente stehen zwei Zitate von G. *Dietrich* (1984, 58): »Lerngegenstände müssen, um pädagogisch vermittelbar zu sein, grundsätzlich in Handlungen übersetzt werden (können).« »Erkennen ist grundsätzlich ein Tätigsein, ein Umgehen mit der Realität« (*Dietrich* 1984, 176), wobei unterschiedliche Lerngegenstände je nach ihrer Gegenstandsstruktur auch unterschiedliche Repräsentationsebenen (z. B. handlungseffektive, anschaulich-bildhafte oder symbolische) erfordern. Handelndes Lernen ist also (im Sinne *Dietrichs*, 144) *proaktiv-entdeckendes* (statt reaktiv-rezeptives), *sinnvoll-einsichtiges* (statt mechanisch-unreflektiertes) und *innengesteuertes* (statt außengesteuertes) Lernen.

Damit ist nachdrücklich betont, daß alle theoretischen Begründungsargumente – will man das Prinzip der Handlungsorientierung nicht zur Totalverplanung der Schüleraktivitäten durch den Lehrer mißbrauchen – eines nicht übersehen dürfen: das Anliegen der *Selbststeuerung,* die Möglichkeit für die Schüler, *selbst*gewählte Ziele mit *selbst*gewählten Mitteln zu erreichen und Lernresultate mit *Selbstkontroll*prozessen zu überprüfen!

Hier zeigt sich eine – zumindest denkbare – *Gefahr* als Kehrseite der operativen Didaktik Aeblis ebenso wie der Aneignungstheorie. So sehr ihnen das Verdienst der (Wieder-)Einführung der Handlungsebene generell in den Unterricht zukommt, so sehr tendiert die praktizierte Didaktik dazu, alle Lernprozesse für den Heranwachsenden nach dieser schlüssigen Theorie zu organisieren, womöglich einheitlich, geschlossen, hoch-effektiv, nach wissenschaftlich begründbarer Stufung – nur diesmal nicht nach Herbarts Formalstufen, sondern nach der alles durchdringenden Konzeption einer operativen Didaktik. Lernen nach dem Prinzip des *Konstruktivismus* (*Aebli* 1983, 391) – ein wichtiger Fortschritt, gerade über *Piaget* hinaus, bei dem die Entwicklung des Kindes aufgrund von Erfahrungen erfolgt, »die sich das Kind als Folge seiner spontanen Aktivität laufend selbst verschafft« (ebd. 391). Nur: Wenn damit das Element eben jener *Spontaneität* selbst verloren geht, wenn konstruktives Lernen heißt, daß wieder einmal der/die Lehrer/in Konstrukteur kindlicher Lernprozesse wird und die Heranwachsenden wieder nur am entdecken-lassenden Gängelband laufen dürfen, wenn aus direktiver Lenkung eine subtile Fernlenkung wird, wenn von »Techniken« die Rede ist, die im Kind »Lernprozesse auslösen« (ebd. 392), dann könnte *»Handeln«* wieder leicht auf *»angeleitetes Tätigsein«* zusammenschrumpfen.

Handlungsorientiertes Lernen setzt nach unserer Auffassung das *»epistemische Subjektmodell«* (*Groeben*, nach *Söltenfuß* 1983) voraus, in dem Sinne, daß dem Erkenntnissubjekt sowohl tätiges Erkennen, aber eben auch *Intentionalität* und *Selbstbestimmung* zugestanden wird, daß die *Re*konstruktion der Wirklichkeit im Subjekt durch operative Prozesse in Wechselwirkung mit *seiner* (interessegeleiteten) *Kon*struktion der Wirklichkeit erfolgt. Wir unterlegen damit ein Grundverständnis des Menschen, der nicht – gleich einem Schwamm – nur seine Milieubedingungen in sich aufsaugt, sondern sich durch tätige Aneignung der Wirklichkeit zugleich als *Subjekt* produziert und damit zugleich Gesellschaft »herstellt«.

Schließlich ein letzter Gedanke als Plädoyer dafür, den handlungsorientierten Unterricht als eine *offene Konzeption* auch gegen eine mögliche »wasserdichte« Didaktisierung von Handlungstheorien zu realisieren. Hannah *Ahrendt* hat als Philosophin zu ihren Überlegungen über »Das Handeln« einmal die schöne Formulierung von der *»Unabsehbarkeit der Taten«* gebraucht und in diesem Zusammenhang geschrieben:

»Daß Menschen nicht fähig sind, sich auf sich selbst zu verlassen oder ... sich selbst vollkommen zu vertrauen, ist der Preis, mit dem sie dafür zahlen, daß sie frei sind; und daß sie nicht Herr bleiben über das, was sie tun, daß sie die Folgen nicht kennen und sich auf die Zukunft nicht verlassen können, ist der Preis, den sie dafür zahlen, daß sie mit anderen ihresgleichen zusammen die Welt bewohnen.« (*Ahrendt*, in: *Lenk* 1978, Bd. II/1, 74 f.)

2.4 Pädagogische Begründung handlungsorientierten Unterrichts – Zusammenfassung bisheriger Überlegungen

Handlungsorientierter Unterricht ist keine neue Strophe im Jahrhunderte alten Lied vom Versuch, passive Schüler/innen wieder aktiv zu machen. Es ist auch keine Variante im Repertoire der Motivationstricks und Methodenkniffe, damit Schule »wieder Spaß macht«. Er ist erst recht kein Versuch, die »praktische Begabung« der Hand zu pflegen und damit z. B. die totgesagte Hauptschule wiederzubeleben (*Witzenbacher* 1985). Handlungsorientierter Unterricht ist eine überfällige *Antwort* auf den tiefgreifenden *Wandel in der Aneignung von Kultur* in einer Lebenswelt, deren defizitäre Entwicklungstendenz in H. *von Hentigs* Formulierung vom »allmählichen Verschwinden der Wirklichkeit« präzise markiert wird, in unserem Zusammenhang aber über die »neuen Medien« weit hinausgeht. Daraus ergeben sich *drei Begründungsebenen* für den handlungsorientierten Unterricht: eine *sozialisationstheoretische*, eine *anthropologisch-lernpsychologische* und eine *didaktisch-methodische*.
1. *Sozialisationstheoretisch* betrachtet haben u. a. demographische Entwicklung, dinglich-räumliche Veränderungen der Lebenswelt und das Vorrücken der elektronischen Medien zur Reduzierung sozialer Erfahrungsmöglichkeiten von Eigentätigkeit und Primärerfahrungen geführt. Die mögliche Dynamik zwischen Symbolwelten und »erster Wirklichkeit« beginnt sich zu verschieben zu ungunsten der tätigen Aneignung konkreter, authentischer und originaler Lebenswelt. *Ent-Sinnlichung* und *Abstraktion* bestimmen die Erfahrungsmöglichkeiten stärker als früher, die *ikonische* Aneignung dominiert die *handelnd-tätige*. Eine bedenkliche Erfahrungslücke zwischen Lebenswelt und Bewußtsein tut sich auf: Statt produktiv-realitätsverarbeitender Subjekte werden im Extremfall Heranwachsende heute z. B. zu »Computerkids«, die morgen mit kindlich zurückgebliebenen Sozial- und Wirklichkeitserfahrungen an den Schaltpulten von Bürokratie, Industrie und Rüstung sitzen.
Die *Schule* der Gegenwart ist von diesem Schwund kontinuierlicher Erfahrungen mit Menschen und Dingen, des Gebrauchtwerdens, des Ernstfalls, der progressiven Isolation von Kindern und Jugendlichen von produktiver Erwachsenentätigkeit

direkt betroffen. Die fortschreitende Scheinhaftigkeit und Zukunftsschwäche der Institution Schule höhlt ihren Sinn von innen her aus; das Bewußtsein greift um sich, »daß in der Schule zwar noch gewisse Schwimmbewegungen gemacht werden, daß aber das Wasser wegzusickern droht, ohne das alle Schwimmbewegungen zur Farce, zum Leerlauf werden« (*Rumpf* 1985, 75).

Handlungsorientierter Unterricht ist deshalb der notwendige Versuch, tätige Aneignung von Kultur in Form von pädagogisch organisierten Handlungsprozessen zu unterstützen. Über die ikonische Aneignungsweise hinaus bietet er die Möglichkeit, handelnd Denkstrukturen aufzubauen und den Zugang zur Welt nicht über ihre Abbilder, sondern durch vielfältige sinnliche Erfahrungen zu schaffen. Kompensatorisch zur tendenziellen »Entwicklung der Wirklichkeit« dient er dem Aufbau einer umfassenden *Handlungskompetenz* (im Sinne des Kompetenzbegriffes von Habermas). Er bezieht sich auf Handeln als tätigen Umgang mit Gegenständen, Handeln in sozialen Rollen und Handeln auf symbolisch-geistiger Ebene.

Politisch bedeutsam ist dabei, daß die Verringerung tätiger Aneignung in einer hochorganisierten gesellschaftlichen Lebenswelt kaum noch die Erfahrung aktiver *Eingreif- und Veränderungspotentiale* ermöglicht. Darum liegt im handlungsorientierten Unterricht ein Schwerpunkt auf der Exteriorisierung tätig angeeigneter Denk- und Handlungsfähigkeiten in Form schöpferischer Vergegenständlichung (z. B. von Handlungsprodukten, die »etwas bewirken«, verändern, in Bewegung setzen). Statt durchgehend pädagogisierter Erfahrungsräume und vorfabrizierter Sinngebungen mutet handlungsorientierter Unterricht den Schüler/innen durchaus die widersprüchliche, rauhe, »wirkliche« Wirklichkeit zu, auch pädagogisch unkontrollierte Lernorte und Erfahrungsräume der außerschulischen Welt, die Abarbeitung an ihren Widerständigkeiten, – nutzt damit aber auch Dissonanzen, Konflikte und Verwirrungen produktiv, um Interessen zu wecken und Tätigkeit anzuregen.

Im Unterschied zu einem Selbstverständnis der Schule, das diese weitgehend durch Lernen für die Zukunft (»Vorratslernen«) legitimiert, macht der handlungsorientierte Unterricht Schule in zweifacher Hinsicht sinn-voll (»sinnlich angefüllt«).

Zum einen: In der Unmittelbarkeit der Sinnerfahrung von Handlungsvollzügen (und dem dabei erworbenen Wissen), ihrer Nützlichkeit, Einsehbarkeit und ihres Gegenwartsbezuges zur Welt liegt für Schüler/innen die Chance einer *Sinnstiftung durch Gegenwartserfüllung*.

Rein formal wäre das Abschreiben eines Tafeltextes zwar auch eine »Handlung«, aber handlungsorientierter Unterricht lädt den Handlungsbegriff *normativ* auf.

Wesentlich für einen inhaltlich-pädagogisch bestimmten Handlungsbegriff sind nämlich zwei Merkmale: 1. Der Handelnde bestimmt selbst (und/oder

> mit andern) über das Vorhaben, er ist an der Planung beteiligt, identifiziert sich mit dem Sinn des Ganzen. *Das* Thema wird zu *unserem* Thema. 2. Am Anfang jeder Handlung steht eine »Dissonanz«, d. h. eine echte Fragestellung, ein Auseinanderklaffen von aktueller und gewünschter Kompetenz, eine vom Aktor selbst wahrgenommene Diskrepanz zwischen einem nicht befriedigten Bedarf und der Vorstellung eines erreichbaren Zustandes, in dem diese Diskrepanz beseitigt ist, – kurz: ein zu lösendes Problem (*Volpert* 1992, 14). Erst der Wunsch nach Behebung dieser »Dissonanz« setzt kognitive Prozesse ingang (*Aebli* 1980, 20f.) und ist Voraussetzung für die Übernahme von Verantwortung.

Es gilt also, ein wirkliches Problem zu bearbeiten oder zu lösen. Die Handlung hat demnach ein (selbst oder gemeinsam mit andern) gesetztes Ziel, sie ist eine bewußte und gewollte Tätigkeit. Sie ist eine entdeckende Auseinandersetzung mit der den Menschen umgebenden Welt (in weitestem Sinn), wobei diese wiederum auf die Person zurückwirkt. Damit sind Handlungen nicht nur kognitiv bestimmt, sie entspringen auch aus emotional eingefärbten Motiven und sind von Gefühlen begleitet. Und diese werden ernst genommen.
Handlungsorientierter Unterricht betont die nichtentfremdete Arbeit, die durch den »Ernstcharakter« von Konsequenzen des selbstgeplanten Handelns und durch Produkte mit Gebrauchswertcharakter (nicht nur im ökonomischen Sinn, sondern auch z. B. im Aufbau von Einstellungen, Haltungen etc.) die Identifikation der Schüler/innen mit ihrem Handeln und Lernen fördert. Ohne dieses pädagogische Kriterium liest man Aneignungstheorie und kognitive Handlungstheorie zu kurzschlüssig als didaktische Handlungsanweisungen und landet bei neuen Formalstufen.
Die ausgeprägte Tendenz Jugendlicher, ihre Identitätssuche mit starken Wünschen nach Betroffenheit, Nähe und Beziehungen zu verbinden, findet dabei ihren Niederschlag in der *Betonung der sozial-kommunikativen Ebene* des handlungsorientierten Unterrichts, bei dem Lernen immer auch emotionales und gemeinsames ist.
Zum anderen: Optimale Instruktion und Erwerb von Kenntnissen sind durch moderne *Informationstechnologie* inzwischen nahezu perfektioniert. Medien könnten die traditionelle Vermittlungsarbeit des/der Lehrers/in im Grunde übernehmen, besser, schneller, effektiver. Wenn die Schule als sinnvolle Institution erhalten bleiben soll, wird sie etwas dagegensetzen, das moderne Medien nicht leisten: über Sinnlichkeit, Erfahrung, Tätigkeit/Handeln kognitive Strukturen aufzubauen, – handlungsorientierten Unterricht! Dabei können Informationstechnologien, vom Fernsehen bis zum Computer, durchaus *einbezogen* werden (*Brenner/Niesyto* 1993, *Tulodziecki*

1995), aber sie werden im handlungsorientierten Lernen *funktionalisiert* für eine grundlegend andere Vermittlungsstruktur von Kind und Welt. »Handelnd handeln lernen« ist das Entscheidende, was die Schule der Überlegenheit perfektionierter Informationsvermittlung entgegenzusetzen hat! Mit dieser Positionsbestimmung wird handlungsorientierter Unterricht zugleich vom Odium befreit, *»Sonntagssituation«* zu sein, die den ansonsten grauen Schulalltag ab und zu ein wenig aufhellt.

2. Auf *anthropologisch-lernpsychologischer* Ebene wird handlungsorientiertes Lernen dadurch begründet, daß der Mensch in einer *dialektischen Person-Umwelt-Beziehung* gesehen wird. Person und Umwelt werden nicht als getrennte Gegebenheiten aufgefaßt; vielmehr verschränken sich im Begriff der Handlung Aufbau/Veränderung individueller Strukturen und Herstellung/Gestaltung von materieller und sozialer Umwelt. In der materialistischen Aneignungstheorie war das entscheidende Bindeglied die *Tätigkeit*, in kognitiven Handlungstheorien ist es der *handelnde Aufbau kognitiver Strukturen*. Der handelnde Umgang mit Beziehungen zwischen Gegenständen/Erscheinungen/Gegebenheiten setzt sich im Denken fort als Fähigkeit, auch auf symbolischer, begrifflicher und abstrakter Ebene mit Beziehungen zu operieren: *Denken geht aus dem Tun hervor und wirkt als Handlungsregulation auf dieses zurück.*

Die Konsequenz für den (handlungsorientierten) Unterricht: Nicht mehr die didaktisch noch so geschickte Aufbereitung »fertigen« Wissensstoffes steht im Mittelpunkt, sondern die Organisation von aktiven, zielgerichteten transparenten Tätigkeiten, – von Handlungen, die Denken zur »Metatätigkeit« (*Aebli*) des Tuns werden lassen.

Von entscheidender Bedeutung ist dabei *die Sprache*, die als Medium des Denkens ihren Ursprung ebenfalls im Tun hat. Handlungsorientierter Unterricht macht es sich also nicht so leicht, aufgrund der (berechtigten) Polemik gegen die verbal-abstrakte Bildung (»Darüberitis« in der Schule) auf sprachliche Aneignung und Sprachkompetenz zu verzichten. Die Forderung: »Lieber mit der Hand arbeiten als darüber reden« geht an den Ergebnissen der kognitiven Handlungstheorie schlicht vorbei. Zur Aneignung von Kultur gehört auch die *verbalargumentative und -kommunikative Kompetenz.* Weil Sprache einen Schatz an Welt-Strukturierung enthält und zentrales Kommunikationsmedium in Handlungsprozessen ist, ist sprachliches Lernen unverzichtbarer Bestandteil handlungsorientierten Unterrichts.

3. Schließlich faßt handlungsorientierter Unterricht vorliegende verwandte Konzepte *didaktisch-methodisch* unter einer leitenden Perspektive zusammen (*Meyer* 1987, *Bönsch* 1995). Er gewinnt aus diesen Ansätzen Kategorien, *Elemente* und *Merkmale*, die ihn näher beschreiben, – nicht aber ihn *begründen*! Das ist äußerst wichtig zu betonen, denn einzelne Merkmale legitimieren und konstituieren noch kein theoretisch fundiertes, übergreifendes Lernprinzip (vgl. *Wopp* 1986). Damit

Merkmale nicht bloße Etiketten bleiben, mußte handlungsorientierter Unterricht um die Grundlegung durch die Aneignungs- und Handlungstheorie erweitert werden. Wir haben dies in der gebotenen Kürze getan, eigentlich wäre dazu ein eigenes Buch nötig ... Es wäre auch zu wenig, einen solchen Unterricht lediglich aus den *Negativ-Merkmalen* des gegenwärtig verbreiteten Schulunterrichts abzuleiten und seine Merkmale Stück für Stück als *positive Alternativen* darzustellen, – obwohl sie dies ganz sicher sind!

Handlungsorientierter Unterricht verzichtet auf das Prinzip der inhaltlichen Vollständigkeit eines Themenkanons. Er wählt aus nach dem Prinzip des *exemplarischen Lernens*. Dabei sucht er nach einer prozeßhaften Gestaltung eines Problems; nicht die Einverleibung von Begriffen, sondern ihr Nach-Schaffen und das Neukombinieren von Gegebenem sind wesentlich: *genetisches* und *entdeckendes* Lernen werden angestrebt.

Dabei wird er geleitet durch *Offenheit* bezüglich der Ziele, Inhalte, Methoden und Lernkontrollverfahren, nimmt *Interessen und Erfahrungen* der Schüler/innen (übrigens auch der Lehrer/innen) auf (*Jank* 1986), fördert und entwickelt sie oder sorgt dafür, daß sie überhaupt entstehen. Dabei wird vom Lernen im Gleichschritt Abstand genommen zugunsten von *Individualisierung* und *Differenzierung* der Lernprozesse. Vor allem aber schafft er Raum für *sinnlich-unmittelbares Tätigsein*, in vielfältiger, vor allem den *Körper* einbeziehender Weise und verbindet im oben angeführten Sinn *Kopf- und Handarbeit* (als Chiffren für Denken und Tun).

Selbsttätigkeit ist aber noch nicht dasselbe wie Selbständigkeit, darum legt er auf die *Selbststeuerung* der Schüler in der Planung, Durchführung und Auswertung von Handlungsprozessen großen Wert. Er ist zielorientiert, stellt aber die *Zielverständigung* in den Mittelpunkt. Dies impliziert auch, daß Schüler/innen als Subjekten ihrer Lernprozesse eine größere *Verantwortung* übertragen wird. – Dies zeigt sich auch in der Betonung der *sozial-emotionalen Ebene* von Aktionen, insbesondere der *Gruppenarbeit*. Daß dabei *Fachgrenzen überschritten* und neue Formen der *Leistungsbewertung* ebenso wie *Lehrer/innen-Kooperation* erforderlich sind, deutet auf die notwendigen *institutionellen Bedingungen und Konsequenzen* des handlungsorientierten Unterrichts hin. –

Wie jedes Handeln, so können auch Handlungsprozesse von Lernenden scheitern. Handeln ist zwar prinzipiell zielgerichtet, aber es fließen auch nicht vorhersehbare oder unerwünschte Nebenwirkungen ein. Handlungen sind in ihrem Ausgang polyvalent (»Unabsehbarkeit der Taten« – Hannah *Ahrendt*).

Darum würde eine exakte, wissenschaftlich geleitete, lerntheoretisch bis ins Detail abgesicherte und präzise durchgehende *Methodisierung* das Konzept aushöhlen (man denke an das Schicksal des »entdeckenden Lernens« von *Bruner* über *Ausubel* bis *Gagné*!). Das wäre der Tod des handlungsorientierten Unterrichtes!

Die genannten Merkmale und Elemente deuten nun bereits auf eine Unterrichtsform, die als gleichermaßen offenes wie in sich strukturiertes Konzept handelnden Unterrichtes angesehen werden kann: den *Projektunterricht*.

Literatur

Rohr, B.: Handelnder Unterricht. Heidelberg 1982, 2. Auflage. Eine informative Einführung in den materialistisch bestimmten Unterricht auf der Grundlage der Aneignungstheorie (nach *Leontjew* und *Galperin*), speziell für lernbehinderte Schüler. Ausführliche Unterrichtsbeispiele sind nicht enthalten, der Akzent liegt auf der gesellschaftstheoretischen Begründung.

Aebli, H.: Zwölf Grundformen des Lehrens. Stuttgart 1983. Aufbauend auf seine einschlägigen Arbeiten zur kognitiven Handlungstheorie (1980, 1981) wendet *Aebli* diese konkret auf Lehren und Lernen in den Schulen an. Zahlreiche Beispiele veranschaulichen diese manchmal nicht leicht zu rezipierende Theorie. Für unseren Zusammenhang ist vor allem der zweite und dritte Teil über Handlung, Operation, Begriff und Problemlösung wichtig.

Söltenfuß, G.: Grundlagen handlungsorientierten Lernens. Bad Heilbrunn 1983. Eine außerordentlich fundierte theoretische Studie, die sowohl die aneignungstheoretischen Konzepte als auch die modernen kognitiven Handlungstheorien aufarbeitet. Zielpunkt ist die didaktische Konzeption des Lernens im Simulationsbüro für die kaufmännisch-verwaltende Berufsbildung.

Wenzel, H.: Unterricht und Schüleraktivität. Weinheim 1987. Eine auf empirischen Untersuchungen beruhende Studie zu Problemen und Möglichkeiten der Entwicklung von Selbststeuerungsfähigkeiten im Unterricht.

Möller, K.: Lernen durch Tun. Frankfurt/M. 1987. Das Buch faßt eine Fülle von sehr verstreuten Forschungsergebnissen zur Relevanz des praktischen Tuns für Lernprozesse vor allem in der Grundschule zusammen.

Jank, W./Meyer, H.: Didaktische Modelle. Frankfurt/M. 1991. Im Zusammenhang mit den klassischen didaktischen Modellen wird im 9. Kapitel ein Konzept des handlungsorientierten Unterrichts begründet, in seinen Merkmalen dargestellt und praxisnah in der Realisierung skizziert.

Zur Kritik handlungsorientierter Ansätze in der Didaktik der Wirtschaftslehre. Mit Beiträgen von *K. Beck, R. Czycholl, H. G. Ebner, H. Reinisch*. Oldenburg 1989. Die Autoren setzen sich u. a. kritisch mit der Rezeption Aeblis auseinander, analysieren den Handlungsbegriff theoretisch sehr gründlich (wobei sie auch ausführlich auf die Aneignungstheorie eingehen), und bemängeln durchgehend die fehlende theoretische Fundierung handlungsorientierter Entwürfe, vor allem der Didaktik der Wirtschaftslehre. Das Buch ist eine wichtige Ergänzung der in unserem Zusammenhang nur andeutungsweise möglichen handlungstheoretischen Grundlegung des Unterrichts.

3. Projektunterricht – ein umfassendes Konzept handlungsorientierten Lehrens und Lernens

3.1 Woher kommt der Projektunterricht?

Nach neuesten Untersuchungen (*Knoll* 1988 und 1991, kritisch dazu: PÄDAGOGIK H. 7/8/1993) kommt zumindest der Begriff nicht aus Amerika, auch nicht aus der Reformpädagogik im ersten Drittel unseres Jahrhunderts, sondern aus Italien im 16. Jahrhundert bzw. aus Frankreich, Anfang des 18. Jahrhunderts. Dort hatten die Studenten der Akadémie Royale d'Architecture die Aufgabe, regelmäßig »projets« einzureichen, z. B. Pläne für ein Chateau, ein Grabmal oder einen Pavillon zu entwerfen, – kooperativ, originell und selbständig, als Bestandteil ihrer Ausbildung. Doch dies Verständnis ist nicht identisch mit heutigen Projektkonzeptionen.
Über die Bauakademien und die technischen Hochschulen gelangte diese Methode dann nach Deutschland (etwa 1831), von hier aus wurden auch die amerikanischen technologischen Institute beeinflußt. Der Gründer des Massachusetts Institute of Technology, *William B. Rogers*, führte z. B. (um 1865–1866) den Projektbegriff in die Sprache der amerikanischen Pädagogik ein. Im weiteren Verlauf passierte dann etwas Entscheidendes: Es bildeten sich zwei »Varianten« des Projektverständnisses: eines eher sozialkonservativ-technologisch und eines eher sozialreformerisch-politisch. Es ist hochinteressant zu sehen, daß beide Orientierungen bis heute – wenn auch nicht immer bewußt – die Diskussion bestimmen. Die sozialreformerische Variante begriff ausdrücklich Lernen durch Tun, und damit das Lernen am handwerklichen Projekt, als zutiefst demokratisch, weil es a) den praktisch begabten Jugendlichen die Chance zum sozialen und wirtschaftlichen Aufstieg ermögliche und weil b) die Merkmale Schüler-, Wirklichkeits- und Produktorientierung, also selbständiges Denken und kooperatives Handeln, endgültig etabliert wurden. »Junge Leute, ... die wissen, wie man projektiert, plant, ausführt, ... kann man nicht einfach mit großen Namen imponieren, mit Spitzfindigkeiten täuschen oder mit Autorität unterdrücken« (*Francis A. Walker*, zit. nach *Knoll* 1991, 53) – »Daß Demokratie und Projekt zusammengehörten« (*Knoll* 1991, 53), ist der entscheidende Grundsatz, der das Projektkonzept endgültig aus dem Verständnis einer bloßen »Methode« vorwiegend handwerklichen Tuns löste. Hier knüpft der große Philosoph und Pädagoge *John Dewey* (1859–1952) an, der zum ersten Mal unter politischen, philosophischen, lernpsychologischen und pädagogischen Aspekten ein umfassendes Konzept dessen begründete und entwik-

kelte, was wir heute »Projektunterricht« nennen, obwohl er den Begriff nur selten benutzte.

Drei Gesichtspunkte sind für *Dewey* wesentlich.

Erstens: Der Projektgedanke ist eine Reaktion auf sich rasch wandelnde gesellschaftliche Verhältnisse (enormer Anstieg der Industrialisierung, Massenproduktion, eine Welle von »Fremden« im Land, die Notwendigkeit der gesellschaftlichen Integration von Migranten, Zerbrechen traditioneller Lebensmuster – man beachte die Parallelen zu unserer Situation!). Erziehung konnte nicht mehr auf den alten Grundlagen Vorbereitung für vorausbestimmbare Lebensverhältnisse sein (»*Die Zukunft ist unbekannt*«, so der Dewey-Schüler *Kilpatrick* 1928). Die junge Generation muß lernen, wie man Probleme aufgreift und löst, wenn sie auftauchen. Das Denken vom traditionellen Fachinhalt her nützt nicht mehr viel, »*der Mittelpunkt ... ist vom Fach verlegt auf das Leben*« (ebd.). Diese gesellschaftliche Dimension des Projektgedankens zeigt, daß Projektlernen keine Mode-Masche ist, sondern zentrale Antwort auf die gesellschaftlichen Herausforderungen unserer Zeit. Hier liegt die Wurzel des (weiter unten ausgeführten) Merkmals der »*gesellschaftlichen Praxisrelevanz*« von Projektarbeit.

Zweitens: Die Projektidee ist eingelagert in ein grundlegendes Verständnis von Demokratie. Nicht umsonst heißt Deweys Hauptwerk: »*Demokratie und Erziehung*« (1916). Ausgehend vom wechselseitigen Wirkungsverhältnis von Mensch und Welt (»*Erfahrung*« als Grundlage von Erkenntnis) bezeichnet Dewey die persönliche Seite dieses Prozesses als »*Erziehung*« (im Sinne einer Höherentwicklung des Individuums) und die politische als »*Demokratie*« (im Sinne der sozialen Höherentwicklung). (*Dewey* 1916, 120ff.) Erfahrung ist also zugleich der Weg und das Ziel menschlicher Höherentwicklung. Grundlage dafür ist nicht die »*Anordnung von oben*«, sondern das freie Recht der Individuen, ihre Angelegenheiten selber zu regeln, es ist die Grundidee des freien, nichthierarchischen Vertrages des bürgerlichen Rechts.

Dewey und *Kilpatrick* standen mit der Philosophie des Pragmatismus in der in Amerika noch sehr lebendigen Tradition der *Menschen- und Bürgerrechte*, die das Gemeinwesen vom Individuum her – allerdings sehr radikal – dachte. Deweys und Kilpatricks Konzepte knüpften »an den libertinär-sozialistischen Anspruch an, daß die Individuen das Recht haben, ihre kulturellen, sozialen, politischen und ökonomischen Verhältnisse selbst und in gegenseitiger Hilfe in die Hand zu nehmen. Aus Untertanen und Unmündigen, welche in anderen Ländern durch staatsbürgerliche Erziehung unterworfen – zumindest angepaßt werden, werden in dieser Erziehungsphilosophie, die dem Projektunterricht zugrundeliegt, Gesellschaftsmitglieder, die

(Suin de Boutemard, in: Bastian/Gudjons 1989, 68 und in Bastian/Gudjons u.a. 1997).

Ohne dieses konzeptionelle Kernelement, ja »Herzstück« der freien, selbstbestimmenden, nicht hierarchischen Problembearbeitung schrumpft Projektunterricht zu einer bloßen »Methode« (unter anderen) zusammen, die sich sogar reibungslos in einen sehr traditionellen Unterricht einverleiben läßt. Bezeichnenderweise haben dann ja auch die methodischen Aspekte des Projektunterrichts die Geschichte der Diskussion weitgehend bestimmt, die Implikation einer Demokratisierung der Schule wurde demgegenüber jedoch vernachlässigt. Deshalb ist es nicht nur bescheidener, sondern sachlich auch konsequenter, wenn nicht selten statt von »Projektunterricht« von »projektorientiertem Unterricht« (z.B. Stach 1978) gesprochen wird.
Wie ernst es Dewey mit dieser zutiefst auf Demokratisierung der Gesellschaft gerichteten Überzeugung war, hat er durch konkretes politisches Engagement bewiesen, das ihm bisweilen Verdächtigungen und Diffamierungen (»leftist« – Schimpfwort für »Linker«) einbrachte (Schreier 1986, 16). – Wenn im Projektunterricht Schüler und Schülerinnen als gleichberechtigte Partner ernstgenommen werden und zunehmend Selbstorganisation und Selbstverantwortung für den Verlauf unverzichtbar sind, so spiegelt sich darin die politische Wurzel des Projektgedankens unmißverständlich wider. Projektunterricht zielt damit auf demokratisches Handeln in Schule und Gesellschaft.
In anderer Weise entwickelte die russische Tradition die politische Grundintention des Projektgedankens. P. *Blonskij* (1884–1941) schuf in Moskau 1921 und 1928 seine Konzeption der *»Arbeitsschule«*, die auf der Grundlage des *Marx*'schen Arbeitsbegriffes Kultur und Arbeit in einer klassenlosen Gesellschaft (wieder) integrieren sollte.
Auch in der deutschen Reformpädagogik des ersten Jahrhundertdrittels finden wir wichtige Vorläufer des Projektunterrichtes, vor allem bei den Vertretern der *Arbeitsschulbewegung*. (*Scheibe* 1971, 2. Aufl. 171) Sie reichen von Berthold *Otto* (1859–1933) »Gesamtunterricht« über Hugo *Gaudigs* (1860–1923) *»freie geistige Tätigkeit«*, die den Erwerb von schüleraktiven Arbeitsmethoden erforderlich macht, bis zur Arbeitsschulpädagogik Georg *Kerschensteiners* (1854–1932). Den Projektgedanken haben aber auch Fritz *Karsen* (1885–1951), Otto *Haase* (1893–1961) und Adolf *Reichwein* (1898–1944) aufgenommen (vgl. *Krauth* 1985).

Drittens: Wir hatten bereits gesehen, daß Erziehung nicht mehr das *»Fertigmachen«* für das Erwachsenenleben bedeutet (so schön doppeldeutig in Baroths Formulierung: *»In der Schule wird man für das Leben fertiggemacht«*), sondern Ziel und Mittel der menschlichen *»Höherentwicklung«* zugleich ist. Die *»denkende Erfahrung«* (*Dewey*

1916, 201f.) ist der Weg des Menschen, sich selbst und die Welt zu verändern (*»Erziehung«* und *»Demokratie«* zu bewirken, s. o.), ist *die* Weise der erkennenden Auseinandersetzung des Menschen mit der Welt. Erziehung kann also für die Generationen nicht heißen, daß z. B. schulische Inhalte *»von einem zum andern weitergegeben werden wie Ziegelsteine«* (ebd. 19). Vielmehr sind Erkennen und Tun untrennbar, und die *»Beteiligung an einer gemeinsamen Tätigkeit* (ist – H. G.) das *wichtigste Mittel, um Dispositionen zu entwickeln«* (ebd. 49). Diese Erziehungsphilosophie Deweys (verkürzt als *»learning by doing«* bekannt) ist zentrale Grundlage der Projektmethode.

3.2 Projektunterricht zwischen Politisierung und Begriffsinflation

Eine wahre Renaissance erlebte der Projektgedanke in Deutschland zunächst in der »kleinen Reformpädagogik« der 70er Jahre (vgl. dazu *Bastian/Gudjons* u. a. 1997). Richtig erkannt wurde dabei die potentielle *Sprengkraft* des Projektunterrichtes gegenüber verkrusteten Formen des Lernens und der erstarrten Organisation der Schule. Aber die z.T. bewußte Herausforderung von *Konflikten* im und durch Projektunterricht (die dann als Auseinandersetzungen »systemnotwendig« schienen und politisch-ideologisch zu interpretieren waren), die enge Bindung des Projektunterrichtes überwiegend an *Reformschulen* (besonders die integrierten Gesamtschulen, Gymnasien spielten beim Projektunterricht fast gar keine Rolle) und vor allem die zu kurzschlüssige Engführung des Projektgedankens als Weg politischer Emanzipation haben ihn mit illusionären *systemkritischen Erwartungen* überfrachtet. Die Angst vor der »Überzuckerung« der vorherrschenden bürgerlichen Klassenschule führte bisweilen zur Forderung, jedes Projekt solle eine sozial-kritische Fragestellung bearbeiten. Mit dem Projektunterricht sollten die kapitalistischen Produktionsverhältnisse durchleuchtet werden. Dies rief verständlicherweise – aber völlig unnötig – zahlreiche Gegner »des« Projektunterrichtes auf den Plan.

Schaut man sich die Entwicklung des Projektlernens in den 80er Jahren einmal genauer an, so zeichnen sich zwei Tendenzen ab:

1. Die Bereitschaft zur Durchführung von Projekt*wochen* ist deutlich angestiegen; in vielen Kollegien gehört diese besondere Unterrichtsform bereits zum Schulalltag.
2. Lehrerinnen und Lehrer, die über einige Jahre Erfahrungen mit Projektwochen gemacht haben, fragen zunehmend häufiger nach Anregungen für die Übertragung des Projektlernens in den herkömmlichen *Fachunterricht*.

Zur ersten Tendenz: Sie läßt sich genauer beschreiben als Bereitschaft, den normalen Unterrichtsbetrieb für einige Tage im Jahr aufzuheben, dafür bestimmt ein buntes Vielerlei praktischer, oft ungewöhnlicher Aktivitäten für kurze Zeit das Bild der Schule, meist abgeschlossen mit einem publikumswirksamen Präsentationstag. Dieses Lernen in Projektwochen ist Ausdruck – aber auch Ventil – für Bedürfnisse von Schülern und Lehrern, die im normalen Lernalltag zu wenig Berücksichtigung finden. Die Projektwoche aber ist nur *eine* Möglichkeit, die Projektidee zu verwirklichen – zudem eine, die sich den Vorwurf der Verengung gefallen lassen muß, weil sie als Insel im Meer des traditionellen Fachunterrichts isoliert ist und nur punktuell das Lernen der Schule insgesamt beeinflußt hat (*Nuhn/Vaupel* 1990). Diesen Anspruch aber hat die Projektidee. Die Gefangenheit des Projektlernens in der Sonderform ›Projektwoche‹ hat gleichzeitig dazu geführt, daß Schüler und Lehrer die dort angebotenen Aktivitäten oft nicht als Lernprozesse begreifen, sondern sie eher unter der Kategorie ›Spaß‹ verbuchen. Dies ist nicht durchgängig so, bleibt aber solange als Gefahr der Verengung des Projekt-Konzepts bestehen, wie das Projektlernen nicht auch Eingang findet in den traditionellen Fachunterricht. Insofern könnte man diese erste Tendenz *als Ausbreitung bei gleichzeitiger Reduzierung der Konzeption* kennzeichnen.

Zur zweiten Tendenz: Sie ist daran zu erkennen, daß Lehrerinnen und Lehrer zunehmend die Grenzen von Projektwochen erkennen und daraus die Konsequenzen gezogen haben, – über die Projektwoche hinaus – den traditionellen Fachunterricht zu verändern. Diese Tendenz, etwa ab Mitte der 80er Jahre spürbar, gewinnt erst allmählich an Boden, weil die zu überwindenden Widerstände gegen die Einführung von Projekt*unterricht* bei Lehrerinnen und Lehrern, bei Schülerinnen, Schülern und Eltern und bei Schulorganisation und Schulverwaltung größer sind als im Zusammenhang mit der Einführung von Projekt*wochen*. Hier stehen sowohl das einsozialisierte Verständnis von Lernen als vorwiegend kognitivem Prozeß der Aneignung und Reproduktion von Fachwissen als auch das Selbstverständnis von Schule als ein in Fächern organisiertes System der Kulturvermittlung einer Veränderung von Schule und Unterricht entgegen.

Abzugrenzen ist der Projektunterricht auch vom Begriff des »Vorhabens« und vom »Epochenunterricht«, die gelegentlich verwechselt werden. Nach einer begriffsgenetischen Analyse von *Pütt* (in: *Stach* 1978, 24) »ist das Vorhaben ein die Interessen der Schüler berücksichtigendes, ernsthaftes Unternehmen, das spontan angegangen oder geplant wird, wobei alle Teilnehmer gemeinsam handelnd und mit großer Hingabe ein bestimmtes, vorweisbares Werk vollenden.« Damit ist eine gewisse Parallelität zum Projektbegriff deutlich, aber im Unterschied zum Projekt (jedenfalls bei *Dewey* und *Kilpatrick*) ist das Vorhaben eine Elementarform des Unterrichts, die sich nicht als philosophisch und sozial begründete Alternative zum bisherigen Schullernen versteht. Das Vorhaben bezieht sich auf die gemeinsame Arbeit einer Klassengemeinschaft.

Bei Vorhaben wie »Bilderbeilage für eine Kinderzeitung«, »Ritterburg«, »Anlage eines Heimatbuches« ist die Lösung einer Aufgabe auch eher Selbstzweck, während das Projekt nicht nur das Leben in die Schule hineinholen will, sondern z.T. »im Leben selbst« stattfindet. Unterschiedlich ist auch die starke Betonung der Zielsetzung durch Schüler/innen im Projekt gegenüber dem Vorhaben. Das Vorhaben steht eher dem »Gesamtunterricht« nahe, während der Projektunterricht in der Tradition des Pragmatismus, der Arbeits- und Produktionsschule liegt (*Keck* 1973).

Epochenunterricht setzt anstelle des Nebeneinanders von Fächern ein Nacheinander, – eine sehr sinnvolle Organisationsform, die (wie insbesondere die Waldorfschulen zeigen) eine größere Konzentration auf wenige Arbeitsgebiete ermöglicht. Einerseits wird durch Projekte eine epochale Fächerkonzentration nahegelegt und unterstützt (*Keck* 1973), andererseits ist Epochenunterricht organisatorisch nur eine Voraussetzung für Projekte.

Bis auf wenige Ausnahmen (z.B. *Suin de Boutemard* 1975, *Kaiser/Kaiser* 1977, *Stach* 1978, *Duncker/Götz* 1984, *Hänsel/Müller* 1988, *Frey* 1990 3. Aufl., *Emer* u.a. 1991) gibt es kaum umfassende Studien zur *Theorie* des Projektunterrichtes (jetzt neuerdings *Bastian/Gudjons* u.a. 1997). In der während der letzten Jahre angeschwollenen Flut der Veröffentlichungen sind aber *Beispiele* für die verschiedenen Arten von Projekten auf allen Stufen und in allen Schulen inzwischen zahlreich dokumentiert (*Tymister* 1975, *Laubis* 1976, *Bielefelder Lehrergruppe* 1979, *Verband Deutscher Schullandheime* 1979, *Schweingruber* 1979, *Struck* 1980, *Frey* 1990 3. Aufl., *Pütt* 1982, *Arbeitsgruppe Oberkircher Lehrmittel* 1982, *Heller/Semmerling* 1983, *Bastian/Gudjons* 1986 und 1990, *Jostes/Weber* 1987, *Landesinstitut NRW* 1988, *Jürs* u.a. 1990 u.a.m.). Wir werden die Entfaltung unserer Leitfrage »Was ist Projektunterricht?« hier um der Übersichtlichkeit und Klarheit willen im wesentlichen auf *ein* Beispiel beziehen (*Scheufele/Heller* 1983, 28ff.):

Kurzbeschreibung des Projektbeispiels
- Klasse 8 einer Hauptschule
- Thema: »Angepaßte Technologie und Dritte Welt«
- Verlauf: Zweiteiliges Projekt mit Bau von Sonnenkollektoren aus einfachsten Materialien und Herstellung eines Videofilms zu den Lebensbedingungen, vor allem zum sozialen Elend, in der Dritten Welt aufgrund einer selbstgespielten Geschichte aus einem Buch. Dabei Integration des Unterrichtes verschiedener Fächer (Geschichte, Physik, Technik, Mathematik). Dauer: ca. ein Viertel Jahr, einige Studenten unterstützten den Klassenlehrer.
- Während des Projektes lief der normale andere Fachunterricht zum großen Teil weiter.

3.3 Was ist Projektunterricht? – Schritte und Merkmale eines Projekts

Erst vor dem Hintergrund der historischen Ursprünge und begrifflichen Abgrenzungen können wir nun die Frage klären, was denn nun Projektunterricht ist, was er leistet und wo seine Grenzen liegen. Dabei werden wir weder Deweys pointierte Äußerung, daß »ein Gramm Erfahrung ... besser als eine Tonne Theorie« sei, vordergründig als Plädoyer für eine vorwiegend manuelle Praxis (miß)verstehen, noch eine Zusammenfassung aller »derzeit diskutierten Forderungen nach einer Erneuerung des Lehrens und Lernens in der Schule« vorlegen, wie *Terhart* (1989, 171) unsere früheren Arbeiten zum Projektunterricht verstanden hat. Auch eine Deutung unserer Konzeption als Merkmalskatalog im Sinne einer beliebig variierbaren »Sammelliste« (Hänsel/Müller 1988, 16) würde zu kurz greifen, denn die im folgenden entwickelte Systematik von Schritten und Merkmalen eines Projektes orientiert sich einmal theoretisch an Deweys »Stufen des Denkvorganges« (*Dewey* 1916, 203 ff.) und an seiner Philosophie des Pragmatismus, wie sie *Schreier* (1986) in seiner aufschlußreichen Quellensammlung und *Hänsel* (1988) in ihrer konsequenten Interpretation Deweys vorgelegt haben. Zum andern wurden die Schritte und Merkmale als Ergebnis einer Analyse von ca. 200 durchgeführten Projektbeispielen entwickelt, wie sie zum größten Teil in der Literatur vorliegen, z.T. aber auch vom Verfasser selbst in Kooperation mit zahlreichen Kollegen und Kolleginnen erprobt wurden.

Trotzdem wäre es eine Illusion, wollte man eine konsistente, in die Praxis bruchlos umsetzbare Theorie erwarten. Projekte bleiben risikoreich, ambivalent, manchmal widersprüchlich. *»Wer ein Projekt beginnt, sollte solche Theorien kennen, sich aber hüten, ihnen sklavisch zu folgen. Das Leben verläuft nicht gradlinig, manchmal in Sprüngen, zumeist überraschend, Projekte auch.«* (*Hänsel/Müller* 1988, 8 f.) – Allerdings: Projektunterricht muß ernstzunehmender Unterricht sein, nicht Spielwiese für frustrierte Schüler und ausgebrannte Lehrer, sonst wird auch diese wichtige Reformbewegung – einer Mode gleich – vergehen.

Schritte und Merkmale eines Projektes

Projektschritt 1:
Eine für den Erwerb von Erfahrungen geeignete, problemhaltige Sachlage auswählen

Dieser Projektschritt läßt sich durch folgende *Merkmale* näher bestimmen.

3.3.1 Merkmal: Situationsbezug

Eine Sachlage oder *»Situation«* (wie *Dewey* 1931, 97 auch sagt) ist in der Regel eine umfassendere, also nicht auf einen *»Fachaspekt«* verengte Aufgabe, ein Problem, das eine Fülle von Aspekten umfaßt. So kann ein Projekt durchaus im Fach Textilarbeit/Werken angesiedelt sein, aber es wird Fragestellungen und Aspekte einschließen, die über das Fach im engeren Sinne hinausgehen. In einer *»Sachlage«* hängen die Dinge so zusammen, wie sie in der Wirklichkeit vorkommen, gleichsam in der *»natürlichen«* Ordnung des Lebens selbst, und nicht in der künstlichen Ordnung von wissenschaftlicher Systematik oder einer Einteilung in Fächer. Die Fragestellung dieser Sachlage wirkt dann gegenüber allen möglichen Stoffgebieten der Fächer *»wie ein Magnet, um sie zu sammeln«* (*Dewey* 1931, 97).
Hierin liegt unter anderem der Grund für das Gefühl vieler Lehrerinnen und Lehrer, bei Projekten fachlich überfordert zu sein. Aber das kann man auch gerade als Ansatz dafür nehmen, gemeinsam mit den Schülerinnen und Schülern lernend an eine Sache heranzugehen. – Der *»Situationsbezug«* muß vom Lehrer oder der Lehrerin sorgfältig daraufhin überprüft werden, ob er für den Erwerb von Erfahrungen geeignet ist, ob er also von den bisherigen Erfahrungen der Schüler nicht zu weit weg ist, andererseits aber auch so neuartig ist, daß er eine echte Herausforderung bedeutet, also ein »echtes« Problem darstellt.
Situationsbezug meint aber auch, daß die Fragestellung des Projektes mit dem wirklichen Leben zu tun hat. *»Wenn wir uns klarmachen wollen, was eine wirkliche Erfahrung, eine lebendige Situation ist, so müssen wir uns an diejenigen Situationen erinnern, die sich außerhalb der Schule darbieten, die im gewöhnlichen Leben Interesse erwecken und zur Betätigung anregen.«* (*Dewey* 1916, 206) Es kommt im Projektunterricht darauf an, das Leben wieder am Leben zu lernen.

Handschriftliche Notizen am oberen Rand:
a) Projektthema (→ Lehrer und Schüler)
b) Der Verlauf des Projekts (Lehrer interpretiert Schülerinteressen + modifiziert den weiteren Verlauf)

3.3.2 Merkmal: Orientierung an den Interessen der Beteiligten

Wenn ein echtes Problem aus der Sachlage erwachsen soll, muß das Projektthema sich an den Interessen der Beteiligten orientieren. Sonst ist das Thema vielleicht für die Lehrerin interessant, geht aber an den Bedürfnissen und Fragen der Schülerinnen und Schüler vorbei. Allerdings sind diese Interessen nicht mit einem Schlag da, zumindest sind sie den Lernenden (es wurde ihnen ja auch durch die Schule weitgehend abgewöhnt) nicht bewußt. Interessen zu wecken, z. B. durch erste Handlungserfahrungen (Ausprobieren, Stutzen, Nicht-weiter-Wissen), durch Filme, Besichtigungen und anderes mehr, gehört deshalb oft mit zum Beginn des Projektprozesses. Auch die Verständigung über die Lehrer- und Schülerinteressen ist notwendig, wäre es doch ein fataler Irrtum zu meinen, alle Projektvorschläge dürften nur von Schülern und Schülerinnen kommen. Und schließlich ist wichtig zu sehen, daß sich Interessen während des Projektprozesses verändern können.

Unterricht ist deshalb auch ein interesse*vermittelnder* Prozeß. Im Wechselspiel zwischen Interpretation der Interessenartikulation der Schüler/innen durch den/die Lehrer/in und Ermöglichen von neuen Erfahrungen (nicht nur verbalen Themen-Vorschlägen) werden Interessen »wach«, weil sie sich in einem zirkulären Zusammenhang von Aktivität und Passivität herausbilden. Schüler/innen können auf diese Weise ihre Interessen zu konkreten Absichten *im* Projektverlauf verdichten.

Orientierung an den Interessen der Beteiligten meint also nicht nur die Projektthemenwahl, sondern den verantwortlichen Umgang mit dem gesamten Erfahrungsprozeß, auf den sich Lehrer und Schüler einlassen.

Projektunterricht enthält gerade auch jenes wichtige Element der *elaborativen Prozesse* bei der Themengestaltung, also im Gegensatz zur bloßen formalisierten Themenwahl gerade den Prozeß der »›Anreicherung‹ der Themen mit subjektiven Bedeutungen ... und allmählichen Strukturierung und Straffung« (*Duncker/Götz* 1984, 55).

In *unserem Beispiel* wurde eine Vermittlung von Schüler/innen-Interessen mit den vorgesehenen Lehrplanthemen durch eine gemeinsame Planungsgruppe realisiert. Die Schüler hatten die Chance, in einem längerfristigen Prozeß Interessen einzubringen, zu modifizieren und neu zu entwickeln. Vor dem konkreten Projektbeginn nahm dann jede/r einzelne Stellung, Einverständnis und Bereitschaft zum Mittragen bis zum Schluß wurden eigens geklärt. Ein verbindlicher »Projektvertrag« war ausgehandelt und geschlossen worden.

Bemerkenswert dabei war vor allem, daß sich die Interessen der Schüler/innen vor allem an den vorgesehenen Handlungsformen entzündeten, z. B. daran, daß ein Film gedreht werden sollte; die inhaltlichen Problemstellungen dagegen wurden eher vom Lehrer eingebracht.

Ein anderes Beispiel: Ein Projekt »Masken« in der Projektwoche einer Hamburger Hauptschule drohte zu scheitern, weil »das Interesse« der Schüler fehlte. Als aber in dem sehr unbefriedigenden Planungsgespräch dann erste Erfahrungen mit Masken ermöglicht wurden (Schüler und Lehrer setzten sich im Gesprächsverlauf wechselnd verschiedene Masken auf: der Nörgler, der Gelangweilte, der Hitzkopf, der Chef, der Streithammel u. a. m., redeten und agierten entsprechend im Raum) gab es nicht nur ein großes Hallo, sondern im auftauchenden Wunsch, weitere Masken herzustellen bzw. Schüler zu schminken, waren Interessen bereits zu ersten Zielen verdichtet.

3.3.3 Merkmal: Gesellschaftliche Praxisrelevanz

Das Merkmal »gesellschaftliche Praxisrelevanz« ist in gewisser Weise ein Korrektiv zur Orientierung an den Schülerinteressen. Wenn Projektunterricht nicht der individuellen oder gruppenweisen Hobbypflege dienen und zur völligen Beliebigkeit verkommen soll, muß sein Gegenstandsbereich eine gesellschaftliche »Relevanz« haben, die sich aus dem Anspruch der Projektmethode ergibt, zur »Höherentwicklung« des Einzelnen und der Gesellschaft beizutragen. Dewey hat an vielen Projekten kritisiert, sie seien »zu trivial, um bildend zu sein« (Dewey 1931, 97). Er setzt der Beliebigkeit von Inhalten das Auswahlkriterium entgegen, »das Leben der Gemeinschaft, der wir angehören, so zu beeinflussen, daß die Zukunft besser wird, als die Vergangenheit war« (Dewey 1916, 255). –
Projekte haben deshalb einen anderen »Ernstcharakter« als manche, der bloßen Stoffvermittlung dienende Unterrichtsstunde; sie greifen bisweilen sogar direkt in lokale Entwicklungen ein, verändern praktisch etwas: Das reicht vom Bau eines Spielplatzes bis zur Gestaltung des Schulhofes als sinnvoller Freizeitmöglichkeit. Projekte haben daher neben dem Lernen der Beteiligten auch oft einen bestimmten Adressatenbezug: Eine Ausstellung zum Thema »Kleidung ohne Kunststoff« z. B. soll Mitschüler/innen gezielt zum Nachdenken über Alternativen zur »Polyester-Kultur« anregen. Sehr hilfreich ist es, bei der Projektarbeit mit zu überlegen, für welchen Adressatenkreis ein Projektergebnis nützlich, anregend, brauchbar oder auch anstoßend/provozierend sein könnte: das Modell einer verkehrsberuhigten Straße für die Stadtverwaltung, die Ausstellung für die Bevölkerung eines Stadtteils, das Theaterstück für gleichaltrige Jugendliche, Rezepte für die Eltern usw.
»Praxis« meint also weder bloß manuelle Betätigung noch allein die handelnde Aneignung von Realität, sondern ist der »Versuch, eine zuvor als mangelhaft erkannte Situation in ihren Defiziten aufzuklären, daraus Handlungsperspektiven zu entwickeln, die in konkrete Handlungspläne umgesetzt werden, um so zu einer konstruktiven Verbesserung der Situation beitragen zu können« (Duncker/Götz 1984, 121).
In jüngster Zeit kommen Initiativen und Bewegungen wie Community Education, »Gestaltung des Schullebens und Öffnung der Schule« (Kultusministerium NRW)

oder »Regionalisierung des Lernens« diesem Merkmal des Projektunterrichts entgegen: Ernstsituationen werden vermittelt, soziale Kontakte entstehen, Realitäts- und Handlungserfahrungen werden ermöglicht, – für Schüler/innen in der Regel sehr motivierend: »Kontakt, Rausgehen, Neuheit, Direktheit, Anschaulichkeit, lokale Spezifik, Kooperations- und Konfrontationsmöglichkeiten; aber auch Schwierigkeiten: Komplexität der Realität, reale Widerstände, Handlungsschwierigkeiten, Theorie-Praxis-Gefälle, Schulleitung und Schulaufsicht.« (*Emer* 1991, 13)

In unserem *Beispiel* ist die gesellschaftliche Praxisrelevanz unmittelbar einsichtig, sie erweist sich zugespitzt in einem exemplarisch vorweggenommenen Stück »bessere Zukunft«. Unmittelbar praktische Bedeutung sollten die Sonnenkollektoren für die Warmwasserbereitung eines kleinen Gartenhauses im Schulgarten bzw. für die Beheizung eines kleinen Gewächshauses gewinnen; der Film sollte ein Beitrag zu einer Friedenswoche sein, beide Projektteile verbanden sich in der öffentlich diskutierten Frage: »Was hat Entwicklungshilfe mit Friedensarbeit zu tun?«

»*Gesellschaftliche Praxisrelevanz*« spiegelt also Deweys Verständnis des Projektunterrichts als Methode der Selbst- und Weltveränderung wider. Das schließt auch die Verbesserung von Schule und Unterricht ein. Projektunterricht hat (als Unterricht!) sich damit auch selbst zum Gegenstand/Ziel. Er beinhaltet darum auch die Reflexion der Frage, inwieweit die Bedingungen des »Normalunterrichts« vom Projektunterricht verändert wurden, ob und wie sich Schüler und Lehrer und ihre Beziehung verändert haben, kurz – ob und wie der Projektprozeß über sich selbst hinaus verändernd in die Schule hineingewirkt hat. Bei Dagmar *Hänsel* wird dieser Aspekt (»Projektunterricht als pädagogisches Experiment«) unter »methodenbezogene(n) Aufgaben« als besondere Dimension hervorgehoben (1988, 37).

Projektschritt 2:
Gemeinsam einen Plan zur Problemlösung entwickeln

Folgende Merkmale charakterisieren diesen Schritt.

3.3.4 Merkmal: Zielgerichtete Projektplanung

Der nächste Schritt im Projektunterricht besteht darin, daß Schüler und Lehrer gemeinsam einen Plan zur Lösung des Problems oder zum Erreichen des Ziels entwickeln. Kilpatrick hat das »*planvolle Handeln*« (neben den Merkmalen »*aus ganzem Herzen*« und »*in einer sozialen Umgebung*«) in den Mittelpunkt seiner bekannten Definition des Projektbegriffes gestellt (*Dewey/Kilpatrick* 1935, 162). Gemeinsames Planen hat für ihn zutiefst mit Demokratie zu tun, ist die beste Vorbereitung auf eine demokratische Gesellschaft und zugleich im Heute wertvoll. – Im Projektunterricht wird also nicht nur »*action*« gemacht, sondern sorgfältig auf Ziele hin geplant: die Abfolge von Arbeitsschritten, die einzelnen Tätigkeiten, die Verteilung von Aufgaben, die Zeit, die Erstellung von Endprodukten, – und: die Auswertung des Projektunterrichts! Oft ist es auch sinnvoll, gleichsam von hinten nach vorne zu planen: vom zu erstellenden Produkt her den Ablauf der notwendigen Arbeitsschritte zu organisieren. Trotzdem: Manches ist nicht planbar, Informationslücken tun sich auf, neue Interessen kommen hinzu, Organisationspannen treten auf usw. – Aber im Plan verdichtet sich der Wille, zum Ziel zu kommen, er ist die Triebfeder des Projektes, seine organisierende Mitte.

3.3.5 Merkmal: Selbstorganisation und Selbstverantwortung

Die Planung wird nicht von der Lehrerin oder vom Lehrer vorgegeben, sondern Schüler und Schülerinnen werden zur Selbstorganisation und Selbstverantwortung ermutigt. Die von Dewey geforderte vorausgehende Planung des Lehrers – auch im Projektunterricht – ist dazu kein Widerspruch! Pointiert hat es J. Bastian als Resümee seiner Projekterfahrungen als Lehrer formuliert: »*Der Lehrer hat die Verantwortung für die Planung der Selbstplanung* (der Schüler, H. G.)« (*Bastian* 1984, 294). Sind die Schüler und Schülerinnen – auch im handelnden Unterricht – allerdings lediglich Ausführende von Arbeitsanweisungen, die ihnen andere geben, so sollte man nicht von Projektunterricht sprechen.

Ein Kurs »Säuglingspflege«, in dem Schülerinnen(!) nach einem von der Lehrerin vorgegebenen Aufbau und Verlauf das Füttern und Wickeln von Säuglingen lernen, ist für das Leben sicher nützlich, – aber kein Projekt. Wie im traditionellen Unterricht werden Zielsetzung, Art und Methode des Lernens durch die Lehrperson festgelegt, obwohl die Schülerinnen sehr aktiv lernen.

Andererseits bedeutet das Merkmal »*Selbstorganisation und Selbstverantwortung*« der Lernenden keinen Laisser-faire-Stil der Lehrenden bei der Durchführung eines Projektes, so daß sich der Lehrer oder die Lehrerin nicht einmal mehr traut, Vorschläge für sinnvolles Arbeiten zu machen oder unfruchtbare Fehlentwicklungen rechtzeitig zu stoppen.

Dabei wird Planung immer offen und revisionsfähig sein müssen. Bildhaft gesprochen gleicht eine solche Planung »weniger der Anlage einer Einbahnstraße, durch welche die von den Schülern zu durchlaufenden Lernwege und die von ihnen zu bewältigenden Lernhürden genau festgelegt werden, sondern eher dem Entwurf einer didaktischen Landkarte. Diese hält, je nach Schüleraktionen, viele Wege offen« (*Messner* 1978, 147). Erfahrungen im Prozeß der Durchführung fließen als neue Planungselemente in die Projektarbeit wieder ein.

In unserem *Beispiel* liegt ein wichtiges Moment der Selbstorganisation u. a. darin, daß nicht *ein* Sonnenkollektor gemeinsam gebaut, sondern mit verschiedenen Materialien, acht Kollektoren in Gruppen hergestellt wurden. Die vielen kleinen, aber oft aufreibenden Probleme im Umgang mit den Materialien »boten immer wieder Anlaß, gemeinsam nach Lösungen zu suchen« (*Scheufele/Heller* 1983, 31). Ebenso beim Film: Die Herstellung der Bühnenbilder, Plakate, Begleitgeräusche etc. durch unterschiedliche Gruppen ließ die Schüler/innen »immer wieder darüber nachdenken, welchen Stellenwert die Teilbeiträge in der gesamten Handlung einnahmen« (ebd. 34). Auch die Pannen bei den Filmaufnahmen forderten die Schüler/innen heraus, selbstverantwortlich nach Verbesserungen zu suchen.

Projektschritt 3:
Sich mit dem Problem handlungsorientiert auseinandersetzen

Folgende Merkmale kennzeichnen diesen Schritt näher.

3.3.6 Merkmal: Einbeziehen vieler Sinne

Nachdem nun eine problemhaltige, lebensweltbezogene Sachlage/Aufgabe gewählt und die Planung unter Einbeziehung der Schülerinteressen, mit besonderer Betonung von Selbstorganisation und Selbstverantwortung der Schüler, erfolgt ist, kommt es darauf an, eine handlungsbezogene Auseinandersetzung mit dem Themenbereich zu erreichen. Im Projektunterricht wird gemeinsam etwas getan, wird praktiziert, gearbeitet usw. unter Einbeziehung des Kopfes, des Gefühls, der Hände, Füße, Augen, Ohren, der Nase, des Mundes und der Zunge – also möglichst vieler Sinne. Die Palette der Handlungsformen ist schier unerschöpflich (*Meyer* 1987, Bd. 2 395 ff.). Statt der üblichen Formen wie Lesen, Schreiben, gelenktes Gespräch usw. werden Gegenstände hergestellt, szenische Darstellungen entwickelt, Kochbücher, Vokabelhilfen, Dokumentationen erstellt, Videos und Filme gedreht, Menschen, Probleme, Meinungen erkundet, öffentliche Aktionen wie Ausstellung, Fest, Versammlung inszeniert, eine Aktion gegen die Milchtüten als Verpackungsmüll gestartet u. v. a. – Geistige und körperliche Arbeit wird »wiedervereinigt«, weil die Suche nach Sachinformation sich aus den Handlungszielen und -notwendigkeiten ergibt. Lernen und Arbeiten, Produktion und Konsumtion, Verstand und Sinnlichkeit, Theorie und Praxis rücken wieder zusammen. Die Wirklichkeit wird nicht nur

»beredet« (Schulkrankheit: »Darüberitis«), sondern handelnd unter Einbeziehung möglichst vieler Sinne erfahren und gestaltet.

Unser *Beispiel* enthält eine Fülle solcher sinnlicher Aktivitäts- und Handlungsformen: neben dem Umschreiben einer Geschichte in ein Drehbuch (Sprachkompetenz!) Tippen, Nähen, Malen, Geräusche imitieren, Kostüme und Requisiten anfertigen, Kamera und Tonband bedienen, spielen, beobachten, werben, diskutieren u. a. m., aber auch Maßstabzeichnen, Konstruieren, Dreiecksberechnungen, Löcher bohren, Schläuche anschließen u. v. a.

Daß dies unmittelbar die Kooperation und die Kommunikation der Handelnden erfordert, liegt auf der Hand. Darum gehört das folgende Merkmal selbstverständlich zum Projektunterricht.

3.3.7 Merkmal: Soziales Lernen

Zusammenarbeit in Gruppen, Koordination der Gruppenarbeiten zu einem Ganzen, Interessenausgleich, Beachtung der gruppendynamischen Ebene usw. sind Faktoren der Projektarbeit, die soziale Lernprozesse erforderlich machen.
Gerade die Verunsicherung durch einen selbst zu entwickelnden organisatorischen Rahmen für unterschiedliche Tätigkeiten der Projektteilnehmer weist auf die Notwendigkeit gegenseitiger *Rücksichtnahme*, aber auch auf die generelle Unverzichtbarkeit von Kooperation beim gemeinsamen Handeln. Die Bezogenheit aller auf eine Sache führt zur *Kommunikation* der Schüler/innen untereinander und mit dem/der Lehrer/in. Interaktionen werden nicht mehr durch die Kommandos vom Lehrerpult gesteuert. *Voneinander* und *miteinander* wird gelernt.
Gleichzeitig wird damit die *Interaktion* zum gleichberechtigten Lernfeld, soziale Ziele und Sachziele können nicht gegeneinander ausgespielt werden, wenn wir nicht nur ein gelungenes Produkt herstellen, sondern auch planungs-, kooperations- und handlungsfähige Schüler/innen erziehen wollen. Damit ist der/die Lehrer/in vor die umfassende Aufgabe gestellt, *demokratische Verkehrsformen* anstelle von traditionellen Unterrichtsritualen (bis hin zur Sitzordnung und zu eigenem Zeitrhythmus) für den Projektunterricht zu ermöglichen.
Viel wird heute von »sozialem Lernen« geredet – im Projektunterricht wird es praktiziert, mit allen Konflikten, Enttäuschungen und Rückschlägen, aber auch als Einübung jener demokratischen Tugenden, die in jedem Lernzielkatalog gefordert, aber im Umgang der Beteiligten oft ad absurdum geführt werden...

Für dieses Merkmal ist in unserem *Beispiel* wichtig, daß Schüler/innen z. B. über die Rollenbesetzungen lange diskutiert und dann selbst entschieden haben, daß Konflikte in einberufenen »Schülerversammlungen« offengelegt oder im Rollenspiel bearbeitet wurden, daß intensive

Kleingruppenarbeit erfolgte und daß die Schüler/innen insgesamt gerade angesichts der Herausforderungen durch die Schwierigkeiten ein Gefühl der Zusammengehörigkeit entwickelten.

Projektschritt 4:
Die erarbeitete Problemlösung an der Wirklichkeit überprüfen

Zur näheren Erläuterung folgende Merkmale.

3.3.8 Merkmal: Produktorientierung

Die Problembearbeitung führt in der Regel zu einem andern Ergebnis als im traditionellen Unterricht, bei dem der mit Stoff angefüllte Schülerkopf (wenn es denn soweit überhaupt kommt ...) am Ende steht. Ein solches »Wissen« reicht oft knapp bis zur nächsten Prüfungsarbeit und spielt dann kaum noch eine Rolle. Am Ende eines Projektes stehen Ergebnisse, die wertvoll, nützlich, wichtig sind, für den einzelnen wie für die Klasse; sie haben »*Gebrauchs- und Mitteilungswert*« (*Dunkker/Götz* 1983, 139). Wenn die Herstellung eines Produktes mit unmittelbarem Gebrauchswert nicht sinnvoll ist, können die Projektteilnehmer ihre Erkenntnisse, Einsichten und Erfahrungen in anderer Form dokumentieren. Wesentlich für den Projektunterricht ist es, daß seine Ergebnisse öffentlich gemacht, d. h. der Kenntnisnahme, Beurteilung und Kritik anderer (Lerngruppen) zugänglich gemacht, kurz: kommunizierbar werden. Die langjährigen Erfahrungen am Oberstufenkolleg Bielefeld haben unter diesem Gesichtspunkt zu folgenden Typengruppen von Produkten geführt (*Emer* u. a. 1991, 43):
1. Aktions- und Kooperationsprodukte (z. B. Podiumsdiskussion oder Mitarbeit in einer außerschulischen Gruppe
2. Vorführungs- und Veranstaltungsprodukte (Theaterstück, Ton-Dia-Schau, Videovorführung)
3. Dokumentationsprodukte (Broschüre, Gutachten, Buch)
4. Ausstellungsprodukte (Stellwände, Wanderausstellungen)
5. Gestaltungsprodukte (Spielplatzgestaltung, Begrünung)
Hilfreich ist auch für die Produktpräsentation die Praxis, an einem regelmäßigen Termin (für Regelschulen könnte man etwa an große Pausen denken), eine Gruppe in Kurzform (20 Minuten) ihr Produkt als Kleinpräsentation vorzustellen zu lassen. Grundsätzlich wird das Produkt nicht mit dem Maßstäben einer willkürlichen Zensurenskala beurteilt, sondern der Vergleich von Ziel, Ergebnis und Präsentation bietet transparente Kriterien, wobei auch der Prozeß der Produkterstellung einbezogen wird.

Eine andere Zusammenfassung möglicher Produktformen schlagen *Duncker/Götz* (1984, 137) in folgender Matrix vor:

	Innere/interne Produkte	Äußere/externe Produkte
Abgeschlossene Produkte	1. Wissen und Fertigkeiten als abrufbares Repertoire, personenunabhängig (Erste-Hilfe-Kurs, Säuglingspflege, Mofa-Führerschein, Tanzen,..)	2. Vorzeigbare Gegenstände und Aktionen (Töpfern, Bastelei, Ausstellung, Aufführung)
Offene Produkte	3. Identitätsfördernde und persönlichkeitsgebundene Erkenntnisse, Einsichten, Fähigkeiten, Einstellungen (Im Rollstuhl, Wehrdienst oder Zivildienst, Amnesty International, Schöpfung am Abgrund: Die Kirche und der Umweltschutz,...)	4. Verbesserung von Situationen, Handelnde Beeinflussung von Arbeits-, Lern- und Lebensbedingungen (Klassenzimmergestaltung, Schulordung, Ausländische Mitschüler in der Stadt)

Produkte führen zugleich dazu, die erarbeitete Problemlösung an der Wirklichkeit zu überprüfen: Haben wir unser Ziel erreicht, haben wir unsere Ausgangsfrage beantwortet, können wir anderen diese Ergebnisse angemessen vermitteln – aber auch: War unsere Problembearbeitung sinnvoller und befriedigender als der »normale Unterricht«? Erinnern wir uns daran, daß der pädagogische Fortschrittsgedanke bei Dewey untrennbar *»mit dem institutionalisierten Erziehungswesen verbunden«* ist (*Schreier* 1986, 74).
Obwohl Produkte oft »handgreiflich« sind, ist dies doch nicht ihr einziges Merkmal; auch tiefgreifende Einstellungsänderungen bei Kindern (z.B. dem Problem der Behinderung oder der atomaren Bedrohung gegenüber) gehören dazu. – Allerdings: Letztlich ist nicht das Produkt entscheidend, sondern die Qualität des Prozesses, der zum Produkt geführt hat.

In unserem *Projektbeispiel* wurde u.a. ein »Hungerspiel« durchgeführt, das die ungerechte Nahrungsverteilung in der Welt buchstäblich »am eigenen Leibe« erfahrbar machte (wenige Schüler bekamen üppig zu essen, der Rest Wasser und ein wenig Brot, das Ganze bei einem echten Frühstück, das wegen der schließlich fließenden Tränen bei den folgenden Auseinandersetzungen abgebrochen wurde). »Eine unheimliche Betroffenheit hatte uns alle erfaßt, sie hatten ... erfahren, was es heißt, solcher Ungerechtigkeit machtlos gegenüber zu stehen.« (33).
Und im Gesamtprojekt waren über die vorzeigbaren Produkte (Sonnenkollektoren, Film) hinaus »Haltungen entstanden, die auf Erfahrung und Handeln beruhen« (38).

3.3.9 Merkmal: Interdisziplinarität

Projektunterricht überschreitet Fächergrenzen, obwohl er auch im Fachunterricht möglich ist. Oft wird gerade das Merkmal der Interdisziplinarität insofern mißverstanden, als diese nur möglich erscheint in einer Projektwoche, in der sämtlicher Fachunterricht ausfällt. Es geht beim interdisziplinären Arbeiten aber darum, ein Problem, eine Aufgabe in ihrem komplexen Lebenszusammenhang zu begreifen und sie sich im *Schnittpunkt verschiedener Fachdisziplinen* vorzustellen. Ob dabei eine Perspektive dominant ist, z. B. in der Zuordnung zu einem Unterrichtsfach, oder ein Thema ohne jede Hierarchie der Fachaspekte – möglicherweise alle denkbaren Fächer übergreifend – angegangen wird, ist ohne wesentliche Bedeutung. Entscheidend ist, daß die verschiedenen Fächer und die Wissenschaften befragt werden, was sie zur Lösung eines Problems jeweils beitragen können.

Bisweilen spiegelt auch die Kooperation verschiedener Fachlehrer/innen in einem Projekt – gar in der Hochform als Team-Teaching – auf der Lehrer/in – Seite die Interdisziplinarität der Arbeitsweise und Fragestellung wider.

Waren also mehrere Fächer und auch Fachkollegen/innen im Projekt*verlauf* integrierbar, so regt ein Projekt nach seinem Abschluß die vertiefte Weiterbearbeitung einzelner Aspekte in ganz verschiedenen Fächern an. In der Regel sind die Schüler und Schülerinnen dazu ganz anders motiviert als ohne das vorhergehende Projekt.

3.3.10 Merkmal: Grenzen des Projektunterrichts

Es mag überraschen, daß »Grenzen« als ein Merkmal der Projektmethode genannt werden. Der Projektunterricht hat dort seine Grenzen, wo andere Unterrichtsformen ihren berechtigten Stellenwert haben. Während der traditionelle Fachunterricht sich bisweilen dünkt, alles vermitteln zu können, sich also für geradezu »grenzenlos« hält, ist der Projektunterricht also bescheidener. Lernen durch eigene Erfahrungen ist gut – die Einordnung der gewonnenen Erkenntnisse und der erworbenen Erfahrungen in den vorhandenen Wissensbestand einer Kultur ist ebenso notwendig wie Üben und Trainieren.

Historisch läßt sich nämlich nachweisen, daß nicht der Projektgedanke, sondern der *Lehrgang* das Entstehen von Schule begründet: »Schule entsteht immer dann, wenn ein umfassender, rational durchgebildeter Lehrgehalt existiert, der nur in methodisch geordneter Weise überliefert werden kann.« (*Geißler* 1969, 165)

Wenn das Lernen in der natürlichen Lebensumwelt nicht mehr ausreicht, um die in einer Kultur gesammelten Erfahrungen, Erkenntnisse und Fertigkeiten zu vermitteln, dann setzt die Übermittlung in Form des systematisch geordneten und methodisch geplanten Unterrichts ein. Insofern ist der Lehrgang letztlich – trotz aller »Entschulungsversuche« – das Kernstück von Schule überhaupt. Der Unterricht muß also das in der Projektarbeit Gelernte auf die Systematik eines Faches, Lernbereichs oder einer Wissenschaft beziehen, wenn er diese Integration nicht den (mit dieser Aufgabe alleingelassenen und folglich völlig überforderten) Schülergehirnen überlassen will. Im Projektunterricht ist grundsätzlich die *Ergänzung durch Elemente des Lehrgangs* sinnvoll, um eigene Erfahrungen in systematische Zusammenhänge einzuordnen, vorliegende »fremde Forschungsergebnisse« mit eigenen Erfahrungen und Erkenntnissen zu vergleichen, ja auch um den Anschluß an den vom Lehrplan vorgesehenen Kanon von Fachinhalten zu halten:

Was haben andere zu meinen Ergebnissen herausgefunden, wo erweitern sie meine subjektiven Erkenntnisse und Erfahrungen, wo zeigen sich Grenzen meiner Ergebnisse, wo sind Kenntnisse anderer wichtig, die meine Erfahrungen korrigieren oder diese in einen systematischen Zusammenhang stellen, der mir selbst vorher gar nicht bewußt war?

Aufgeklärtes Handeln ist angewiesen auf solche grenzüberschreitenden, systematischen Erweiterungen. Insbesondere die Unterrichtsform des *»Lehrganges«* (neben Projekt, thematischer Unterrichtseinheit und Fertigkeitstraining, nach *Klafki* 1985) wird als Ergänzung von Projektlernen unverzichtbar, denn im Lehrgang werden Wissensgebiete unter didaktischen Gesichtspunkten systematisch erschlossen. Meine praktische Erfahrung mit Projekten in mehrjähriger Kooperation mit Lehrern und Lehrerinnen zeigt, daß sich immer wieder die Vertiefung eines Projektthemas durch Elemente des systematisch aufgebauten Lehrgangs als Notwendigkeit ergibt, nicht zuletzt, weil die Schüler und Schülerinnen dies wollen. Zudem ist die Frage, ob alle Lehrplaninhalte (die nun einmal in der Schule von heute unabdingbar sind) über Projektlernen vermittelbar sind, ob z. B. Fremdsprachen oder Mathematik nicht ihrem eigenen, sachlogischen Aufbau folgen müssen und überdies nur bedingt per »Erfahrung« lehrbar sind. Das würde für eine stärkere Verklammerung von Projekt und Lehrgang sprechen – nicht für ein Entweder-Oder.

Konkret erprobt haben wir drei Formen der Integration von systematischer Informationsvermittlung und Projektphase; – immer unter der Prämisse, daß Projekte nicht nur auf »praktisches Handeln«, sondern auf »denkende Erfahrung« (*Dewey*) zielen (*Greiß* 1991):

A) *Vor* dem Projektunterricht werden grundlegende inhaltliche und fachliche Kenntnisse systematisch vermittelt (unter Einsatz aller sonst auch im Unterricht üblichen Medien und Methoden).

Vorteil: Die Schüler können auf einem fachsystematischen Fundament aufbauend ihre weiterführenden Interessen formulieren und bearbeiten.
Nachteil: Dieser Einstieg vernachlässigt die Motivation der Schüler, zunächst einmal – ›unbeeinflußt‹ und den eigenen Interessen folgend – einer selbstgewählten Fragestellung nachzugehen. Er vernachlässigt darüber hinaus die Möglichkeit, daß die Schüler im Verlaufe des Prozesses ihre – oft an Alltagsphänomenen orientierte – Interessen differenzieren und systematisieren.

B) *Während* des Projektunterrichts werden gezielte Instruktionsphasen integriert (z. B. durch Texte, die von *allen* gelesen und diskutiert werden).
Vorteil: Die Informationen können vom Lehrenden gezielt auf entweder inhaltlich vernachlässigte oder methodisch defizitäre Aspekte zugeschnitten werden und zur Korrektur, Vertiefung oder Systematisierung *der* Aspekte des Themenbereichs dienen, die die Schüler eigenständig verfolgen.
Nachteil: Erfahrungen zeigen, daß Schüler, die endlich mal selbständig und oft mit bislang unbekanntem Arbeitseinsatz eine Fragestellung verfolgen, dies als störende Einmischung empfinden; als Zeitverlust, der sie daran hindert, endlich an das selbstgesetzte Ziel (Produkt) zu gelangen.
Selbst dann, wenn vorher gemeinsame Instruktions- bzw. Lehrgangseinheiten vereinbart wurden, kann dieser Effekt auftreten.

C) *Nach* dem Projektunterricht wird in anderen Unterrichtsformen auf der Basis dessen, was die Schüler erarbeitet haben, ergänzt, verknüpft und vertieft (z. B. durch eine thematisch verwandte Unterrichtseinheit).
Vorteil: Wie in Modell B is eine *gezielte* Nacharbeit möglich. Der Lehrer kann aus *seiner* Perspektive die Aspekte des Problemfeldes herausarbeiten, die durch den Projektunterricht nicht erreicht wurden. In historisch/politischen Projekten z. B. neigen Schüler aller Altersstufen zu einem Ansatz, der zunächst von Alltagsphänomenen ausgeht. Das im Projektunterricht erarbeitete Wissen dringt dabei nicht immer in historisch-analytische Bereiche vor, läßt manchmal politische Aspekte außen vor: eine Abwehrhaltung, die aus dem traditionellen Fachunterricht erwachsen ist und erst allmählich abgebaut werden kann. Nacharbeit auf der Basis einer hohen Identifikation mit dem Thema macht allerdings Erkenntnisse möglich, die mit lehrerzentriertem Unterricht allein kaum errreichbar sind.
Nachteil: Es kann bei den Schülern der Eindruck entstehen, daß erst jetzt das eigentliche ›Lernen‹ beginnt und der Lehrer jetzt doch ›durchzieht‹, was er *eigentlich* für wichtig hält.
Dieser Nachteil muß ausgehalten werden, hat etwas mit der fordernden, der unange-

nehmen Seite der Lehrerrolle zu tun, kann aber aufgefangen werden, wenn auch in diese Unterrichtsphase Projektelemente wie Gruppenarbeit und Schülermitplanung integriert werden.

Es wäre naiv, auch andere Grenzen des Projektunterrichts nicht zu sehen: Schüler/innen laufen Gefahr, sich *einseitig zu spezialisieren*, wenn sie immer nur die ihren Neigungen entsprechenden Tätigkeiten in einem Projekt übernehmen. Es ist auch schwer festzustellen, was – angesichts des Leistungsmessungskriteriums »Produktqualität« – der/die *einzelne* Schüler/in im Projekt wirklich gelernt hat; Schüler/innen können durchaus am Erhalt des *»Tauschwert-Charakters«* schulischen Lernens interessiert sein, z. B. durch das Bestreben, gute Noten zu erhalten, wobei die Inhalte relativ beliebig sind. Schülerinteresse kann es durchaus sein, eine möglichst hohe formelle Abschlußqualifikation höher zu bewerten als Formen selbstbestimmten Lernens.

3.4 Methodische Realisierung des Projektunterrichts

3.4.1 Planung der Projektarbeit

Mit der Planung – das zeigen alle Erfahrungen im Projektunterricht – steht und fällt das gesamte Unternehmen. Zur Planungsphase gibt es inzwischen sehr differenzierte und praxisnahe Literatur (z. B. *Frey* 1990, 104ff., vor allem *Bastian*, 1989, 72–75, *Kratz* 1995), so daß ich mich hier auf die unverzichtbaren Kernpunkte beschränken kann.

Zur Planung eines Projektes gehören drei zentrale Planungsprozesse:
1. *die Einführung der neuen Unterrichtsform in der Klasse*
2. *die vorbereitende Projektplanung des Lehrers oder der Lehrerin*
3. *die kooperative Planungsphase mit der Klasse*

Darüber hinaus könnte man noch die permanente Revision der Eingangsplanung während des Projektprozesses nennen, die im Projektunterricht als *»offener Lernform«* unverzichtbar ist.

Zu 1.: Projektunterricht muß als eine *»neue« Unterrichtsform sorgfältig eingeführt werden*. Zunächst einmal bestehen nämlich die lange eingespielten Mechanismen zwischen den Personen weiter, die auch im traditionellen Unterricht miteinander gearbeitet haben: Lehrer geben Anordnungen – Schüler führen sie aus; Lehrer setzen

Inhalte – Schüler machen sich keine Gedanken; Lehrer geben die Methoden vor – Schüler »lernen« entsprechend. Im Projektunterricht soll nun alles plötzlich ganz anders sein!? – Das muß scheitern, wenn nicht vor der Projektarbeit ein gemeinsames Sich-vertraut-Machen mit Merkmalen und Arbeitsformen dieser besonderen Unterrichtsform steht. – Vor allem für die Lehrerin und den Lehrer selbst ist eine Klärung der eigenen Einstellung wichtig: Wieweit bin ich bereit, mich dieser neuen Unterrichtsform wirklich zu stellen, z. B. mein traditionelles Planungsmonopol aufzugeben; bin ich selbst bereit, mich zu verändern durch den Projektprozeß?

Methodisch kann die Einführung der neuen Unterrichtsform z. B. so geschehen, daß die Lehrerin einen Brief an die Klasse schreibt, in dem die Veränderungen des Unterrichts vorgeschlagen werden, zu dem jede/r Stellung nimmt und der dann diskutiert wird. – Oder man inszeniert ein Rollenspiel zwischen Gegnern und Befürwortern der Projektmethode (z. B. als simulierte Lehrerkonferenz). – Schließlich kann man auch auf Karteikarten Kritik am herkömmlichen Unterricht sammeln, diese mit Hilfe einer Wandzeitung ordnen und in Veränderungsvorschläge umformulieren. Ziel ist es, daß Lehrer und Schüler ein gemeinsames Verständnis der neuen Unterrichtsform entwickeln. – Außerordentlich hilfreich ist es, wenn bestimmte Techniken und Arbeitsformen (wie z. B. Dokumentieren von Arbeitsprozessen, Protokollieren, selbständiges Entscheiden, Gruppenarbeit usw. – vgl. *Klippert* 1994) schon vorher im Fachunterricht eingeübt worden sind. Diese Perspektive der langfristigen Einübung einzelner Elemente, ohne die Projektunterricht nur schwer gelingt, wird oft übersehen!

Zu 2.: Die Lehrenden fertigen unabhängig von den Schülern und Schülerinnen zunächst einmal für sich eine *Projektskizze* an. Sie ist unabdingbar, um den Projektrahmen »im Hinterkopf« zu behalten, falls das Projekt anders als geplant verläuft. Im Unterschied zu *Frey* (1990, 79) und in Übereinstimmung mit der Praxis der Projektskizze im Oberstufenkolleg Bielefeld (*Emer* u. a. 1991, 38) zeigen unsere Erfahrungen:

a) Vorüberlegungen des Lehrers und der Lehrerin zu einem gemeinsamen Projekt mit Schülern und Schülerinnen sind notwendig; Vorplanung des Lehrers und Selbständigkeit der Schüler sind kein Widerspruch, wenn die Vorplanung geschmeidig genug ist, sich den Interessen der Schüler/innen anzupassen. Wer nämlich selbst keine Vorstellung davon hat, was in einem Projekt passieren soll, was hier zu lernen ist und welche Sachansprüche mit einer Fragestellung oder einem Vorhaben verbunden sind, der wird schnell und leicht Opfer einer falschen Spontaneitätsideologie. Übrigens: Auch im Projektunterricht wird der Lehrer und die Lehrerin für *Unterrichtstätigkeit* bezahlt ...

b) Vorüberlegungen sollten in Form einer *Projektskizze* konkretisiert werden. Eine Stunde Schreibtischarbeit erspart dabei manche Stunde frustrierenden Leerlaufs in der Projektdurchführung. Natürlich können Sackgassenerfahrungen sehr nützlich sein, regen sie doch zur Suche nach produktiveren Möglichkeiten an, – aber wer vom Ziel nicht weiß, kann den Weg nicht finden ... Das gilt allemal auch für die Vorplanung von Projekten.

c) Eine Projektskizze des Lehrers und der Lehrerin enthält Überlegungen zu mindestens *sechs Punkten*:

1. In welcher *Klasse / Lerngruppe* soll das Projekt laufen? Was ist überhaupt unser Rahmenthema?
Beispiel: Klasse 10b – Thema: Die sechziger Jahre

2. Wie sieht der *organisatorische Rahmen* aus?
Beispiel: 25 Stunden Deutsch vom 3.3.–7.4.90, 8 Stunden Kunstunterricht, Kooperation mit der Kunstkollegin Schulte, ein Projekttag von 4 Stunden am 17.3.

3. Was sagt der *Lehrplan* zu unserem Projektthema?
Beispiel Deutsch: Sprache und Medien; die Gesellschaft in der Literatur – die Literatur in der Gesellschaft. Beispiel Kunst: Erfahrungen mit der Dingwelt – Design, Möbel, Gebrauchsgegenstände, Mode...
Jede/r Lehrende muß sich vergewissern, ob und ggf. welche Lehrplaninhalte vom Projekt abgedeckt werden – spätestens dann, wenn der Schulleiter oder Eltern besorgt nachfragen, ob denn auch im Projekt »ordentlicher Unterricht« stattfindet!

4. Eine *Ideensammlung* schließt sich an:
– zu möglichen und zu unverzichtbaren Inhalten / Themen,
– zu möglichen Handlungsformen,
– zu den benötigten Materialien, Medien und zu möglichen außerschulischen Lernorten. Sehr oft sind Schüler und Schülerinnen angewiesen auf Hinweise und Vorschläge, wie man etwas herausbekommen kann, was kurzfristig zu beschaffen ist, was länger dauert, oder auch auf Material, das der Lehrer oder die Lehrerin bereitstellt.

5. Eine kurze *organisatorische Ablaufskizze* – je nach graphischer Begabung des einzelnen – ist äußerlich hilfreich: Phasen des Projektes (z.B. Planung, Erkundung, Auswertung, Präsentation, Reflexion des Projektes). Auch Überlegungen zur Leistungsbewertung sind nötig, ebenso wie das Nachdenken über mögliche Vertiefungen im anschließenden Fachunterricht oder in neuen Projekten.

6. Start für die *»Kooperative Projektplanung«* mit Schülern.

Anleitung zur Projektskizze

1. *Klasse:* .... / *Rahmenthema:* ....
2. *Organisatorischer Rahmen:* Fachstunden, Fachkollegen, Dauer .....
3. *Lehrplanvergleich, Stoffverteilungsplan* (welche fachlichen Aspekte können abgedeckt werden?) ......
4. *Eigene Ideensammlung:*

Inhaltliche Ideen		Handlungs formen		Materialien, Medien außerschulische Lernorte	
möglich	unver- zichtbar	erwünscht	dringend	kurzfristig beschaffbar	längerfristig organisieren

5. *Kurzer Ablaufplan:*
   # Daten, Stunden
   # Phasen (z. B. Planungs-, Erkundungs-, Auswertungs-, Präsentations- phase)
   # Pufferzeiten (für Informationsschleifen = gezielte Info-Blöcke bei Schwierigkeiten)
   # Auswertung/Reflexion des Projektes mit den Schülern einplanen
   # Anschlußmöglichkeiten im Fachunterricht oder in neuen Projekten überlegen
   # Klare Kriterien für Leistungsbewertung angeben

6. *Wieweit entspricht meine Projektskizze den Schritten und Merkmalen eines Projektes?* (»Checkliste«)

7. *Kooperative Projektplanung* mit den Schülern beginnen (siehe Anleitung)

Zu 3.: Die Koordinierung von thematischen Aspekten des Projektes und Interessen der Schüler und Schülerinnen erfolgt in einer *kooperativen Planungsphase*. Sinnvoll sind dabei vier Schritte:

3.1 In Kleingruppen assoziieren die Schüler zunächst einmal alles, was sie an Vorwissen zum Thema und an Interessen dazu haben (bzw. sie sammeln Vorschläge über ein Rahmenthema eines zu planenden Projektes, über die dann in der Klasse, z. B. mit dem Klebepunktverfahren abgestimmt wird). – Die Schüler und Schülerinnen fertigen in Gruppen Wandzeitungen an, die auch schon erste Handlungsideen enthalten können. Hilfreich ist eine *Mind-Map* (genauere Beschreibung in PÄDAGOGIK H.10/1994, 22ff.): Alle zu einem Thema gehörenden Aspekte werden zusammengetragen und in einer einfachen Form festgehalten. In der Mitte steht die Frage/das Thema, von diesem aus werden Hauptäste gezogen, an die sich Unterthemen und Fragestellungen anbauen lassen (vgl. Abb. 2). So entsteht auf relativ schnelle und für alle überschaubare Weise eine Übersicht über das Thema.

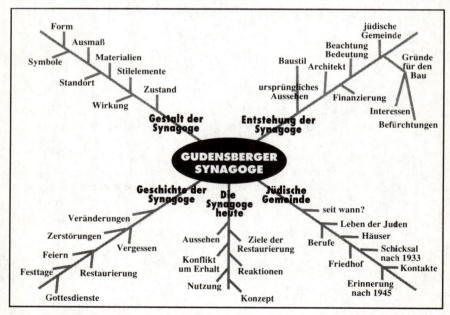

Abb. 2: Inhaltliche Ideen zum Thema als Mind-Map
(aus: PÄDAGOGIK H. 12/1995, S. 18)

3.2 Anschließend faßt der Lehrer/die Lehrerin (evtl. unter Beteiligung interessierter Schüler oder Schülerinnen) diese Schülerassoziationen und -ideen zu thematisch tragfähigen und bearbeitbaren Themengruppen zusammen, wobei besonders projektbezogene, handlungsorientierte Arbeitsweisen berücksichtigt werden. Diese Themengruppen werden der Klasse bekanntgegeben, was bisweilen auch zum Unmut über »herausgefallene« Aspekte führt.

3.3 Anschließend ordnen sich die Schüler und Schülerinnen den Themengruppen zu. Das klingt einfach – aber die Tücke steckt im Detail. Erfahrungsgemäß sind maximal 5 Themenaspekte arbeitsteilig bearbeitbar; das Herausfiltern von nicht »machbaren« Themen und eine Umorientierung bei »Riesengruppen« sind also unvermeidbar. Zweifellos eine sensible Phase – aber ohne Tauschen von Gruppen, Verschieben von Aspekten auf Anschlußphasen, Aushandeln und Nachgeben, Durchstehen von Konflikten und Einstecken von Enttäuschungen geht es nicht, auch im Projektunterricht ...

3.4 Die Planung der Arbeitsprozesse in den Kleingruppen und die Koordination der Kleingruppenvorhaben zu einem abschließenden Gesamtzusammenhang (z. B. Ausstellung o. ä.) beenden vorläufig die kooperative Planungsphase. Hilfreich sind dabei eine *Zeitleiste in Großformat* im Klassenraum, Materialpakete mit Grundlageninformationen und Einzelinformationen zu verschiedenen Aspekten, intensive Beratungsgespräche, schriftliche Planungsvorschläge der Gruppen, die vom Lehrer durchgesehen und kommentiert zurückgegeben werden.

Auf jeden Fall sollte die Lehrerin oder der Lehrer spätestens zu diesem Zeitpunkt das Thema Leistungsbewertung anschneiden. Obwohl diese Problematik im Projektunterricht nach wie vor ungeklärt ist, sind vorläufige Hilfen doch (sofern nicht auf eine Benotung gänzlich verzichtet werden kann): klare Erwartungen an die Produkte der Gruppenarbeit formulieren, von den Schülern und Schülerinnen einen bewertbaren Arbeitsprozeßbericht verlangen und vielleicht auch eine Gruppendiskussion zu den Einzel- oder Gruppenleistungen ankündigen. (Siehe auch Beendigung/Auswertung, 3.4.3)

Beispiel
Ein praktikables Beispiel für eine solche oben beschriebene kooperative Planungsphase hat D. *Vaupel* (1995, S. 20) entwickelt:
»Vom Mind-Mapping zur thematischen Landkarte.
Ein Beispiel, bei dem wir das Thema mit Hilfe von Mind-Maps strukturiert und daraus eine thematische Landkarte entwickelt haben, möchte ich im folgenden vorstellen. Eine 10. Gymnasialklasse der kooperativen Gesamtschule Gudensberg hat sich entschieden, im Rahmen des Gesellschaftslehreunterrichts ein Unterrichtspro-

ANLEITUNG ZUR KOOPERATIVEN PROJEKTPLANUNG
(eine Zusammenfassung in Stichworten)

1. **Vor Beginn eines Projektunterrichts:**
1.1 Überprüfung der Voraussetzungen: *Eigene* Veränderungs- und Lernbereitschaft? Voraussetzungen der Schüler(innen)?
1.2 Projektvorplanung des/der Lehrers/in, inhaltlich und organisatorisch – PROJEKTSKIZZE
1.3 Vorinformation der Klasse über »Projektunterricht«
1.4 Sachinformationsphase zum Thema oder Verzicht darauf
2. **Der Planungsprozeß in der Gesamtklasse**
2.1 *Ideensammlungs- und Assoziationsphase*
in Kleingruppen, jeweils Wandzeitung oder Karteikarten
(Inhaltlicher Lernbestand? Interessen? Arbeitsmethodische Fähigkeiten?)
2.2 *Thematische Schwerpunkte bilden*
Lehrer/in ordnet (evtl. mit Schülergruppe gemeinsam) die Karten bzw. Ideen nach tragfähigen Schwerpunkten
▶ Themen wegfallen lassen – Hilfe: Klebepunktverfahren
▶ Themen verschieben
In der Regel: Nicht mehr als fünf Themenschwerpunkte bilden!
2.3 *Schülergruppen/Projektarbeitsgruppen bilden*
Hilfe: Erstwahl und Zweitwahl mit Namen auf Karteikarten notieren lassen, Gruppen entsprechend zusammensetzen, auf ähnlich große Gruppen achten
Variante zu 2.1–2.3: Erst eine Entscheidung über ein gemeinsames Produkt treffen, dazu thematische Aspekte entwickeln und dann die nötigen Arbeitsgruppen bilden (Beispiel: Theaterstück mit entsprechenden »Zuständigkeiten«, also Bühnenbild, Technik, Spielergruppe, Plakatwerbung usw.)
3. **Gruppenplanung**
3.1 *Zeitrahmen bekanntgeben*
3.2 *Ziel, genaue Fragestellung, Produkt festlegen*
(»Was soll am Ende stehen, was wollen wir erreichen?«)
3.3 *Gruppenarbeitspläne entwickeln* – Intensive Beratung nötig, Materialpakete bereitstellen.
– Auf schriftliche Fassung achten
4. **Planungen im Klassenplenum vorstellen**
4.1 *Vortragen, Rückmeldungen, Änderungen* – Evtl. hat der/die Lehrer/in die Planungen vorher durchgesehen und kommentiert/korrigiert
4.2 *Gesamtplanung der Klasse* (Wandzeitung) mit Phasen, Terminen, Aktivitäten usw. aufhängen z. B.

	Mo. 14. 5	Mi. 16.5	Mo 21.5
Gr. 1			
Gr. 2			
Gr. 3			
⋮			

4.3 *Produktpräsentation klären* Organisation, Termine, Räume usw.
5. **Regelmäßige Koordinationsgespräche in der Gesamtklasse im Projektverlauf**

(Nach *Bastian/Gudjons* 1990, 256)

jekt zum Thema »Gudensberger Synagoge« durchzuführen. Zunächst werden in einer vorbereitenden Phase möglichst viele Informationen zum Thema gesammelt. Nach Abschluß dieser Sammelphase, in der die Schüler(innen) bereits darüber nachgedacht haben, welche Vorschläge sie in die Planung einbringen wollen, wird in einer gemeinsamen Planungsphase eine Mind-Map im Klassenplenum entwickelt. Fünf Schwerpunkte werden von den Schülern in kurzer Zeit benannt: Gestalt der Synagoge, Entstehung der Synagoge, Geschichte der Synagoge, jüdische Gemeinde, heutige Situation der Synagoge. Jedem dieser Themen werden Untergliederungspunkte auf Zuruf zugeordnet, so daß bereits nach einer Unterrichtsstunde die Gesamtthematik klar und überschaubar strukturiert ist. Die Schüler(innen) haben den Gesamtzusammenhang dessen, was sie bearbeiten wollen, übersichtlich im Blick (Abbildung 2) und können sich nun einer der fünf Arbeitsgruppen zuordnen.

In einem nächsten Schritt werden Ideen zum Vorgehen gesammelt; auch dies geschieht in Form einer Mind-Map. Die Strukturierung der Arbeitsformen ergibt die folgenden Vorschläge: Spurensuche vor Ort, Museen/Gedenkstätten besichtigen, Zeitzeugen und Experten befragen, Archivalien und veröffentlichte Materialien untersuchen. Auch diese Vorschläge werden ausdifferenziert und in Form einer Mind-Map gestaltet ...

Auf dieser Grundlage formuliert jede Teilgruppe die Ziele ihrer Arbeit. Die Stichworte der Mind-Maps werden in Schlüsselfragen umformuliert, die Untergliederungspunkte zugeordnet, und so entsteht die eigentliche thematische Landkarte, die in vergrößerter Form in der Klasse ausgehängt wird ...

Die thematische Landkarte ist jedoch nicht nur eine Strukturierungshilfe im Planungsprozeß; sie hat auch im Verlauf der weiteren Arbeit eine strukturierende Funktion. In zwischengeschalteten Reflexionsphasen, in denen die Gruppen über den Stand der Arbeit berichten und Ideen an andere Gruppen weitergeben, werden diese Anregungen und Differenzierungen in den aushängenden Plan aufgenommen. Während der Auswertung und der Präsentation der Arbeitsergebnisse können sich die Schüler/innen an dieser Übersicht orientieren und die Vorstellung der Ergebnisse zum Beispiel durch Verweise strukturieren.«

3.4.2 Durchführung

Planung und Realisierung können fließend ineinander übergehen. Während der Durchführung sind organisatorische Schaltstellen des Ablaufes wichtig, damit Überblick und Koordination der Beteiligung gewährleistet sind:

Fixpunkte
Sie können entweder vorher eingeplant oder im Ablauf eingeschoben werden. Ein paar Minuten oder länger werden die Aktivitäten unterbrochen, die Teilnehmer/innen ziehen kurz Zwischenbilanz und informieren sich gegenseitig. Abstimmungen (Koordination), Varianten, Entscheidungen, neue Ideen, Hilfen bei Problemen etc. können besprochen werden; aber auch Hektik und blinde »action« lassen sich durch regelmäßige Fixpunkte vermeiden. – Über solche organisatorischen Fixpunkte hinaus muß die Kommunikation bei der Sacharbeit als besondere Möglichkeit der Erfahrungserweiterung im Projektunterricht betrachtet werden, wobei der Aspekt der Beziehungen, des verbalen/nicht-verbalen Umgangs miteinander (kommunikative Ebene) und den Tätigkeiten im Rahmen des Themas (Sachebene) von Frey zusammengeführt werden im Begriff der

Metainteraktion
Weil im Projektunterricht die informellen Strukturen der Beziehungen stärker zum Tragen kommen, ist die Möglichkeit für Spannungen, Streit, Ausgrenzung von Außenseitern, Konkurrenz untereinander, Störungen durch unkooperatives Verhalten einzelner, Gruppenegoismus etc. viel größer. Affekte und Gefühle sollen aber nicht zugunsten des Produktzwanges unterdrückt werden, sondern Gegenstand gesonderter Gespräche, u. U. Rollenspiele zur Konfliktlösung, sein. Diese »Interaktion *über* die Interaktionsprozesse« wird Metainteraktion genannt. Bei *Konflikten* – wohl der häufigsten Störung – hat sich als Lösungshilfe folgender *Dreischritt* bewährt:

– Worum geht es in diesem Konflikt? (Eruieren und Sortieren)
– Wie erklären sich die Betroffenen Zustandekommen und Verlauf des Konfliktes? (Subjektive Bedeutungen feststellen, bevor eine Lösung gesucht wird; latente *Hintergrund*bedürfnisse herausfinden: »Eigentlich habe ich gar nichts gegen Peter, ich wollte nur gerne mit Sabine zusammenarbeiten.«)
– Wie müssen wir (als Fazit von 1. + 2.) mit dem Konflikt umgehen? (Lösen mit Hilfe von Durchsprechen, Ideensammlung für Veränderungen; Verkleinern mit Hilfe der Beseitigung der größten Probleme, mit dem Konflikt leben, ihn durchstehen und austragen.)

Auch ein *Wechsel verschiedener Gruppierungsformen* in der Realisierungsphase ist sinnvoll: Einzelarbeit, Partnerarbeit, Kleingruppe und Plenum sollten flexibel wechseln. Bei Projektwochen einer ganzen Schule sind weitere Gruppierungen nötig: z. B. Projektrat (als Organisationskomitee, »Feuerwehr« u. a. m.), Begegnungen zwischen Projektgruppen, seltener die schulische Vollversammlung.
Schließlich sind die *Formen der Bearbeitung* von Projektinhalten während der Realisierung zentral für die Qualität des Projektunterrichtes. Modellhaft (über-)

pointiert haben *Duncker/Götz* (1984, 99 ff.) verschiedene *Formen der Auseinandersetzung mit der Wirklichkeit* gegenübergestellt.

- Bei der Beschaffung, Auswertung und Präsentation von Informationen: Nicht »*Briefmarkensammeln*«, sondern »*Journalismus*«. Beim Modell des Briefmarkensammelns wird nach dem Prinzip vorgegangen: Sammeln – Ordnen- Ausstellen, – auf der Oberfläche, oft als Sammelsurium. Der Journalist dagegen sammelt auch, aber er deckt Hintergründe auf, forscht nach und dokumentiert engagiert, adressatengerecht und motivierend.
- Beim Umgang z. B. mit Gegenständen, gestalteten Orten usw.: Nicht »*Flohmarktbummel*«, sondern »*Archäologie*«. Beim Prinzip des Flohmarktbummels spricht nur der oberflächliche Reiz einer Sache, man bleibt – auch bei Erkundungen, Besichtigungen, Exkursionen – dann auf dem Niveau der Besichtigung von Kuriositäten. Ein Archäologe spürt den kulturellen Bedeutungen von verwendeten Gegenständen nach, oft mühsam und fast kriminalistisch, er rekonstruiert die Schichten sich überlagernder kultureller Bedeutungen z. B. von gestalteten Orten und Gebäuden.
- Bei der Erzeugung ästhetischer Wirkungen: Statt »*Schaufensterdekoration/Modenschau*« – »*Experimentier-Theater*«. Nicht Show-Effekt und Schokoladenseiten dürfen Projektprodukte bestimmen, sondern Einarbeitung und Offenlegen der Schwierigkeiten und offenen Fragen, nicht Beifall, sondern selbstkritische Besinnung, Aufklärung und Provokation.
- Bei moralisch-politischen Werturteilen: Statt »*Stammtischgesprächen*« als Austausch vorgefertigter, nicht überprüfungsbedürftiger Meinungen das Modell der »*Kirchentagsdiskussion*« als Beispiel für kontroverse, argumentative diskursive Auseinandersetzungen.
- Bei der Verbesserung von Situationen: Nicht »*Sandkastenspiel*«, sondern »*Bürgerinitiative*«; wobei Simulationen in spielerischer Distanz durchaus sinnvoll sind. Aber das Modell der Bürgerinitiative hat Ernstcharakter, bleibt nicht am grünen Tisch, erfordert Verantwortung für die Folgen von Handlungen. So gewinnen Schüler/innen eine Vorstellung von der Machbarkeit von Reformen und den Möglichkeiten, eigene Interessen zu artikulieren und selbstorganisiert Einfluß zu nehmen.
- Schließlich bei der Integration handwerklich-praktischer Arbeit: Statt »*Weihnachtsbasteln*« mit äußerlich rühriger, inhaltlich jedoch wenig anspruchsvoller Tätigkeit, »*Erfinderwerkstatt*«, die keine rezeptartigen Anwendungen enthält, dafür aber originelle, kreative Arbeit anstrebt.

Natürlich fällt bei dieser starken Polarisierung manche Nuance unter den Tisch, aber die Gesamtrichtung zeigt einmal mehr, daß auch die Tätigkeitsformen im Projekt qualitativen Ansprüchen genügen müssen, wenn Projektarbeit als Unterrichtsform ernstgenommen werden will.

3.4.3 Beendigung, Leistungsbeurteilung, Auswertung

Bei der Projekt*woche* steht in der Regel ein Tag der offenen Tür, ein Fest o. ä. am Ende, wobei Projektergebnisse der *Öffentlichkeit* präsentiert werden in Form von Ausstellungen, Aufführungen etc. (bewußter Abschluß). Die Beendigung unterrichtsbezogener Projekte dagegen erfolgt in der Regel eher als Präsentation der Arbeitsergebnisse. Solche Präsentationen müssen sorgfältig vorbereitet werden, weil sie Teil des Lernprozesses *im* Projekt sind.

Die übliche Praxis im traditionellen Unterricht ist leider: Viele schriftlich formulierte Arbeitsergebnisse von Schülern und Schülerinnen verschwinden in irgendwelchen Mappen, die andere weder beachten, wahrnehmen, geschweige denn lesen. Ganz anders im Projektunterricht: Hier geht es von vornherein darum, Ergebnisse zu produzieren, die über den eigenen Wissenszuwachs hinaus auch Mitteilungswert für andere haben. Das Aufklären anderer über die eigenen Arbeitsprozesse und -ergebnisse, aber auch die Art und Weise der Vermittlung selbst machen den Unterricht zu einem kommunikativen Prozeß. Bei vielen schulischen Lernprozessen fehlt nämlich der Eindruck: »Mein oder unser Arbeitsprodukt wird von andern Mitschülerinnen und Mitschülern gesehen, zur Kenntnis genommen, beachtet und – gerade auch bei kritischen Rückfragen – wertgeschätzt.« Das ist ein nicht zu unterschätzender Ansporn beim Lernen.

Möglichkeiten der Präsentation:
a) Die einzelnen Gruppen können – das wäre eine einfache Form – ihre schriftlichen Arbeitsergebnisse an Pinnwänden *aushängen*, damit andere sie lesen können. Die Vorteile der gezielten Präsentation aber wären damit nicht ausgenutzt.
b) Sinnvoller ist die bewußte Gestaltung der Pinnwände zu den Themen der Gruppen: Mit Hilfe von graphisch gut überlegten und sorgfältig gestalteten *Plakaten* werden die zentralen Ergebnisse visualisiert, Text, Bilder, Tabellen und andere Materialien können dabei kombiniert werden.
c) Beim *mündlichen Vortragen* können Schritt für Schritt (gut lesbare!) Karten mit entsprechenden Schlüsselbegriffen, Fragestellungen und Aspekten auf Pinnwände geheftet werden, Wolken markieren Leitfragen, verschiedene Farben unterschiedliche Wichtigkeiten – das ganze Repertoir der Visualisierung kann ausgeschöpft werden. Wichtig ist dabei, daß die verbale Darstellung sich genau auf die optische Darbietung an der Pinnwand bezieht. Andernfalls werden die Zuhörenden durch abweichende mündliche Formulierungen abgelenkt. Auch sollte der Präsentator seine Hand an die Stelle der Pinnwand legen (z. B. neben eine Karte), die er gerade erklärt. So wird die Aufnahme durch zwei Informationskanäle (Auge und Ohr) optimal genutzt. Hilfreich ist auch ein kleiner Spickzettel in der Hand des Präsentators und – schon sehr professionell – der Blickkontakt zu den Hörern. All das kann man mit Schülern und Schülerinnen durchaus üben.

Eine computergestützte Darstellung von Informationen auf einer Großleinwand oder einem Großbildschirm (es gibt hier die Kombination mit dem Overhead-

Projektor) wird die technischen Möglichkeiten in der Schule übersteigen. Aber sie wird kommen ...

d) Man kann die Ergebnisse der *Klasse* präsentieren, aber auch die *Parallelklasse* einladen (sehr reizvoll!), man kann eine kleine Ausstellung im *Schulfoyer* machen oder zu einem gesellschaftspolitisch interessanten Thema auch eine Ausstellung im *Rathaus* machen. Eine Grundschulklasse (!) hat dies mit großem Erfolg durchgeführt zum Thema: »Stoppt die Verschmutzung unseres Dorfbaches!« (*Neuland* 1995). Je weiter die Präsentation besonders in den Sekundarstufen den herkömmlichen langweiligen Referatestil hinter sich läßt, desto mehr steigt die Motivation der Schüler und Schülerinnen, »sich ins Zeug zu legen«.

e) Zur *äußeren Gestaltung* ist empfehlenswert, Pinnwände vorne aufzustellen und die Schüler und Schülerinnen nach Möglichkeit in einem Halbkreis (notfalls in zweien) zu gruppieren. Die Zeitdauer muß der Gruppe vorher bekannt sein, mehrere längere Präsentationen sollten auf verschiedene Stunden verteilt werden.

Ein großer Vorteil dieser äußerlich scheinenden Techniken in der Präsentation liegt darin, daß sie zu gedanklicher Klarheit zwingen: Brüche in der Argumentation, Lücken im Wissen, Widersprüche und Unklarheiten werden bei der Umsetzung in visuelle Gestaltungsmittel schnell deutlich und nötigen zum nochmaligen Durchdenken eines Sachverhaltes. Dahinter steht ein bekanntes Gesetz der kognitiven Psychologie, insbesondere der Psychologie der Informationsverarbeitung: Die optische Strukturierung eines Problems reduziert die Fülle möglicher Aspekte auf ein Minimum zentraler Parameter, das Auge beginnt, gleichsam problemstrukturierend »mitzudenken«. Oft fallen erst bei diesem Schritt fehlende Verbindungsstücke, Leerstellen und Inkonsistenzen auf. Außerdem erhöht die Visualisierung bekanntlich das Einprägen und Merken von Informationen (»ein Bild ist besser als 1000 Worte«).

Nach der Präsentation ist eine Reflexion des Gesamtprojektes unerläßlich. Als Formen der Auswertung und Reflexion eines Projektes bieten sich (neben nicht so geeigneten »Projektberichten«) u. a. *Fragebögen* an (Beispiel: *Klippert* 1985, 58f.). Vor allem aber Formen der Mitteilung für andere können wiederum zu einer Handlungsaufgabe werden: Sei es das *Auskunft-Geben* gegenüber Eltern, Kritikern, Mitschülern, Freunden (das vorher im Rollenspiel inhaltlich vorbereitet werden kann), seien es *freie Ausdrucksformen* in Texten, Bildern, Fotos oder seien es *Rechenschafts- bzw. Anregungsberichte* für die Schulzeitung, Lehrerkonferenzen, Elternabende u. a. m.

Obwohl in der Regel Leistungen in Projektwochen nicht benotet werden (sollen), bedeutet die Frage der *Zensierung* (*Frey* 1990, 187ff.) ein ungelöstes Problem. Im Projektansatz liegt ja eine prinzipielle Kritik auch der traditionellen Art der Leistungsbewertung in der Schule. Aber was tun, wenn ein Schüler darum bittet,

angesichts seiner ansonsten schwachen Leistungen im Physikunterricht ihm für die Mitarbeit am Bau der sehr gut gelungenen Sonnenkollektoren eine 2+ anzurechnen? Ein Lernprozeß bei SchülerInnen, der langfristig auf die Förderung von inhaltlichen, arbeitsmethodischen und sozialen Fähigkeiten angelegt ist, gerät im Projektunterricht zwangsläufig in Widerspruch zu Formen der Leistungsbewertung, die sich auf das Abprüfen von Wissen beschränken. Es geht also nicht darum, den Projektunterricht an traditionelle Formen der Leistungsbewertung anzupassen, sondern darum, Formen zu entwickeln, die den Leistungen im Projektunterricht angemessen sind. Das bedeutet: Im Vordergrund stehen Formen der Prozeßevaluation, der Beratung und Rückmeldung. Das bedeutet: Förderung der Selbstbeobachtung und -überprüfung der Schüler und Schülerinnen – z. B. Formen der Beobachtung vereinbaren (was ist uns in dieser Woche gut gelungen, was nicht?), ein Projekttagebuch führen (als LehrerIn wie als SchülerInnen, in dem alles aufgezeichnet wird, was für den Projektverlauf wichtig ist), Metakommunikationsphasen einbauen zur Zwischenreflexion des Arbeitsprozesses, dabei den Machtanteil des Lehrers immer mitbedenken –, eine abschließende Lösung der sich hier ergebenden Widersprüchlichkeiten gibt es nicht! Vor allem aber ist es wichtig, vorher mit den SchülerInnen die Kriterien für ein Produkt zu vereinbaren (siehe folgende Kästen).
Besonders in der gymnasialen Oberstufe ist eine Leistungsbeurteilung oft unumgänglich, wenn das Projekt innerhalb des regulären Fachunterrichts stattgefunden hat.

Leistungsnachweise im Statistik-Projekt

1. Ein individueller Arbeitsprozeßbericht, den jede(r) SchülerIn für sich erstellt. (Leitfrage des Projektes, Umgang mit der Zeiteinteilung, mögliche Änderungen, Beschreibung der einzelnen Arbeitsschritte, Schwierigkeiten, Erfolge, Gefühle.)
2. Ein Arbeitsplan der Gruppe.
3. Eine endgültige Fassung des Umfragebogens (o. ä. falls keine Umfrage gemacht wird).
4. Die ausgefüllten Umfragebögen jeder Gruppe.
5. Eine umfassende Auswertung der Umfrage, in der Regel ausstellungsgerecht, graphisch gestaltet und schriftlich ausformuliert. Aber auch Schautafeln, Video, Tonkassetten, Fotos/Dias u. ä. können das Endprodukt darstellen oder bereichern.
6. Einen Vortrag aller Gruppenmitglieder. Hier sollen dem Kurs die Ergebnisse dargestellt und erläutert werden.

Aber auch in der Mittelstufe kann man mit den Schülern gemeinsam Leistungsnachweise und Kriterien zur Leistungsbeurteilung erarbeiten. In einem Projekt »Statistik« (Grundkurs Mathematik, Sekundarstufe II) z. B. vereinbarte der Lehrer die nebenstehenden unterschiedlichen Möglichkeiten für Leistungsnachweise (*Goetsch* 1990, 260 f.).

Später wurden dann die Kriterien für den Arbeitsprozeßbericht der Schüler genauer festgelegt:

Kriterien für den Arbeitsprozeßbericht
- Chronologische und realistische Darstellung des Arbeitsprozesses
- Darstellung und Reflexion der Schwierigkeiten und Erfolge des Arbeitsprozesses
  - Warum habe ich das Thema gewählt?
  - Was habe ich gelernt?
  - Was möchte ich noch lernen?
  - Was hat mir gefehlt?
- Wertung des Lernprozesses
- Selbsteinschätzung meines Arbeitsanteils in der Gruppe
- Vergleich zum »Regelunterricht«

Und schließlich die Kriterien für das Produkt der Gruppenarbeiten:

Kriterien für das Produkt
- Informationsgehalt und -dichte
- Übersichtlichkeit
- Ästhetik
- Eigenkritik
- Darstellung und Reflexion mathematischer Aspekte

Die Erfahrungen mit solchen vorher vereinbarten Kriterien sind nicht nur im Beispiel »Statistik-Projekt« sehr positiv gewesen, denn die gemeinsame Kritik und Diskussion der Projektergebnisse folgte klaren Maßstäben, wenn auch Schüler und Lehrer nicht im Detail immer derselben Meinung waren.
Schließlich hat der Lehrer dann jedem einzelnen Schüler in einem kurzen Brief das

»Endergebnis«, das als Ersatz für die zweite der im Halbjahr vorgeschriebenen Klausuren galt, mitgeteilt; ein Beispiel (ebd.):

Lieber Janek!
Ich habe mich in Deinem Arbeitsprozeßbericht sehr über die originelle Einleitung und die gute Beschreibung der Durchführung Eures Projektes gefreut. Leider fällt die Wertung Deines Lernprozesses recht knapp aus.
Dennoch möchte ich Deinen Bericht mit »gut« bewerten.
Mit Eurer »sehr guten« Gemeinschaftsleistung gelangst Du zu Deinem Gesamtprädikat: »gut und besser«.

3.5 Projektunterricht und Schulreform

3.5.1 Die bildungspolitische Bedeutung des Projektunterrichts

Überraschend ist eines: Nahezu parallel zum Ansteigen der Flut von Erlassen und Verwaltungsanordnungen in den letzten Jahren wuchs in den Stundentafeln und Richtlinien der Länder ein gewisser *Freiraum für Projektunterricht*. Damit ist auch seine juristische (schulrechtliche) Absicherung ein gutes Stück vorangekommen (*Schümer* 1996).
Mit dem Ausbau des Projektunterrichts verbindet sich eine hohe Erwartung im Hinblick auf ein Vorangehen der Bildungsreform. Wenn schon die Fortschritte im Bereich der *äußeren* Schulreform (man denke allein an das Schicksal der Gesamtschulen, die Maßnahmen zur Elitebildung und die Renaissance eines konservativen Begabungsbegriffs) Zug um Zug wieder verloren zu gehen drohen, dann allerdings wird Projektunterricht als zentrales Stück *innerer Schulreform* umso bedeutender. Bildungsreform von unten, – allerdings in inhaltlicher Kongruenz zu den Zielen der Gesamtreform: Humanisierung und Demokratisierung. Billiger darf Projektunterricht nicht werden. Dies gilt auch für die institutionelle und materielle Schaffung der Voraussetzungen und Bedingungen des Projektunterrichts, worauf mit Recht *Jürs* u. a. (1990) hingewiesen haben.
Mit dieser Einbettung in generelle Zielsetzungen der Bildungsreform steuert der Projektunterricht auch gegen eine allzu bruchlose Anpassung des Bildungssystems an die wirtschaftlichen Erfordernisse des Beschäftigungssystems, obwohl es gerade (auch historisch gesehen) sein ureigenstes Anliegen war, Schulunterricht verstärkt auf konkrete gesellschaftliche Notwendigkeiten zu beziehen. In der aktuellen Diskussion spielen die sog. »Schlüsselqualifikationen« eine wichtige Rolle. Sie wurden vor allem

aus Kreisen der Wirtschaft formuliert: Diese reichen von der Organisation und Durchführung einer Arbeitsaufgabe über Kommunikation, Kooperation, Problemlösungs- und Entscheidungskompetenz bis zu Selbständigkeit, Verantwortung, Belastbarkeit, Kreativität, Flexibilität und Lernfähigkeit (*Beck* 1993). Darin liegt mit Sicherheit auch eine entscheidende Begründung des Projektunterrichtes. Doch Vorsicht: Es geht hier nicht um eine allgemeine Entfaltung menschlicher Fähigkeiten zur Bildung des Individuums, sondern um eine »Verzweckung« im Sinne partieller Interessen eines Betriebes zur Effektivitätssteigerung der Produktion oder der Dienstleistungen. Schlüsselqualifikationen also zum besseren Funktionieren eines Betriebes oder zur Bildung des heranwachsenden Menschen? Dem Projektunterricht unterliegt jedenfalls ein Bildungsbegriff, der schulische »Bildung« nicht auf berufsrelevante »Qualifikation« reduziert. Obwohl der Projektunterricht die notwendigen Voraussetzungen zur Qualifizierung der späteren Arbeitskraft anstrebt, richtet sich sein Bildungsanliegen viel umfassender auf die allseitige Entwicklung *aller* menschlichen Fähigkeiten und Interessen. Dabei ist das »Wie« des Lernens und Arbeitens vom Prinzip der demokratischen Regelung gemeinsamer Angelegenheiten bestimmt.

3.5.2 Empirische Untersuchungen zum Projektunterricht

Soviele Schulen in der Praxis inzwischen Projektunterricht in unterschiedlichen Formen (Projektwochen, Projekttage, Projektreisen, Projekte im Fachunterricht oder im Schulleben u. a. m.) realisieren, so wenig ist diese Praxis bisher systematisch untersucht worden. Abgesehen von kleineren, auf einzelne Regionen begrenzte Bestandsaufnahmen zum Vorkommen von Projekten (z. B. *Nuhn/Vaupel* 1991) gibt es nur zwei umfangreichere empirische Untersuchungen.
Petri (1991) hat an 314 österreichischen Schulen ermittelt, wie oft Projektunterricht praktiziert wurde. Weil er aber einen außerordentlich weiten Begriff von Projektunterricht zugrunde legt, findet sich eine Fülle von Unterrichtsbeispielen, die eher als abwechslungsreicher Unterricht zu bezeichnen sind. So finden sich z. B. unter den 270 Veranstaltungen, die am Schuljahresende an Projekttagen stattfanden, ebenso Kurzkurse (Basteln, Kochen) und Exkursionen (Museen, naturkundliche Wanderungen) wie Übungen (Gesprächs- und Diskussionstraining), Filmvorführungen und besondere Informationsveranstaltungen. *Petri* selbst geht davon aus, daß ein bis zwei Drittel der in seiner Untersuchung erfaßten Veranstaltungen keine »echten« Projekte gewesen seien, weil ihnen die essentiellen Merkmale des Projektlernens gefehlt hätten. Insgesamt schätzt *Petri*, daß der durchschnittliche Anteil des Projektlernens

(was immer auch darunter verstanden wurde) am gesamten Unterricht etwa 0,5% ausmacht (ebd. S. 78).

Eine breit angelegte, außerordentlich sorgfältige Studie aus neuerer Zeit legt G. *Schümer (1996)* vor. Von den 3815 Lehrern aus den Ländern Baden-Württemberg, Berlin, Hessen und Nordrhein-Westfalen, die sich im Rahmen einer Untersuchung zum Medieneinsatz in der Schule u. a. auch zum Projektunterricht in ihrer Praxis äußerten, gaben nur gut 10% an, im Berichtszeitraum (1988) ein Projekt mit ihrer Klasse durchgeführt zu haben. Befragt wurden an 2000 Schulen (Grundschulen und alle Formen der Sekundarstufe 1) Lehrer/innen, die zur Zeit der Erhebung in einer 3. Klasse Deutsch, Mathematik oder Sachkunde erteilten bzw. in einer 7. Klasse Deutsch, Mathematik oder Englisch unterrichteten. Dabei zeigte sich, daß in Deutsch wesentlich mehr Projektunterricht stattfand als in den modernen Fremdsprachen oder in Mathematik (Sek. I: Deutsch 19,1%, Mathematik 1,8%, Englisch 3,7% Lehrer mit abgeschlossenen Projekten). Die relative Häufigkeit von Projekten in höheren Schulen in den Fächern Geschichte, Geographie, Bildnerische Erziehung und Biologie entspricht den Befunden zum projektorientierten Sachunterricht in der Grundschule (ebd. S. 145).

Nach *Schümer* zeigt sich, »daß die Realität des Projektunterrichtes in aller Regel weit hinter der Idee zurückbleibt« (ebd. S. 145). Sicher entsprachen bei weitem nicht alle genannten »Projekte« den elementaren Projektkriterien, wie sie in der theoretischen Literatur zu finden sind, jedoch dürfen sie nicht negativ bewertet werden, ja verdienen angesichts der viel beklagten Monotonie des Unterrichts prinzipiell Anerkennung.

Schümer hat auch herausgearbeitet, daß die Durchführung von Projekten nicht von den äußeren Bedingungen abhängig ist, die oft zur Rechtfertigung konventionellen Unterrichts herangezogen werden: Schülervoraussetzungen, Lehrpläne, Klassengröße u. a. m. Es scheint viel eher an bestimmten Personmerkmalen der Lehrkräfte zu liegen, ob Projektunterricht durchgeführt wird: kooperative Lehrer, berufszufriedenere Lehrer, die Schüler günstiger (z. B. im Hinblick auf Kontrollverlust bei Disziplinproblemen) beurteilen, die ihnen eine anregende Lernumwelt bieten und ihre Aktivität fördern – wobei es keine Unterschiede zwischen Lehrern und Lehrerinnen oder älteren und jüngeren Lehrkräften gibt (ebd. S. 148 f.). Angesichts von abgesichertem Beamtenstatus und Methodenfreiheit, zahlreicher Spielräume in den Lehrplänen, günstigerer Klassenfrequenzen als früher u. a. m. müßte der Projektunterricht eigentlich bessere Chancen haben, als es die bisherige (quantitative) Praxis zeigt.

Literaturhinweise

Duncker L./Götz, B.: Projektunterricht als Beitrag zur inneren Schulreform. Langenau 1984. Die Autoren entwickeln auf der Grundlage eines (als Kritik unterrichtlicher Verengungen formulierten) erfahrungsoffenen Lernens Vorschläge für Projektwochen, die besonders auf die Qualität und Ansprüche der Projektkonzeption gerichtet sind. Sie begreifen Projektarbeit auch bildungspolitisch als zentralen Anstoß zur inneren Schulreform.

Frey, K.: Die Projektmethode. Weinheim 1990, 3. Aufl. Wenngleich im Anhang zahlreiche Projektbeispiele (knapp kommentiert, mit Hinweis auf Fundstelle in der Literatur) aufgeführt sind, so liegt der Akzent doch eindeutig in einer theorieorientierten Beschreibung des methodischen Aufbaus des Projektunterrichts. Das Buch gilt inzwischen als Standardwerk.

Bastian, J./Gudjons, H. (Hrsg.): Das Projektbuch. Theorie – Praxisbeispiele – Erfahrungen. Hamburg 1989, 2. Aufl. Auch äußerlich (durch Karikaturen etc.) ansprechend gestaltet, wird den theoretischen Grundproblemen des Projektunterrichts nachgegangen (u. a. Geschichte, Lehrerrolle). 14 durchgeführte *Projektbeispiele* werden im 2. Teil konkret dargestellt und als Anregung für die eigene Praxis empfohlen.

Bastian, J./Gudjons, H. (Hrsg.): Das Projektbuch II. Über die Projektwoche hinaus. Projektlernen im Fachunterricht. Hamburg 1990 – Neben neuen Aspekten zur theoretischen Grundlegung enthält das Buch zahlreiche Projektbeispiele aus der Sekundarstufe, vor allem – endlich – auch aus dem Gymnasium. Es dokumentiert, wie der Projektgedanke Einzug in den Fachunterricht gehalten (und selbst den Lateinunterricht nicht »verschont«) hat. Neuartig sind auch zahlreiche Praxishilfen für das Lernen in Projekten (die man in der 3. Auflage dieses Buches z. T. wiederfindet).

Schäfer, U.: Internationale Bibliographie zur Projektmethode in der Erziehung 1895–1982. 2 Bde. Berlin 1988, – ein unentbehrliches Standardwerk vor allem für die Forschung.

Hänsel, D./Müller, H. (Hrsg.): Das Projektbuch Sekundarstufe. Weinheim 1988 – Neben einer vorwiegend an Dewey orientierten (insbesondere den älteren Arbeiten von Gudjons und Frey gegenüber sehr kritischen) Einführung in die Projektpädagogik findet man hier anregende Beispiele vorwiegend für Projektwochen.

PÄDAGOGIK (Zeitschrift), Heft 7/8 1991, Schwerpunktthema 2: Projektunterricht – Neue Tendenzen (mit einem gelungenen Beispiel aus einem Physik-Leistungskurs der gymnasialen Oberstufe und Rezensionen neuerer Projektliteratur).

PÄDAGOGIK (Zeitschrift), H. 7/8 1993, Schwerpunktthema 2: Streit um den Projektbegriff. Hier geht es um eine prinzipielle Klärung von Geschichte und Konzept des Projektlernens.

Emer, W./U. Horst/K. P. Ohly (Hrs.): Wie im richtigen Leben. Projektunterricht für die Sekundarstufe II. (Reihe AMBOS 29) Bielefeld 1991 – Im Einleitungsteil tragen die Autoren hochinteressante Gedanken zur Weiterentwicklung der Projektdidaktik vor. Die zahlreichen (am Oberstufenkolleg Bielefeld entstandenen) Beispiele belegen eindrücklich die Möglichkeiten der Projektarbeit gerade in der Sekundarstufe II.

4. Handlungsorientierung in der Praxis des (Fach-)Unterrichtes

Der Projektunterricht ist – so hat sich gezeigt – ein umfassendes Modell handlungsorientierten Lehrens und Lernens, gleichsam seine »Hochform«. Aber warum wird er trotz ausreichender Erprobung immer noch verhältnismäßig selten realisiert? Daß die Lehrer/innen den Mehraufwand und die ungewohnten Herausforderungen (auch eigene Ängste) scheuen, ist sicher ein Grund. Neben Stundenplan, Fachunterrichtssystem und dem Zwang, Lernergebnisse in gewohnter Weise zu überprüfen (Klassenarbeiten), fehlender Erfahrung von Lehrenden und Lernenden usw. liegt das Problem noch auf einer anderen Ebene, nämlich der fehlenden langfristigen Einführung und Vorbereitung.

Projektunterricht steht bei allen Formen handlungsorientierter schulischer Lernarbeit, die sich am Kriterium der Ganzheitlichkeit menschlichen Lernens orientieren, ganz obenan. Es wird aber übersehen, daß es auch *Vorformen* und weniger anspruchsvolle *Teilelemente* gibt, die Schüler/innen allmählich an diese Globalkonzeption heranführen können. Aber diese Einzelelemente können Teil einer Gesamtstrategie sein, systematisch das Feld handlungsorientierten Unterrichtes zu erweitern und aufzubauen, von der Grundschule bis zur Oberstufe. Man darf sich auch nicht darüber täuschen, daß eine Fülle von technischen Fertigkeiten längerfristig für den Projektunterricht aufgebaut werden müssen, sie reichen vom Exzerpieren eines Buches, dem Umgang mit Bibliotheken, dem Anfertigen eines Protokolls, dem Entwerfen eines Arbeits- und Terminplans bis zum Lesen eines Stadtplans, zur Gruppenarbeit oder dem Dokumentieren von Erfahrungen und dem Darstellen von Ergebnissen. All dies und mehr kann und muß im traditionellen Unterricht aufgebaut werden (vgl. *Klippert* 1994).

Aber auch Projektelemente sind in den herkömmlichen Unterricht (als Weg zum Projektunterricht) integrierbar. Dies berührt unsere Grundauffassung, daß lehrgangsmäßiger, von der Fachsystematik bestimmter und ein an Problemen ansetzender, ungefächerter Unterricht keine unüberbrückbaren Gegensätze bedeuten. Die langjährige Erfahrung mit dem Lernen in Projekten und in Fächern z. B. am Oberstufenkolleg Bielefeld bestätigt dies (*Emer* u. a. 1991, 47). So kann beispielsweise der Lernort Schule verlassen werden, um in der Begegnung mit der außerschulischen Realität fachbezogenes Wahrnehmen und Erkunden zu üben. In der Regel werden dabei inhaltliche und methodische Aspekte vorher eingeführt und dann in der Erkundung angewandt. Insofern handelt es sich hierbei um eine relativ traditionelle Abfolge von Lernformen,

die aber stark von der handlungsorientierten Anwendung von Fachwissen geprägt wird.
Die folgenden *Beispiele* in diesem Kapitel (vor allem die im Abschnitt 4.2) dürfen darum nicht als Widerspruch zur theoretischen Konzeption des ersten und zweiten Kapitels verstanden werden; der Anspruch eines handlungsorientierten unterrichtlichen Gesamtkonzeptes wird keineswegs unterlaufen durch Beispiele von Einzelelementen, die nicht gleich das volle Gesamtkonzept realisieren. *Zwischenformen* sind nötig, um den Unterricht *langfristig* umfassend handlungsorientiert auszubauen. Unter den gegebenen Bedingungen der Schule wird nur eine »Politik der kleinen Schritte« Erfolg haben.

> Man kann sich die Fülle der möglichen Aktivierungsformen auf einem *Kontinuum* aufsteigend zum Projektunterricht als Ziel vorstellen: anfangs ganz einfache Formen der Schüleraktivierung (wie das Untersuchen eines wirklichen Blattes statt der Abbildung im Buch, das praktische Ausmessen des Schulhofes im Geometrieunterricht, das Entdeckenlassen des Stromkreises mit einer Batterie, Drähten und einer Glühbirne), dann anspruchsvollere Möglichkeiten wie die Mitplanung eines Unterrichtsabschnittes, die selbständige Bearbeitung von Materialien in Gruppen mit Ergebnispräsentation, dann weiter ansteigend Handlungsformen, die eine stärkere Mit- und Selbstverantwortung beinhalten, wie eine Erkundung durchführen, ein kleines Hörspiel zu einem Text entwickeln, ein Modell des Hafenbeckens bauen. Gegen Ende des Kontinuums würden dann selbständig geplante, durchgeführte und ausgewertete / reflektierte Vorhaben im Sinne von Projekten stehen. (Auch *Bönsch* – 1995 – plädiert für eine gestufte Abfolge solcher Verfahren und ermutigt dazu, unter Abstrichen am Zielkonzept des Projektunterrichtes diese erst einmal ohne schlechtes Gewissen einzuführen.)

Eine ungemein wertvolle Hilfe sind dabei sowohl das Konzept als auch die praktischen Vorschläge in H. *Meyers* umfassendem Werk Unterrichts-Methoden (1987). – Auch gibt es inzwischen eine Reihe von Erfahrungen und Konzepten, den Unterricht in Fächern handlungsorientiert zu gestalten (z.B. Musik: *Maas* 1989, in Englisch: *Legutke* 1988, *Bach / Timm* 1989, im fremdsprachlichen Unterricht: *Edelhoff / Liebau* 1988, in Naturwissenschaften: *Kremer / Stäudel* 1987, Mathematik: MUED-Materialien, Deutsch: *Gidion / Rumpf / Schweitzer* 1987, Berufliche Bildung: *Söltenfuß / Halfpap* 1987, Geschichte: Zeitschrift Geschichte lernen H. 9/1990, in der ökonomischen Bildung *Steinmann / Weber* 1995 u.a.m.). Ferner haben die Landesinstitute verschiedener Bundesländer eine Fülle von Materialien und Beispielen vorgelegt (z. B. *Hessisches Institut* ... 1993).

4.1 (Fach-)Unterricht handlungsorientiert planen

Die Literatur zur Unterrichtsplanung hat inzwischen einen Riesenumfang angenommen. In unserem Zusammenhang geht es aber nicht um die *generelle* Problematik der Unterrichtsvorbereitung, sondern um den in der Überschrift dieses Abschnittes formulierten *Ausschnitt*. Unterricht handlungsorientiert planen heißt zweierlei:

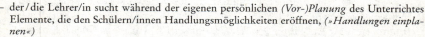

- der/die Lehrer/in sucht während der eigenen persönlichen *(Vor-)Planung* des Unterrichtes Elemente, die den Schülern/innen Handlungsmöglichkeiten eröffnen, (»*Handlungen einplanen*«)
- der Planungsprozeß des Unterrichtes selbst erfolgt handlungsorientiert, d. h. *Planen geschieht als ein Teil des Unterrichtes* unter Einbeziehung der Schüler/innen und unter Nutzung von Handlungsmöglichkeiten durch alle Beteiligten (»gemeinsam *handelnd planen*«).

Zum ersten Aspekt (Handlungen einplanen):
Natürlich kann man die Schüler/innenhandlungen völlig verplanen, in einem geschlossenen Ablaufmuster nach Reihenfolge, Art und Umfang mit vorgeplanten Ergebnissen (ein/zwei Alternativen sind dabei dann noch »drin«). Dabei werden aber Schüler/innenaktionen grundsätzlich als Re-aktionen auf auslösendes Lehrer/innenverhalten gedacht. Im Grunde wäre dies auch bei sehr hohem Aktivitätsgrad der Lernenden ein Rückfall in den Lehrer/innenzentrierten Unterricht. Trotzdem ist Planen auch als persönliches Vorplanen des/der Lehrer/in im handlungsorientierten Unterricht, der sich immer auch als *offener* Unterricht versteht, nötig. Handlungsorientiert Unterrichten heißt eben nicht, ein paar Handlungsmöglichkeiten anzubieten (z. B. Themensammeln in Untergruppen, sich mit mitgebrachten Gegenständen beschäftigen oder einfach einmal ein paar Leute draußen interviewen) und dann zusehen, was herauskommt. Wie im Abschnitt über die Lehrer/in-Rolle im handlungsorientierten Unterricht noch zu zeigen ist (4.4.2), bewegt sich Planen immer zwischen der Skylla eines rigiden Planungsfanatismus (der vielleicht aus Angst vor Ineffektivität alle Handlungssituationen auf wasserdichte Ergebnisse hin anlegt und einschränkt) und der Charybdis einer falsch verstandenen Schülerorientierung (wobei der Lehrer »wie ein lebender Wattebausch auf jeden Huster eines Schülers seine eigenen Zielstellungen über den Haufen wirft« – *Meyer* 1980, 355).

Gerade die Professionalität des/der Lehrer/in soll und muß in handlungsorientierte Unterrichtsplanung mit einfließen. W. *Schulz* betont in seiner »Unterrichtsplanung« (1981, 3. Aufl.) nachdrücklich die Notwendigkeit professioneller Kriterien und Kompetenzen des/der Lehrer/in, – bei aller Schüler/innen-Beteiligung!

Zum zweiten Aspekt (gemeinsam handelnd planen):
Planung ist im handlungsorientierten Unterricht *Teil des Unterrichts,* der *Interaktion* der Beteiligten selbst. Die Bereitschaft der Schüler/innen zur Mitplanung ist nach einer Untersuchung von E. *Schmack* (1978, 147) an 1100 Schüler/innen vom 4.–10. Schuljahr größer als man gemeinhin annimmt. – Damit erhält Planung als Kompetenzerwerb den gleichen Stellenwert wie ein mögliches Handlungsprodukt. Planen *als* Unterricht verbindet Sach-, Person- und Gruppenbezüge innerhalb eines Themas und damit instrumentelles, emotionales und soziales Lernen. Auch hier muß der/die Lehrer/in professionell Einfluß nehmen, indem er/sie Aktivitäten einbringt, die die Prozesse der Lernenden beeinflussen und die Lernumwelt strukturieren.
Dabei ist zu bedenken, daß sich Informationsbedürfnisse der Lernenden oft erst im Zusammenhang mit der Entfaltung/Realisierung von Handlungszielen und als Notwendigkeit bei stockender Produktrealisierung entwickeln. Es ist also nicht sinnvoll, bereits am Anfang *sämtliche* notwendigen Informationen besorgen zu lassen. Während des Handelns im Unterricht sind Informationsphasen dann einzuschieben, wenn die Schüler/innen sie brauchen, um überhaupt weitermachen zu können.

Ein *Beispiel*: Das – für Schüler/innen in der Regel nicht gerade packende – Thema »Mittelalter« wurde in einem 7. Jahrgang einer Hamburger Gesamtschule handlungsorientiert bearbeitet. Die Schüler bauten Stadtmodelle, entwickelten szenische Darstellungen, bauten Wikingerschiffe nach, schrieben und malten für eine Zeitung zu den Lebensproblemen der Menschen u. a. m. In einer bestimmten Phase des Modellbaus und der Rollenspiele z. B. tauchen Fragen auf: »Ja, wie schützten die Städte sich denn eigentlich gegen Feinde? Und wenn es keine Supermärkte gab, wo haben die denn eigentlich eingekauft? – Und: Bezahlten die mit DM, hatten sie überhaupt Geld und wie nannte sich das? Was hieß Fuß, rechneten sie nicht in Metern und Zentimetern? Wer regierte eigentlich die Stadt?« Erst jetzt beginnen die Schüler, in Büchern, ja Quellen zu lesen, sich gezielt Informationen zu suchen, zu sammeln und zu durchdenken, – ein Stück selbstgesteuerte Planung mitten im Verlauf des Unterrichtes, und zwar keineswegs chaotisch, sondern hochmotiviert und zielorientiert.

Dieses Grundprinzip, Handlungspläne kontinuierlich zu verfeinern und vor allem erste Handlungserfahrungen zu ermöglichen, um an sie anschließend dann weitere Planungsschritte zu entwickeln, kann durch eine Reihe *praktischer Techniken, Methoden und Regelbildungen* unterstützt werden. Konkret ist die Einbeziehung der Schüler in handlungsorientiertes Planen möglich z. B. durch

- *Herstellung offener Handlungssituationen*, in denen die Schüler ihre Interessen oder Handlungsabsichten äußern können bzw. in denen sie solche klären oder gewinnen können (Beispiel: mit einigen Schülern ein *Rollenspiel* vorführen, in dem trotz scheinbarer Aufgeklärtheit und Distanz die Verführbarkeit durch Werbung illustriert wird; große *Photos* zum Thema: Gegensatz zwischen Arm und Reich mitbringen, jede/n Schüler/in eines wählen und seine/ihre Wahl begründen lassen, ein »Hungerspiel« (vgl. S. 76) als *Schlüsselszene* zum Thema »Ungerechte Nahrungsverteilung« spielen u. a. m.)
- spontan in ein Planungsgespräch eingebaute *Umsetzung* von Meinungen, Positionen, Verhaltensweisen etc. *in szenische Darstellung* (»Laßt uns das doch mal kurz spielen, wie das ist, wenn der Angestellte zum Chef kommt und mehr Gehalt haben will«), um daraus neue Fragen und Anstöße zu gewinnen und einen andern emotionalen Bezug zum Problem herzustellen
- *brainstorming* (als Technik, ungebremst und kreativ Ideen zu sammeln – *Gudjons* 1983, 2. Aufl., 210), also: *alle* Einfälle äußern, nicht vorher auf »Machbarkeit« überprüfen, keine Beurteilungen/Stellungnahmen, sondern Weiterspinnen der Ideen anderer
- Gesprächsregelung nach der *Themenzentrierten Interaktion* (TZI) (ebd. 187ff.)
- spontane, kurzfristige *Partner- oder Kleingruppenarbeit* zur Weiterführung, Konkretion oder Ausweitung eines Vorschlages
- eine große *Wandzeitung* als Instrument permanenter Kommunikation, die während der gesamten Arbeitseinheit hängen bleibt und auf die jede/r freie, unzensierte Äußerungen schreiben darf (ebd. 52f.)
- Aufforderung, eine *Phantasie zu entwickeln* (z. B. bei einem Projekt zur Gestaltung des Klassenraumes: »Wir machen einen Sprung nach vorne von etwa zwei Monaten und betreten unser Klassenzimmer. Stell dir vor, wie es jetzt aussieht! Was gefällt dir daran? Sammle alles, was du siehst!« – Duncker/Götz 1984, 65)
- *wechselseitiges Partnerinterview* zu Ängsten, Befürchtungen, Meinungen, Einstellungen zu einem Vorschlag/Thema
- *Erfahrungen von außen einholen* (Fachleute befragen, Passanten interviewen, Leute beim Einkaufen beobachten u. a. m.)
- Freiraum schaffen für *ungestrafte Äußerungen, akzeptierendes Klima* fördern, *Fehler erlauben*
- ein »*Simultan-Protokoll*« (*Heller/Semmerling* 1983, 83 f.) während des Planungsgespräches an einer Wandzeitung oder Tafel, das parallel zu einer Zeitleiste in zwei Spalten aufgeteilt ist: Äußerungen zur Sachebene und Geschehen auf der Sozialebene
- eine Vorschlagsliste in *Prioritätenfolge* umsetzen, indem jede/r (drei bis fünf) *Klebepunkte* je nach persönlicher Gewichtung auf die Themen verteilen darf (viel spannender als eine bloße Abstimmung!) u. a. m.
- die »*Moderationsmethode*«, die mit Hilfe einfacher Techniken (für Themensammlung, -gewichtung, Gruppenarbeit, Präsentation) den Arbeitsprozeß strukturiert und organisiert (PÄDAGOGIK H. 6/1995 und H. 12/1996).

4.2 Handlungssituationen in den (Fach-)Unterricht integrieren

Wir haben gesehen, daß bereits die Planung (übrigens: nicht nur) handlungsorientierten Unterrichts so erfolgen kann, daß Schüler/innen Handlungsmöglichkeiten angeboten werden. Von dieser Planung hängt es weitgehend ab, ob und wie Handlungssituationen in den Unterricht integriert werden. Die folgenden Beispiele beziehen sich auf einzelne Elemente, die unter sich zunächst keinen Zusammenhang haben. Aber trotz der Isolation vom unterrichtlichen Kontext zeigen sie praktisch auf, wie sich Handlungskompetenzen sowohl in Vorformen als auch in Elementen projektorientierten Lernens aufbauen lassen. Dabei läuft der Unterricht insgesamt keineswegs in der »Hochform« des Projektunterrichtes (im Sinne des Kp. 3).

4.2.1 Beispiel: Spielen und Lernen

Kaum ein Bereich bietet so viele aktivierende Momente wie das Spielen. Obwohl der Unterricht sicher den Zusammenhang von *Spielen und Lernen* betont, soll in der Schule doch grundsätzlich auch das freie Spielen erhalten bleiben. Je nach Spieltyp sind Kreativität, Kommunikation und handelnde Auseinandersetzung mit der vorgefundenen Wirklichkeit möglich. In dieser Vielfalt kann das Spielen als grundlegende Aneignungsweise materieller und symbolischer Kultur sowohl die heute vorherrschende ikonische Aneignung ein Stück weit kompensieren als auch den massenindustriell vorgefertigten Kulturprodukten mit ihren vorfabrizierten »Bedeutungen« die eigentätige Auseinandersetzung mit der Wirklichkeit entgegensetzen.

In unserem Zusammenhang sind – neben vielen Zwischenmöglichkeiten – vor allem drei Spielformen wichtig:
- das Lernspiel
- das Rollenspiel
- das Planspiel.

Obwohl das *Lernspiel* (z. B. in der Reformpädagogik) nicht selten zum bloßen »Arbeitsmittel« degeneriert ist, liegen in seinen Einsatzmöglichkeiten innerhalb des Unterrichtes große Chancen, Lernprozesse, die sonst trocken und wenig lustbetont laufen, effektiver und lebendiger zu machen: Lernspiele können zu Beginn einer Unterrichtseinheit Schüler/innen motivieren und interessieren, sie können beim Neuerwerb oder bei der Wiederholung von Kenntnissen ebenso wie beim Anwenden, Üben und bei der Überprüfung verwendet werden, wie z. B. die vielen Varianten von selbsthergestellten, auf Lernthemen bezogenen Lotto-, Domino-, Würfel-, Karten- und Puzzlespielen zeigen.

In diesen Spielen steckt das Prinzip, Begriffe mit Bewegungen zu verbinden. Damit werden Informationen über den verbalabstrakten Eingangskanal hinaus mit dem motorischen verbunden. Auf diese Weise werden »Dingkanal« (sensorische Wahrnehmung) und »Symbolkanal« (abstrakte Muster) (*Dörner* 1979) auch im Gehirn physiologisch sinnvoll vernetzt. Dies ist in der Unterrichtspraxis auch ohne aufwendig organisierte Spiele möglich:

So können Schüler/innen mit ihren Körpern Winkel bilden und verändern, geometrische Figuren abschreiten, Begriffe durch Sich-Aufstellen in der richtigen Reihenfolge erlernen (z. B. erzählt die Lehrerin eine Geschichte, und immer wenn die Formulierung »Tage der Woche« fällt, stellen sich sieben vorher nach den Wochentagen benannte Kinder in der richtigen Reihenfolge auf – *Kluge* 1981, 68).

Eine Fülle solcher und anderer »Unterrichtsspiele« für verschiedene Fächer und Altersstufen hat die *Arbeitsgruppe Oberkircher Lehrmittel* (AOL 1983) vorgelegt, auf die hier nur verwiesen werden kann, – ebenso wie auf die in H. 1/90 der Zeitschrift PÄDAGOGIK »Spielen in der Schule« beschriebenen Beispiele zum Umgang mit Videospielen, zum »Warming up« beim Darstellenden Spiel, zum Spielort Pausenhof und zu einem Spieleprojekt im 5. Schuljahr des Gymnasiums. – Inzwischen gibt es auch die Möglichkeit, sich mit Hilfe der Datenbank DATA-SPIEL gezielt zu einzelnen Bereichen, Anlässen und Zielrichtungen entsprechende Spielvorschläge zusammenstellen zu lassen (Akademie Remscheid, Küppelstein 34, 42857 Remscheid, Tel. 0 21 91/79 41). *Baer* (1988) hat 500 Spiele daraus auch in Buchform veröffentlicht.

Das *Rollenspiel* ist unter den vielen darstellenden Spielen immer noch eine Form mit breitem Handlungsspektrum, obwohl sich die anfänglich überzogenen Erwartungen im Hinblick auf Ziele des sozialen Lernens (z. B. Persönlichkeitseigenschaften) und Transfer des Gespielten in die Ernstsituation nicht alle erfüllt haben dürften (*Kluge* 1981, 77f.). Das Rollenspiel ermöglicht fiktives, probeweises Handeln mit Ausschnitten der Realität, das Durchschauen von Ursachen, Strukturen und Folgen von Konflikten und Problemen in permanenter Gleichzeitigkeit von Handeln und Reflektieren. Eine konkrete Anleitung zur Durchführung problemorientierter Rollenspiele (und Planspiele) habe ich andernorts vorgelegt (*Gudjons* 1990, 4. Aufl., 176f. und 190ff.). Mit Rollenspielen kann auch im naturwissenschaftlichen Unterricht gut gearbeitet werden, wie S. Hellweger (in *Kremer/Stäudel* 1987 123ff.) am Beispiel der »Bedeutung der Haber-Bosch-Synthese für die Ernährung der Menschheit« demonstriert hat. Im *Planspiel* schließlich liegt eine noch weithin unausgeschöpfte Möglichkeit, strategische, soziale und technische Handlungskompetenz im Unterricht zu erwerben, und zwar durch Simulation realer Prozesse. Planspiele sind in einfacher Form von der Grundschule an (*Walter* 1984) verwendbar über die Sekundarstufe (*Lehmann* 1977) bis zur Jugendarbeit und Erwachsenenbildung (*Bonk-Luetkens* 1983); sie sind mit ihrer interdisziplinären Aspektfülle ein zentrales Element handlungsorientierten Unterrichtes, weil ein Planspiel geradezu exemplarisch demonstriert, wie Problemstellungen in Handlungen umgeformt werden können, wie Selbstbestimmung und Sachgesetze miteinander ausgewogen werden müssen, wie Handlungsnotwendigkeiten zur Erweiterung der Sachkompetenz nötigen, wie Schüler/innen spielend in einer Sache hochaktiv sind und wie »sie lernen in ihr, ohne doch eigentlich lernen zu wollen« (*Joerger* 1980, 106).

4.2.2 Beispiel: Erkunden und Erforschen

Das Beispiel auf S. 112 zeigt, daß gerade Erkundungen nicht nur als umfassende Projekte möglich sind, sondern ausgezeichnet in den Alltag des normalen Fachunterrichtes integriert werden können (vgl. *Vaupel* 1997).
Darüber hinaus können Erkundungen auch Grundlage umfassenderer Unterrichtseinheiten sein, zum Beispiel im *Geschichtsunterricht*.

Eine subjekt- und alltagsorientierte historische Lebensweltanalyse nach dem Prinzip »Grabe, wo du stehst« kann durch Gespräche mit »Zeitzeugen« geschehen (»oral history«); deren Erinnerungen, Erzählungen oder auch Fotoalben, aufbewahrte Zeitungen usw. sind »lebendiges« Material gegenüber Lehrbuch-Texten. Die Geschichte einer Flüchtlingsfamilie zu rekonstruieren, Arbeiter zum Hafen-Streik 1951 zu befragen, sich von Verfolgten (oder eben auch normalen Kleinbürgern) über die NS-Zeit erzählen zu lassen, aber auch Erkundungen in der räumlich-dinglichen Umwelt (der Geschichte der eigenen Schule, der Verkehrsverbindung von Barmbek nach Altona, der örtlichen Kaserne, einer Straße oder eines Stadtteils) – führen zu (Wieder-)Aneignung der »Quartiersöffentlichkeit« und in Verbindung mit der Arbeit in Archiven und Quellen zu einem Netz breitgestreuter »Grabungen« durch Erkunden und Erforschen. Einen ausgezeichneten praktischen Leitfaden, zu solcher »Spurensuche« haben *Kinter/Kock/Thiele* (1985) vorgelegt.

Erkundungen haben folgende *Merkmale*:
- der Lernort Schule wird verlassen, nichtpädagogisierte Erfahrungsräume werden gesucht
- Informationen werden *aktiv* beschafft, nicht »Besichtigung«, schon gar nicht »Kiek-in« (viele Betriebserkundungen sind in Wahrheit reine Besichtigungen)
- keine Einwegkommunikation, sondern Gespräche (auch bei Befragungen), nicht nur: sich informieren (lassen), sondern interaktionelle Situationen herstellen
- vor allem müssen Erkundungen sorgfältig vorbereitet, ihre Durchführung dokumentiert und ausgewertet werden.

	Das tägliche Kleinprojekt:
	Der mündige Verbraucher
Was:	– Schüler überprüfen das Mindesthaltbarkeitsdatum auf Lebensmittelpackungen
Wer:	– Schüler ab Klasse 9
Wie:	– Schüler erarbeiten einen Erfassungsbogen für ihre Untersuchung
	– In Kleingruppen werden voher ausgewählte Supermärkte aufgesucht
	– Schüler befragen Kunden, ob sie auf das Haltbarkeitsdatum achten und weisen sie auf abgelaufene Daten hin
	– Schüler versuchen gemeinsam mit den Kunden beim Leiter des Supermarktes eine Mängelbeseitigung durchzusetzen
Wo:	– Supermäkte & Einkaufszentren in allen Stadtteilen
Wann:	– 5 bis 10 Stunden im laufenden Unterricht
	denkbare Fächer:
	Wirtschaftslehre (Handels- u. Gewerbesch.)
	Arbeitslehre (Gesamtschule)
	Politik (Haupt- u. Realschulen, Gymn.)
	denkbare Zusammenarbeit mit den Fächern:
	Deutsch (Fragetechnik, Erfassungsbogen)
	Mathe (stat. Auswertung; prozentualer Anteil der mangelhaften Produkte, Anteil der kritischen Kunden)

(Quelle: GEW, Projekt, H. 2/1984, 15)

Zur Vorbereitung: Gruppen und Paare bilden, Fragestellungen oder Beobachtungsgesichtspunkte erarbeiten, Personen/Orte auswählen, Kontakt herstellen, Termine vereinbaren, in schwierigen Fällen: Vorübungen im Rollenspiel, Aufgabenverteilung! Interviewer, Protokollant, Beobachtungsaufgaben, Art der Aufzeichnung überlegen, eigene Ängste bearbeiten, Eltern informieren, Rechtsfragen beachten.

Zur Durchführung/Dokumentation: Zeitplan einhalten, Dokumentation durch Notieren, Tonband, Video, Foto, Anlaufstelle bei Pannen einrichten, Randerlebnisse, Stimmungen, Atmosphäre festhalten (bisweilen werden auch Informationen verweigert oder Schüler/innen nicht für voll genommen!), Einverständnis für eventuell geplante Veröffentlichung von Äußerungen einholen, Erkundungen selbstverantwortlich und selbständig durchführen.

Zur Auswertung: Sichtung, Auswahl, Zusammenstellung durch die Kleingruppe, Analyse des Aussagecharakters von Äußerungen (persönlich-subjektive, u. U. verzerrte Meinungen, fachliche Angaben, amtliche Stellungnahmen etc.), wie sind die Äußerungen/Beobachtungen zu erklären (Interessengebundenheit, z. B. wird der Pressesprecher einer Firma anders reden als die

Arbeiter, der Jugendoffizier anders als die Wehrpflichtigen), Einbeziehung weiterer Materialien, Integration der Erkundungsergebnisse in den thematischen Gesamtzusammenhang, evtl. Veröffentlichung durch Ausstellung, Bericht auf einem Elternabend o. ä.

Erkunden läßt sich auch die »Fremde«, z. B. in einem Schüleraustausch mit dem »Lernort Frankreich« (*Sendzik / Rahlwes*, in: *Edelhoff / Liebau* 1988, 79 ff.). Schüler/innen führen (in Gruppen) vorbereitete Interviews in der Gastschule durch, fotografieren und filmen, untersuchen Klassenräume und Schulgebäude, beobachten Unterricht, fertigen Speisekarten der Menüs der Kantine an u. a. m.

Erforschen und erkunden läßt sich schließlich auch das, was *in* den Schülern ist: ihre Innenwelt, die Aufschichtung ihrer Erfahrungen als ihre subjektive Lebensgeschichte. Dies ist keine psychotherapeutische Unterwanderung des Unterrichts, vielmehr eröffnet die biographische Selbstreflexion eine anschauliche Möglichkeit, am eigenen Beispiel etwas vom Zusammenhang zwischen einer historisch-gesellschaftlich-kulturellen Lage oder Epoche und der persönlichen Lebensentwicklung zu begreifen: Wieso bin ich »Kind meiner Zeit«? Wir haben dazu ein Repertoir von 200 praktischen Übungen entwickelt, die zum großen Teil auch in der Sekundarstufe verwendet werden können (*Gudjons / Pieper / Wagener* 1986).

Ein Beispiel: Jeder bringt eine Reihe von Fotos aus Kindertagen mit. In Untergruppen werden sie nacheinander (auf der Grundlage eines kleinen Anleitungsbogens) besprochen und ausgewertet: Wie wirkt das fotografierte Kind, welche Situation ist zu sehen, was tragen die Menschen für Kleidung, was sagt das Bild über Wohn- und Lebenssituation, welcher »Zeitgeist« spricht aus ihm usw., wobei die betreffende Person im Anschluß an die Äußerungen der Gruppe ergänzen und kommentieren kann. –

Wie die Darstellung solcher biographischen Erfahrungen literarisch im Deutschunterricht durch kreatives Schreiben verwendet werden kann, hat *Brenner* (1990) an praktischen Beispielen aufgezeigt.

4.2.3 Beispiel: Herstellen und Verwenden

Leider bleiben Herstellen und Verwenden allzu oft auf den Werkunterricht, Arbeitslehre oder Kunstunterricht beschränkt. Unter handlungstheoretischen Gesichtspunkten (vgl. das Beispiel »Käse«, S. 47) ist das *Herstellen* eines Produktes bereits in der Grundschule wesentlich sinnvoller für den Aufbau kognitiver Strukturen als eine (noch so reich bebilderte) *Beschreibung* des Produktes. Für das Herstellen und Verwenden von Produkten im handlungsorientierten Unterricht auch auf anderen Stufen enthält u. a. die angeführte Literatur zur Praxis des Projektunterrichtes eine Fülle von Beispielen und Anregungen.

Das Hauptproblem scheint aber zu sein, daß »Herstellen und Verwenden« als extremer Gegenpol des kognitivistisch verengten und tauschwertorientierten Unterrichtes prinzipiell als keine abgesicherte Lernform angesehen wird, die in den Themenkanon des Fachunterrichtes eingeordnet werden kann. Daß dieses sehr wohl möglich ist, zeigt folgendes Beispiel aus einem Leistungskurs(!) Biologie der Gymnasialen Oberstufe (*Denecke* 1982, 302 ff.):

In den letzten Wochen war das Thema Energieproblem/Umweltbelastung unter biokybernetischen Gesichtspunkten behandelt worden. Der Gedanke, auch über eine Veränderung von Ernährungsgewohnheiten (z. B. Abbau energieaufwendiger Fleischerzeugung) zum Energiesparen beizutragen, führte zu der zunächst rätselhaft erscheinenden Frage: *»Wieviel Erdöl ißt der Mensch?«* Auf der Grundlage fundierter vorbereitender Sacharbeit in Kleingruppen wurden dann für einen Stand an »Projekttag« in der Schule hergestellt: selbstgemachte »alternative Speisen« (Gebäck, Brot, Salate, warme Gerichte), eine Plakatwand mit den von den Gruppen erarbeiteten theoretischen Informationen in anschaulich-graphisch gestalteter Kurzfassung, Handzettel mit Anregungen (z. B. Rezepten) und Denkanstößen; außerdem wertete eine Fragebogenaktion diese Initiative und ihre Wirkungen (»deutlicher« bis »erstaunlicher« Informationszuwachs!) aus.

Aber selbst wenn der Rahmen für ein Projekt aus Zeitgründen z. B. fehlt, lassen sich gerade die Elemente »Herstellen und Verwenden« auch im normalen Fachunterricht realisieren. *Maier* (1990, 195 ff.) hat sogar für einen Bereich, in dem Handlungsorientierung vielfach für unmöglich gehalten wird, nämlich für den lateinischen Lektüreunterricht, überzeugende Beispiele entwickelt.

Nach der Lektüre von Cicero haben die Schüler einer 10. Klasse ein Hörbild zum Prozeß gegen den Kulturräuber Verres hergestellt: »Verres – Sensationsprozeß« ... Radiosprecher in München – Italienkorrespondent in Rom – Bericht aus der römischen Kurie mit Redeausschnitt – Report vom Schauplatz Messana – Sprecher im Studio Rom – Korrespondent in der Stadt Halunt – ... Polizeibericht von der Stadt Henna – Live-Einblendung in die Cicero-Rede in der Kurie – ... Interview mit Cicero ... – Es leuchtet spontan ein, daß sowohl Schülerinteresse als auch der Effekt des Lateinlernens in solchen Verfahren gesteigert sind. – Und *Legutke* (1989, 102 ff.) hat im Anschluß an Filme Ideen entwickelt, wie Schüler einen englischsprachigen kleinen Reiseführer ihrer Stadt (oder sogar über das »Other London«) anfertigen (6. Schuljahr) oder aus einer englischen Kurzgeschichte ein Drehbuch für einen Film machen (Klasse 10) u. a. m.

Ob nun ein Musikinstrument gebaut, ein alternatives Kochbuch geschrieben und vertrieben, Holzspielzeug angefertigt und zur Finanzierung der Klassenreise auf dem Wochenmarkt verkauft (was verboten ist ...), ein steinerner Brotbackofen auf dem Schulgelände errichtet oder eine Lateinvokabelhilfe für die nachrückenden Klassen als Broschüre erarbeitet wird (was mein eigener Lateinlehrer für Cäsars »De Bello Gallico« bereits vor fast 30 Jahren mit uns gemacht hat) – immer ist neben der Herausforderung von anspruchsvoller Fachgerechtigkeit mit dem Herstellen und Verwenden Sinnhaftigkeit, Bedeutung, Motivation, Aktivität und Gebrauchswert-

orientierung verbunden (wie *Vaupel* – 1996 – dies am Projekt »Entenpower« beeindruckend zeigt). Allerdings liegen Herstellen und *Verwenden* eng beieinander, andernfalls wandern schöne Modelle dann doch bald in den Keller, oder es wird »Edelschrott« produziert, den ernsthaft niemand verwenden oder abnehmen kann. Aber auch wenn diese Bedingung nicht erfüllt werden kann, sind Produkte deshalb von hoher Bedeutung, weil sie der Interiorisierung von Handlungsabläufen dienen (vgl. Kp. 2) bzw. verinnerlichte Handlungsschemata effektiv vergegenständlichen. Damit kommt dem selbstgebackenen Brot handlungstheoretisch gesehen eine größere Bedeutung zu als sauber abgeschriebenen Tafeltexten in einer Arbeitsmappe.
So sinnvoll auch die Beschäftigung mit konkreten Gegenständen ist, so leicht bleibt diese allerdings unter dem Gesichtspunkt tätiger Aneignung *gesellschaftlicher* Erfahrung doch beschränkt. Über die biologischen oder physikalischen Seiten eines Gegenstandes hinaus müssen die spezifischen Erfahrungen von Menschen, die mit diesem Gegenstand als Teil ihrer realen Lebenspraxis umgehen/umgingen, erschlossen werden; d. h. gesellschaftliche Organisationsformen, die die Verwendung eines Gegenstandes bestimmen, müssen mit herangezogen werden (*Schaeffer* 1976, 109). Die gesellschaftlichen Prozesse, die mit der Entwicklung des Steinbackofens über das Dorfbackhaus und den kleingewerblichen Bäckereibackofen zum häuslichen elektrischen Backofen und zur industriellen Backfabrik verbunden sind, zeigen z. B. die jeweils herrschenden Formen von Arbeitsteilung, insbesondere die Abhängigkeit der Lebensweise von Frauen.

4.2.4 Beispiel: Erfahren und Erleben

Das Anknüpfen an die mitgebrachten, aktuellen *Spontan-Erfahrungen* der Schüler/innen ist sicher sinnvoll, reicht aber für den Unterricht als Prinzip ebensowenig aus wie das Einbringen gesellschaftskritischer, »progressiver« *Themen*, die die Schüler/innen z. B. als – gedachte – künftige Arbeitnehmer doch eigentlich interessieren müßten ... – Erfahrungsqualität erhält eine Thematik erst dann, wenn sie im Rahmen eines Handlungszusammenhanges mit individuellen und sozialen Aktivitäten der Lernenden verbunden wird. Dazu muß der *Unterricht selbst zur Erfahrung werden*. Erfahrungen können (vgl. »erfahrungsbezogener Unterricht« 1.2.4) didaktisch hergestellt und organisiert werden.
Nun scheint dies für sozialkundliche Fächer eher möglich als z. B. für Fremdsprachen. Aber auch Sprache kann als wirkliches Kommunikationsmittel *erfahren* werden, außerhalb der Schule, in Ernstsituationen. Die Grundidee des folgenden Beispiels, nämlich daß Englisch in authentischen Lebenszusammenhängen um uns

herum zu finden ist, läßt sich in vielen Regionen konkretisieren und ist nicht an den »Airport« gebunden (*Legutke/Thiel* 1982, 288 ff.).

In der zweiten Hälfte der 6. Klasse wurde, ausgehend vom Forscherdrang und von der Spontaneität dieser Altersgruppe, die Faszination eines Großflughafens genutzt. Nachdem Vorerfahrungen der Schüler mit Hilfe von Tafel und Arbeitsblättern aktualisiert worden waren, Erwartungen, Phantasien und Interessen in einem Plan für Gruppenarbeit Gestalt gefunden hatten, wurden Interviewsituationen auf dem Flughafen in Rollenspielen simuliert und sprachlich mit Hilfe schüleraktiver Methoden gründlich vorbereitet. Endlich war es dann soweit: Im Flughafen angekommen, machen sich die Kinder zuerst einmal mit dem Gebäude vertraut (z. B. Finden der engl. Begriffe für die Piktogramme). Dann folgt das spannende und sehr aufregende Interviewen von Reisenden mit Cassettenrecorder, Sofortbildkamera, Schreibzeug, Protokollisten und Cue-cards (Spickzetteln). Immer wieder spielt dabei der Stützpunkt in einer Ecke der Abflughalle eine zentrale Rolle bei Verständnisschwierigkeiten oder Pannen. Die Überprüfung der Mitschnitte ist wichtig. »Ich habe die ganze Nacht kaum geschlafen, weil ich gedacht hab', ich kann niemand ansprechen ... Aber das ist gar nicht so schwer« (S. 293), äußerte ein Schüler. Japaner, die noch schlechter Englisch können als die Schüler, der Bürgermeister von Nairobi und eine Pop-Gruppe sind unter den Interviewten. – Die Auswertung in der Schule erbringt viel Material für Follow-up activities, die Gruppenarbeit zeigt, daß Schüler/innen nicht erst auf eine spätere Reise nach England als Motivation zum Englischlernen verwiesen werden müssen, sondern daß sie die eigenen Erfahrungen festhalten und andern Gruppen mitteilen wollen und dabei – unterstützt durch gezielte Hilfen und Übungen – ihre sprachlichen Möglichkeiten erweitern.

Ein solches Erfahren und Erleben zeigt aber auch, daß J. Deweys Prinzip »learning by doing« auch im handlungsorientierten Unterricht nicht mißverstanden werden darf, als sei bereits irgendwelches Tun gleichzusetzen mit Lernen. Erlebnisse wie die auf dem Flughafen mit Sprache müssen durch Verarbeitungsprozesse unterstützt werden, um zu Erfahrungen zu werden und Sprachlernprozesse zu intensivieren. Eine völlig andere Art von Erfahrung, aber gleich wichtig, ist die *Erfahrung mit sich selbst* im Unterricht.

Die Gestaltpädagogik z. B. hat – wie ich finde – faszinierende Beispiele vorgelegt, wie Gefühls- und Körpererfahrung in den normalen Unterricht integrierbar sind. Aus Raumgründen kann ich auf zwei sehr überzeugende Erfahrungsberichte hier leider nur verweisen: B. *Galyean* »Gemeinsames Wachsen mit Gestaltmethoden im Französischunterricht« (in: *Petzold/Brown* 1977, 178 ff.) und M. *Rosenkranz* »Hände – eine Arbeit zur integrativen Körpererziehung« (in: *Brown* 1978, 115 ff.). Die Gestaltpädagogik begreift Lernen als Kontaktprozeß und stellt die lebendige Beziehung zwischen Lerner und Thema in den Mittelpunkt. Denken, Fühlen und Handeln werden integriert, wobei auch meditative Verfahren, Phantasieübungen, Wahrnehmungsübungen, kreative Medien wie Masken, Puppen, Theaterspiel etc. eingesetzt werden. Es gibt inzwischen eine Reihe von unterrichtspraktischen Beispielen dafür, wie persönlich bedeutsames Lernen gefördert werden kann (*Burow/Quitmann/Rubeau* 1987; PÄDAGOGIK H. 5/1990 »Gestaltpädagogik«; *Burow/Kaufmann* 1991, *Burow/Gudjons* 1994). – Faszinierende Grundlagenwerke zu gestaltpädagogischem Lernen sind die Arbeiten von *Fuhr/Gremmler-Fuhr* (1988, 1995). Einen mehr an der medizinisch-biologischen Sicht orientierten Versuch, den eigenen Körper (z. B. durch Massagen und Körpermessungen) einzubeziehen, beschreibt die *Bielefelder Lehrergruppe* (1979, 27ff.).

Auch gezielte *Gegen-Erfahrungen* zum Gewohnten im Leben der Schüler sind sinnvoll und notwendig. Angesichts der (in Kp. 1) beschriebenen Mediatisierung kultureller Aneignungsprozesse ist *Medienkritik* sicher wichtig. Noch geeigneter zum Aufbau eines kritischen Verhaltens beispielsweise gegenüber dem Fernsehen ist, einen *Film selbst herzustellen* und dabei die Erfahrung selbst zu machen, durch welche Techniken und Verfahrensweisen die Darstellung von Sachverhalten beeinflußt bis manipuliert werden kann (*Allerkamp* 1984, 267ff.). Die Bedeutung von Wirklichkeitsreduzierung, Perspektivität, Wirkungsabsicht usw. in bildlichen Darstellungen von Lebenszusammenhängen und Situationen kann auch in der Arbeit mit *Fotos* und im *Fotografieren* erfahren werden. Bilder bieten Anlässe zur Aneignung von Erfahrungen; und das Herstellen von Bildern läßt sich zugleich als ein eigener Aneignungsprozeß begreifen, bei dem sich im Bild nicht nur die wahrgenommene Situation vergegenständlicht, sondern auch die Art und Weise, *wie* etwas gesehen wurde (vgl. *Scheller* 1981, 182ff., *Tulodziecki* 1995).

4.2.5 Beispiel: Probieren und Studieren

Es ist fast schon trivial festzustellen, daß unter Aneignungs- und handlungstheoretischem Aspekt ein eigenes Ausprobieren durch Schüler besser ist als das Demonstrieren durch den/die Lehrer/in, z. B. in einem physikalischen Versuch. Aber über das bekannte Schüler-Experiment hinaus meint »Probieren und Studieren« noch mehr: nämlich das, was F. *Copei* in seinem berühmten Buch »Der fruchtbare Moment im Bildungsprozeß« bereits 1930 (1950, 2. Aufl.) so treffend beschrieben hat, noch längst bevor die kognitive Lerntheorie das entdeckende Lernen begründet. Darum ist an dieser Stelle ein *historisches Beispiel* angebracht, Copeis bekannte Szene von der *Milchdose* (ebd. 105f.).

Ein Junge hatte auf einer Schulwanderung eine Büchse Kondensmilch mitgebracht. Er sticht ein Loch hinein, um die Milch herauszugießen. Aber sie fließt nicht! Beim Schütteln spritzen auch nur ein paar Tropfen. Alles staunt. Ist das Loch zu klein? Verstopft? Die Milch zu dick? Auch nach vielem Probieren und Herumrätseln steht fest: es ist nichts vor dem Loch. Der Lehrer sagt nur ein Wort: »Nichts?« Ja, schon etwas, aber doch nur Luft. Die Kinder probieren es mit einem zweiten Loch. Und siehe da: die Milch fließt! Aber nur solange man die Dose schräg hält. Senkrecht gehalten, fließt aus beiden Löchern wieder nichts. Die Kinder sind verblüfft. – Der Lehrer gibt keine Antwort, aber die Kinder wollen das am nächsten Tag in der Schule klären. – Dort folgt dann eine genauere Untersuchung, Zwischenergebnisse des Probierens werden in Tafelskizzen festgehalten, Hypothesen über die »Kraft« der Luft aufgestellt und überprüft. Und plötzlich verstehen die Kinder die doppelte Druckbewegung der ausströmenden Milch und der einströmenden Luft. Die Versuche werden mit Wasser wiederholt, jedesmal das gleiche Ergebnis. Weitere Beispiele werden von den Kindern erzählt (volle Flasche ausleeren usw.) und belegen, daß sie die Druckwirkung der Luft verstanden haben.

Der »fruchtbare Moment« ist also nicht ein bloßes Evidenzerlebnis oder auch ein genau geplantes Endergebnis einer Versuchsreihe, sondern ein Moment der »inneren Erfassung« (S. 40) einer Lösung. Die Erkenntnis »dringt in die Tiefe des Objekts ein, und in dieser Verschmelzung mit dem Objekt erschließen sich die eigentlich bildenden Wirkungen der ›Sache‹« (S. 41). Schlicht gesagt: es macht »klick«, das Kind sagt: »aha«! – Natürlich ist darin auch ein Element von Zufall, aber der fruchtbare Moment stellt sich beim planlosen Herumprobieren nur selten ein. Copei hat darum Stadien genannt, die mit seinem Eintreten verbunden sind und den Moment erst zu einem »fruchtbaren« werden lassen: »Stutzen, Fragen, Vermutungen, Probieren und Beobachten, Ordnen der Fälle, Analyse der Einzelfälle, Vergleich, Feststellung des ganzen Prozesses, dann Einsicht in den Zusammenhang, ... Nachprüfung ... (an) andere(n) Beispiele(n)« (S. 107).

Probieren und Studieren (studium, lat. = Eifer!) fördert die Neugier, »Forscher«-Mentalität, exploratives Verhalten (*Berlyne* 1974). Der Ausgang muß in gewisser Weise offen sein, Mißerfolge sind möglich, Aporien, »kognitive Dissonanzen«, Konflikte sind ebenso zugelassen wie zunächst falsche Lösungen, aber auch Originalität und schöpferische Problemlösungen.

Die modernen Technologien »rund um den Computer« scheinen dazu völlig im Widerspruch zu stehen. Das stimmt dann, wenn Lernziele sich auf der Ebene von technischen Bedienungskompetenzen erschöpfen. Eine darüber hinausgehende Reflexions- und Urteilsfähigkeit zum Einsatz und zu den Auswirkungen der Informations- und Kommunikationstechnologien legt allerdings nahe, handlungsorientierte Unterrichtsformen zu entwickeln. Dies ist inzwischen mit sehr überzeugenden Beispielen geschehen (*Holtappels/Pfeiffer* 1990, 118 ff.):

In einer Unterrichtseinheit »Warenhaus« wurde der Einsatz von Computern nicht nur bei den Vorgängen des Einkaufs und Verkaufs erprobt, sondern auch für die hinter den Kulissen ablaufende Steuerung des Warenflusses, des Kauf- und Kundenverhaltens und der Arbeitsplatzkontrolle. Die Schüler übernahmen dabei abwechselnd die Rolle von Filialleitern, Kunden und Angestellten eines Warenhauses, in dem ein modernes System mit Scannerkassen eingeführt wurde. In den spielerischen Simulationsabläufen und Rollenspielen sind Denken und Handeln verknüpft, Wirklichkeitsnähe und die Chance zum Ausprobieren unterschiedlicher Strategien schaffen Spannung und Motivation. –

Eine weitere Möglichkeit zum Simulieren betriebswirtschaftlicher Abläufe (kaufmännisches Lernen im Modellbetrieb) oder im Werkstattlabor haben *Halfpap und Mitarbeiter* entwickelt und gut dokumentiert (*Halfpap* 1993, 1994).

4.2.6 Beispiel: Zusammenarbeiten und Kommunizieren

Handlungsorientierung bezieht sich nicht nur auf gegenständliche oder symbolisch-abstrakte Aneignungsformen, sondern auf soziales Handeln. Wir haben bereits im Abschnitt über den Gruppenunterricht (1.2.7) gesehen, welche Vielfalt von Handlungsmöglichkeiten die pädagogische Gestaltung der Beziehungsebene bietet, d. h. in unserem Zusammenhang vor allem des (kommunikativen) *Umgangs miteinander* und der *Zusammenarbeit* untereinander. Eine Fülle praktischer Anregungen zur Verbesserung schulischer Kommunikation findet sich bei *Miller* 1996. Die absichtsvolle bewußte Entfaltung beider Bereiche wird im Begriff der »*Interaktionspädagogik*« als Arbeitsfeld und Ziel zusammengefaßt (*Gudjons* 1990). Soziale Handlungselemente ergeben sich bereits bei der äußeren Gestaltung eines *Klassenraums*:

Gemeinsame Einrichtung mit Bildern, Collagen, auch Postern, Fotos, Zeitungsausschnitten, mitgebrachten Gegenständen (ich kenne z. B. Hauptschulklassen, die sich eine Tee-Ecke eingerichtet haben; die Fernseher, Radio und Tonband selbst organisierten; die eine kleine Bibliothek, eine Werkzeugsammlung zur Ausleihe, eine Plattenkiste zum Tauschen usw. besitzen); aber auch das Erproben verschiedener *Sitzordnungen* mit Beurteilung durch die Schüler, das Wechseln der Plätze nach einer festen Regel (z. B. anfangs: jeder soll nacheinander mit möglichst vielen zusammengesessen haben – später: Wechsel nur zweimal im Monat u. ä.), Gruppentische (z. B. zur häufigen Kurzgruppenarbeit). – Aber »Gemütlichkeit« wird letztlich nicht durch das Interieur hergestellt, sondern durch Identifikation mit dem, was in diesem Raum an Erfahrungen und Erlebnissen (eben auch im Unterricht!) möglich ist. Auch der Klassenraum ist Gegenstand eines Lernprozesses, er muß *angeeignet* werden. Eine gute Möglichkeit dazu ist, die Produkte von Lernprozessen in seine Gestaltung einzubeziehen, so daß er dokumentiert und abbildet, was und wie in diesem Raum gelernt werden kann.

Will man soziale Handlungskompetenz einer Klasse oder Lerngruppe aufbauen, dann ist zu beachten: Eine Schulklasse wird nicht durch stilles Abwarten oder durch Zauberei zu einer effektiven Arbeitsgemeinschaft, sondern durch bewußte und gezielte Einflußnahme auf das Gruppengeschehen (*Stanford* 1980).

Immer wenn Gruppen *neu zusammengesetzt* werden – und das geschieht in einem sich differenzierenden Schulsystem ja bekanntlich zunehmend –, gibt es bei Schülern/innen dieselben (heimlichen) Gefühle, z. B. Angst, Unsicherheit, Hilflosigkeit, Hoffnung auf Unterstützung, Bedürfnis nach Abgrenzung.

Hier schaffen *Kennenlern-Spiele* Möglichkeiten, sich mit der Frage des gegenseitigen Akzeptierens und des Angstabbaus direkt auseinanderzusetzen. Bereits einfache Spiele zum Lernen des Namens und zum Kennenlernen der Person haben hier ihre wichtige Funktion (*Gudjons* 1990, 49 ff.).

Auch im späteren Unterricht vielseitig verwendbar (z. B. immer zum Einstieg in ein neues Thema, bei dem kontroverse Standpunkte möglich sind) sind Übungen/Spiele wie z. B. die

Meinungslinie: Der/die Lehrer/in stellt eine Frage, zu der möglichst unterschiedliche Meinungen bestehen (z. B.: »Soll die Bundesrepublik Waffen an Diktaturen liefern, wenn dadurch Arbeitsplätze bei uns finanziert werden können?«). – Die Schüler/innen stellen sich vor, durch den Klassenraum verliefe eine Linie: An der rechten Wand stehen alle, die extrem nein, an der anderen Wand die, die extrem ja sagen würden. Je nach Stärke ihrer Standpunkte stellen sich alle Schüler/innen entlang dieser gedachten Linie auf. – Dieses körperliche Ausdrücken eines »Standpunktes« ist ein viel reizvollerer Anlaß zur Diskussion als ein verbales »Meinungsbild«.

Stärker auf den Aspekt »Arbeitsgemeinschaft« bezogen ist die Entwicklung von Fähigkeiten, die zur produktiven und *kooperativen Aufgabenlösung* erforderlich sind. Auch hier kann mit Spielen und Übungen und deren gemeinsamer Auswertung ein Prozeß der Ableitung und rationalen Verständigung über Normen initiiert werden.

Ausgezeichnete Möglichkeiten zum Training der *Informationskoordinierung* – eines Kernstücks jedes Kooperationsprozesses – liegen in *Rätselspielen*: Jedes Mitglied erhält (nur) eine Schlüsselinformation zu einer Aufgabe. Am Prozeß der Koordinierung dieser Informationen kann gelernt werden, daß die Gruppe nur erfolgreich zusammenarbeitet, wenn jedes Mitglied verschiedene Formen der Selbstverantwortung zeigt (z. B. die eigene Information deutlich einbringt, anderen genau zuhört, den Stellenwert des eigenen Beitrags richtig einschätzt, ggf. eigene Informationen zurückstellt, nach anderen fragt, den Überblick über den Zusammenhang behält usw.). An der arbeits- und gruppenbezogenen Auswertung dieser Rätselspiele lassen sich hervorragend erfahrungsorientierte Regeln ableiten und Normen entwickeln.

Schließlich liegt in der Fähigkeit, angemessene *Rückmeldungen* (feedback) geben zu können, eine Grundlage für die Bewältigung von Aufgaben. Auch hierzu ein typisches, in der Verwendung sehr variables *Beispiel*:

Kleiner Gruppenspiegel: Jede/r Teilnehmer/in füllt nach der Arbeit einen kleinen Fragebogen aus, wobei die Durchschnittswerte der einzelnen Fragen diskutiert und vor allem mit der eigenen Einschätzung verglichen werden. Das Gespräch über Gründe soll jeweils in Überlegungen zur Veränderung münden. Beispiele für Fragen bzw. Statements: Ich fühle mich in dieser Gruppe wohl (1 = völlig, ... bis 5 = überhaupt nicht). Das Thema interessiert mich (1 ... 5). Wenn ich etwas sage, fühle ich mich von den anderen verstanden (1 ... 5). Ich fühle mich in der Gruppe frei und nicht unterdrückt (1 ... 5) (u. a. m.).

Jede Gruppe wird auch Phasen verstärkter *Konflikte* durchmachen. Hilfen zur Konfliktlösung liegen vor allem im Beachten (und im nicht-wertenden Akzeptieren) des gefühlsmäßigen Hintergrundes von Äußerungen, im Einüben von »Ich-Botschaften« (*Gordon*), im Abklären von nicht geäußerten Hintergrund-Bedürfnissen (Was möchte ich eigentlich?), im Suchen von Lösungen, bei denen keiner verliert. Gelegentlich kann auch ein Rollentausch (Kontrahenten setzen sich jeweils auf den Stuhl des Gegners und fühlen/denken sich in dessen Anliegen hinein) nützlich sein, ebenso

wie ein gemeinsames Brainstorming der Kontrahenten zur Entwicklung von Lösungen, denen beide zustimmen können.
Ein umfassendes praktisches Modell eines kommunikationsfördernden Unterrichts ist die Themenzentrierte Interaktion von Ruth *Cohn* (*Cohn/Terhart* 1993).

4.2.7 Beispiel: Phantasieren und Experimentieren

»Ich spinne, also weiß ich« lautet die Überschrift eines Artikels von J. *Fröchling* (1986, 24) über »Erkenntnisgewinnung durch Phantasie beim Schreiben«. Phantasie muß gefüttert werden, um sie zu entwickeln. Ich möchte dies am Beispiel des Deutschunterrichtes zeigen. Eine vorzügliche Möglichkeit ist das »Kreative Schreiben«, das aber nicht nur im Deutschunterricht, sondern allen Fächern, die sprachlich orientiert sind, realisiert werden kann (*Brenner* 1990).
Praktisch heißt das zunächst einmal, die Phantasie im *Selbst-Schreiben* zu mobilisieren und sich auch andern mitzuteilen. I. *Meckling* hat für den handelnden Umgang mit selbstgeschriebenen Texten im Unterricht einige bewährte Verfahren entwickelt.
Ein Beispiel:

– *Antwort mit Echo-Texten:* Der Autor liest seinen Entwurf ein bis zwei Male vor, und die anderen reagieren darauf schreibend. Hierbei kann der Zuhörer das Vorgelesene in Ruhe auf sich wirken lassen und seinen Eindruck in abgewogene Worte fassen. Es ist ratsam, auf Bilder auch mit Bildern zu antworten, weil so das Echo dichter und die Gefahr von Mißverständnissen weitaus geringer ist (*Meckling* 1986, 8).

Nun geht es im Deutschunterricht aber nicht nur um eigene Texte, sondern um die Aneignung des »kulturellen Erbes« der Literatur, z. B. der Lyrik. Aber phantasievoller, aktiver Umgang mit der in ihr anzutreffenden Sprache führt nicht von der Literatur weg, sondern zu ihrem besseren Verstehen (z. B. Lyrik verstehen durch Lyrik schreiben). Die Schüler/innen lernen leichter, wenn sie über den Gegenstand nicht nur das aufnehmen, was der/die Lehrer/in vermittelt (Fremdwissen), sondern selbst aktiv mit ihm umgehen, d. h. eigene produktive Erfahrungen mit ihm machen, entweder durch kreative Veränderungen oder durch Übernahme des wesentlichen Gestaltungsprinzips in einem eigenen Text. –
Ein *Beispiel:* P. *Handkes* »Wortverfolgungen« und seine Texte, die »Verschüttungen« an's Licht holen:

»Eine ganz simple Methode, um Verschüttetes ins Licht zu holen, besteht darin, gängige Formulierungen in ihr Gegenteil zu verkehren. Schon bei den ersten Versuchen läßt sich die Entdeckung machen, wie viel wir übersehen, weil in der Sprache üblicherweise nur eine Hälfte artikuliert wird. Ein Satz einer Schülerin, nachdem sie sich etwa eine Viertelstunde mit der

Methode beschäftigte: Nicht mein Opa war im Krieg, sondern Krieg war in meinem Opa.«
(*Meckling* 1986, 31)

Wie ein Stück Realität, die sonst nicht greifbar ist oder übersehen wird, wieder zurückgeholt werden, wie Details einer nur scheinbar irrealen Welt in das Handlungsfeld des / der Schüler/in eingebracht werden können, zeigt H. D. *Müllers »Leerstellenspiel«*:

»In der Kurzgeschichte von Ilse Aichinger ›Das Fenstertheater‹ lehnt eine Frau am Fenster und sieht hinüber auf die andere Straßenseite, wo ein alter Mann an seinem Fenster merkwürdige Kunststücke vollführt und Grimassen schneidet. Tief beunruhigt, befürchtet sie Schlimmes. Als sein Gesicht ... wieder auftauchte, hatte sie schon die Polizei verständigt. Der Text geht dann weiter, und wer ihn kennt, der weiß, daß sich die Sache ganz harmlos dadurch aufklärt, daß der Alte lediglich mit einem kleinen Kind, das aus einem Fenster gegenüber zusah, gespielt und gescherzt hatte. Anstatt daß nun der Lehrer bei der Besprechung oder Erarbeitung der Geschichte fragt: Was hat die Frau wohl über den alten Mann gedacht, daß sie die Polizei verständigt hatte?, läßt Müller schlicht und einfach ihr Telefongespräch mit der Polizei *spielen*: Eine Schülerin verschwindet hinter einem Wandschirm (der Landkarte) und realisiert das Telefongespräch, das im Text ja nur angedeutet, aber nicht ausgeführt war. Der Wandschirm realisiert den fehlenden Sichtkontakt, der für telefonische Kommunikation ja bezeichnend ist.« (*Joerger* 1980, 103)

Das »Leerstellenspiel« ist eine methodische Möglichkeit, Ausschnitte der Wirklichkeit, die für Schüler/innen derzeit nicht »erreichbar« sind, durch »Probehandeln« nachvollziehbar und erfahrbar zu machen.
Eine andere Möglichkeit der Betätigung von Phantasie liegt in ruhigen Entspannungs- und Konzentrationsübungen, z. B. im Englischunterricht (*Löffler* 1989, 60 ff.), die gleichzeitig sprachliche Kompetenzen fördern. Die folgende Phantasieübung bezieht innere Bilder und Assoziationen ein.

»My favourite flower«. You have discovered your favourite flower – a beautiful flower, and you watch one of its buds. Time goes by and slowly the flower opens. Watch it as the petals move and give way and open up – you can see the tender petals and the deep colour inside the flower. It opens up completely and the sunshine enters the depth of the flower. It is a wonderful moment. Can you see your flower now ... Can you tell us about your flower?

Gelenkte Phantasien lassen sich auch als Zugang zu literarischen Texten nutzen (*Bleckwenn / Loska* 1988, 25 ff.). Die Imaginationsübung »Rosenbusch« (die Schüler verwandeln sich in der Phantasie körperlich zu einem Rosenbusch und erleben ihn in allen Einzelheiten) z. B. wirkte sich positiv aus bei der Lektüre der motivverwandten Erzählung »Der spanische Rosenstock« (die Beziehung eines Liebespaares wird hier symbolisch durch einen Rosenbusch in seinem Blühen, Welken, Weiterwachsen dargestellt).
Schließlich helfen meditative Methoden, eine Verbindung von Geist und Körper (wieder)herzustellen (*Boden* 1988, 36 ff.): Meditatives Musikhören und Malen, Zeichnen, Modellieren; Bildmeditation mit meditativer Musik; meditative Musik-

improvisation; Bewegung und meditative Musik u. a. m. (vgl. auch PÄDAGOGIK H. 12/1994).

4.2.8 Beispiel: Tätigsein und Verantworten

Hannah *Ahrendt* hatte von der »Unabsehbarkeit menschlicher Taten« gesprochen (vgl. S. 65). Können Schüler/innen lernen, die Verantwortung für die Folgen ihrer Tätigkeit zu übernehmen? Oder wie können sie es lernen, überhaupt erst einmal ihre eigene Tätigkeit selbstverantwortlich zu steuern? Drei Beispiele sollen Wege dazu zeigen: Selbstplanung im offenen Unterricht, Verantwortung für ein Fest und die Fahrradwerkstatt.
Die Versuche, bereits in der Grundschule *freie Arbeitsphasen* und *offenen Unterricht* einzuführen (vgl. 1.2.3), sind ermutigend. Gerade freies Arbeiten ist eine gute Gelegenheit, schrittweise die Planung eigenen Lernens selbst in die Hand zu nehmen. Freinet hat betont, wie wichtig das Aufstellen von *Arbeitsplänen* für die Schüler/innen ist. In Freinet-Klassen stellt sich jede/r Schüler/in montags zu Beginn des Unterrichts seinen/ihren individuellen Wochenarbeitsplan auf, unter Angabe der zu benutzenden Arbeitskarten, Vorhaben, Themen, Versuche etc. – Dieser Plan dient am Ende der Woche zugleich der Selbstkontrolle. Schüler/innen lernen zielbewußtes, planvolles, selbständiges und selbstverantwortliches Arbeiten. In Verbindung mit den für die Einzelteile erreichten Benotungen ergibt sich über längere Zeit eine anschauliche persönliche »Leistungskurve«, die Freinet zusammen mit den Arbeitsplänen regelmäßig von den Eltern unterschreiben läßt (*Jörg*, in: *Freinet* 1965, 205 ff.). –
Auch Arbeitspläne für die gesamte Klasse im Rahmen offener Unterrichtsphasen (*Scheel* 1978, 41) helfen, selbsttätig schrittweise Eigenverantwortung zu übernehmen. Ein Angebot noch so reichhaltiger Materialien aller Art reicht – auch wenn es Voraussetzung für freies Arbeiten ist – allein nicht aus, weil es zwar zum Tätigsein reizt, – aber noch nicht den längerfristigen Prozeß des Lernens von Verantwortung strukturiert (*Wallrabensein* 1991, *Vaupel* 1996).

Im Beispiel »Arbeitsplan« zielen Tätigsein und Verantwortung auf *sachbezogenes* Lernen und auf die *eigene* Person. Aber handlungsorientierter Unterricht enthält auch das Element der *sozialen* Verantwortung. Ob dies in Partnerschaften zu Kindern oder Projekten aus der 3. Welt, in der Betreuung schwächerer Schüler/innen oder in Partnerschaft zu Schulanfängern realisiert wird, ist sekundär. Wichtig ist in unserem Zusammenhang, daß Schüler/innen lernen, die Folgen ihres Handelns sinnlich und direkt zu erfahren und Verantwortung zu übernehmen.

Eine Lerngruppe mit ausländischen Schülern einer Haupt- und Realschule plant ein *Fest mit ausländischen Mitbürgern*. In Gruppen werden Programmpunkte erarbeitet (Spiele, Sketche usw.). Dekorationen werden hergestellt, Essen und Trinken vorbereitet, Einladungen entworfen u. a. m., dies alles in einfachster Form, damit auch die nicht gut deutsch sprechenden Schüler/innen mitarbeiten können. Die sprachliche Kommunikation wird als besonderes Feld der Verantwortung für das Gelingen des Festes begriffen: Am Festabend werden die ausländischen

Eltern, die Lehrer/innen, deutsche Schüler/innen in einer vorher geschickt überlegten Tischordnung durcheinander plaziert, wobei besonders darauf geachtet wird, daß überall ein »Dolmetscher« dazwischen sitzt. Planung und Durchführung des Festes haben zahlreiche Tätigkeiten mit der Übernahme der Verantwortung für das geplante Handeln (»Gelingen des Festes«) verbunden (*Schüttler* 1982, 314 ff.).

Unser drittes Beispiel ist die Einrichtung einer Fahrradwerkstatt in einer Berliner Gesamtschule (*Schuhknecht* 1988, 47 f.). Natürlich mag man einwenden, daß die Schule mit wöchentlich zwei Doppelstunden für Projektarbeit besonders günstige Bedingungen hatte.

Aber der Aufbau einer Fahrradwerkstatt und eines Fahrradverleihs bot trotzdem genug Hindernisse: Geld wurde viel zu spät bewilligt, Diebstähle und Zerstörungen hemmten die Arbeit, Unlust, Nachlässigkeit und anfängliche Unfähigkeit bremsten den Enthusiasmus erheblich. Aber Tätigsein hing mit Verantwortung zusammen: Der Bau des projektierten Fahrradanhängers konnte nur gelingen, weil Fehler sich unmittelbar auf die Funktionsfähigkeit ausgewirkt hätten und fehlende »Arbeitsmoral« das Unternehmen hätte scheitern lassen.

4.2.9 Beispiel: Eingreifen und Verändern

Einen Mißstand zu beseitigen, ein Defizit zu beheben oder etwas für Menschen und ihre Umwelt Sinnvolles selbst zu gestalten, bringt ein Maß an Befriedigung und Sinnhaftigkeit in den Unterricht, das dem Bezug der Schule zum Leben eine neue Qualität gibt.

Vielleicht ist es aber auch ganz sinnvoll, die Ziele gar nicht so weit zu stecken (und die Typhusverseuchung zu bekämpfen wie im klassisch-berühmten Projekt von Collings aus den 30er Jahren), sondern beim Nächstliegenden anzufangen, – z. B. beim Schulhof.

Der Band »Neue Schulhöfe« von P. *Kraft* (1980) enthält neben zahlreichen Anregungen zur Gestaltung von Schulhöfen durch Spielgeräte, Piktogramme für Betätigungen, Murmelbahnen, Reifenpyramiden zum Klettern u.v.a. auch den Bericht über eine Hauptschulklasse, die unter dem Motto »Spielen statt kloppen« den Schulhof ihrer Schule »eingreifend« verändert hat.

Eine andere Klasse (*Rademacher* 1990, 132 ff.) hat auf dem Schulhof als Abschiedsgeschenk an die Schule eine Sonnenuhr gebaut, die auf einen flachen Findling gesetzt wurde und im Prozeß der Herstellung zu einer Fülle von astronomischen, physikalischen, ästhetischen, geschichtlichen u. a. Lernprozessen führte.

Ein weiteres Beispiel ist die Neuanlage eines Schulhofes als ökologisches Langzeitprojekt eines Gymnasiums (*Clasen / Gasow-Weiland* 1996).

Ob die Pausenhalle, eine Schülerdiscothek, das Schullandheim einer Schule, der Ausbau eines Spielplatzes, eine Schulordnung aus der Sicht der Schüler oder auch der eigene Klassenraum Ziele des Eingreifens und Veränderns werden können, hängt neben der Initiative einer Gruppe auch davon ab, wie mit den *Widerständen* der rauhen Wirklichkeit umgegangen wird. Vorschriften, Instanzenwege, bürokratische Prozeduren, Geldknappheit, Raum-, Werkzeug- und Materialprobleme, Antizipation des Scheiterns noch vor Start der Aktivitäten u. a. m. können sehr rasch die Hoffnungen auf Realisierung von Veränderungsabsichten zunichte machen. Hier kann z. B. die Zusammenarbeit mit Bürgerinitiativen wichtige Erfahrungen vermitteln. – Manchmal sind es aber auch schon ganz kleine Aktionen, die mithelfen können, das Bewußtsein von Menschen zu schärfen oder zu verändern (vgl. die Verbraucheraufklärung im »Täglichen Kleinprojekt« (S. 100)). Und warum soll nicht schon einiges gewonnen sein, wenn Besucher der Aufführung eines selbstgeschriebenen Theaterstückes nach L. *Ossowski's* »Stern ohne Himmel« zu einer veränderten Sicht des Themas Judenverfolgung im NS-Deutschland kommen (*Krause/Kressel* 1983)?

4.2.10 Beispiel: Klassenreise und Schulleben

Die begründete These vom »Erziehungsdefizit der Schule« (*Keck/Sandfuchs* 1979, 24 ff.) hat eine erhebliche Aufwertung des *Schullebens* – d. h. der den Unterricht begleitenden Bedingungen, Aktivitäten und Erfahrungsmöglichkeiten – in den letzten zehn Jahren zur Folge gehabt. Auch in der Praxis von *Klassenreisen* hat sich einiges verändert. Klassenfahrten werden als Erfahrungsfeld gestaltet, das eine Fülle von »lebensechten« Handlungsmöglichkeiten bietet.

Die Stefanschule in Flensburg (*Homfeldt/Kühn* 1981) führt Klassenreisen mit dem *Prinzip der Selbstregulation* der Schüler/innen durch. *Lernen im Lebenszusammenhang* selbst, dies beginnt bereits mit der Planung: Schüler/innen wählen Zielort und Unterkunft (meist Ferienhäuser in Dänemark) selbst aus, regeln den Transport, erstellen Belegungspläne für die Häuser, kaufen nach dem Essensplan die Vorräte ein, sie reinigen die Häuser selbst, erstellen Regeln, die für alle gelten sollen (Rauchen, Alkohol, Tagesrhythmus) etc. und erfahren dabei, daß nichts klappt, – außer man macht es selbst: sie lernen Verbindlichkeit. Trotz intensiver Planung schafft die Klassenfahrt selbst aber ihre eigene Praxis, in der lebensrelevante Fähigkeiten in größerem Umfang gelernt werden können als in mancher Unterrichtsstunde.

Weitere Beispiele – besonders als Kontrastprogramm für konsumverwöhnte Kids – enthält das Heft »Klassen reisen« von PÄDAGOGIK (H. 4/1990). Lehrer haben es gewagt, ihren Schülern Arbeit in einem Katastrophengebiet zuzumuten, steile Felsen und wilde Bäche zu überwinden, das Wattenmeer zu untersuchen, sich der Disziplin (aber auch der Romantik) eines Segeltörns auszusetzen, – und sind mit begeisterten Schülern zurückgekommen. Lernen durch Hinausgehen, nicht: erst lernen, dann später hinausgehen und das Gelernte (vielleicht) gebrauchen können. Das ist ein zentraler Aspekt der »Didaktik der Freizeit« (*Nahrstedt*).

Im Gegensatz zum modernen Massentourismus sind Klassenfahrten unter freizeitpädagogischen Gesichtspunkten auch eine Möglichkeit, selbst reisen zu lernen und nicht »bequem gereist zu werden«. Lehrer, Studenten und Schüler haben im *Verein »Reisen – Freizeit – Lernen e. V.«* (Krottorfer Str. 18, 57482 Wenden, Tel. 0 27 62/ 74 97) ein organisatorisch erprobtes Konzept zum handlungsorientierten *»Reisen und Lernen«* entwickelt. Das Angebot richtet sich an alle Schulen in Deutschland. Es umfaßt insbesondere

– *Abenteuer- und Erlebnisreisen* (z. B. Erleben der Natur bei Wildniswanderungen, Floß-, Schlauchboot- und Kanufahrten mit intensivem Bezug zur Landschaft und Herausforderung körperlicher Anstrengung)
– *alternative Studienreisen* (z. B. Schule auf Rädern, Flußkreuzfahrten und Städteexkursionen mit neuen Formen des Erkundens, mobile Schullandheimaufenthalte mit Teilnahme an ökologischen Initiativen und Projekten)
– *workcamps* (z. B. zur Herstellung künstlerischer Produkte oder zur Mitarbeit in Bürgerinitiativen)
– *sozialpädagogisch orientierte Ferienlager* (z. B. gemeinsam mit behinderten Kindern).

Schließlich ist das Beispiel gemeinsam mit türkischen Schülern durchgeführter *Klassenfahrten in die Türkei* (*Jungblut/Röhring* 1984, 542 ff.) als Großprojekt ebenso zu nennen wie die umfangreiche *Projekterfahrung* im normalen *Schullandheim* (*Verband Deutscher Schullandheime* 1979).

»Handlungssituationen in den (Fach-)Unterricht integrieren«, – das war das Ziel aller Beispiele bisher. In jüngster Zeit ist eine Fülle weiterer Möglichkeiten erprobt worden, die von der »Projektgruppe Praktisches Lernen« (Münzgasse 22–30, Institut für Erziehungswissenschaft II, 7400 Tübingen) angeregt wurden. Besondere Bedeutung erhält diese Initiative dadurch, daß sie mit der Robert-Bosch-Stiftung/Stuttgart zusammenarbeitet, die seitdem eine finanzielle Förderung besonderer Projekte praktischen Lernens in allen Schulformen und Bundesländern ermöglicht. Praktisches Lernen in den Fächern Mathematik und Naturwissenschaften wurde dokumentiert bei *Münzinger/Liebau* (1987), in Fremdsprachen bei *Edelhoff/Liebau* (1988), in Arbeitslehre bei *Fauser/Konrad/Wöppel* (1989), allgemein in der Serie »Praktisches Lernen« (PÄDAGOGIK H. 9–12/1989). Grundsätzlich reflektiert wurde es unlängst in der Neuen Sammlung (H. 3/1990). Interessenten für Kooperation und Förderung sollten sich an die regionalen Arbeitsstellen wenden:

Berlin: PLUS e.V., Max-Beckmann-Oberschule, Auguste-Viktoria-Str. 37, 13467 Berlin

Hamburg: Verein Prakt. Lernen und Schule e. V., Hartsprung 23 (IfL), 22529 Hamburg

Hessen: Praktisches Lernen und Schule. Projektbüro GH Kassel, FB 01, Arnold-Bode-Str. 10, 34127 Kassel

NRW: Nordrhein-Westfälischer Verein zur Förderung des Praktischen Lernens e. V., Auf dem Jäger 5b, 44892 Bochum

Doch zurück zum (Fach-)Unterricht. Handlungsorientierte Unterrichtsformen bieten auch die Möglichkeit, andere Formen der Auswertung und Leistungsbeurteilung als Klassenarbeit und Test zu realisieren.

4.3 (Fach-)Unterricht handlungsorientiert auswerten – Lernkontrolle und Zensuren

In einer handlungsorientierten Unterrichtsauswertung sind im Unterschied zur traditionell üblichen Beschränkung auf die Leistungsbewertung der Lernenden *zwei Aspekte* gemeint:
– die Auswertung (insbesondere handlungsorientierter Phasen) des *Unterrichts*, gemeinsam mit den Schülern/innen
– und die Feststellung/Überprüfung des *Lernzuwachses* bei den einzelnen Schülern/innen.

Gegenstand einer Nachbereitung sind also nicht nur Kontrollen der Unterrichtsergebnisse bei den Lernenden, sondern auch die Reflexion des abgelaufenen Unterrichtes. (Damit wird übrigens auch das Lehrer/inverhalten prinzipiell Gegenstand der Auswertung). Wenn Unterricht unter Mitplanung durch Lernende realisiert wird, müssen diese selbstverständlich auch in das kritische Auswerten einbezogen werden. Leitendes Prinzip dabei ist, auch bei der Überprüfung des Erfolges die Handlungsorientierung so weit wie möglich konsequent durchzuhalten. Das ist angesichts der *Dominanz traditioneller Prüfungsrituale* (vom Test über die Klassenarbeit bis zur mündlichen Leistungsüberprüfung) ein ungeheuer schwieriges Unterfangen. Aber auch in der Auswertung einer relativ herkömmlich abgelaufenen Unterrichtseinheit können Lernkontrollen und – sofern überhaupt gewünscht – auch die Auswertung des Unterrichtsverlaufs in Einzelelementen handelnd gestaltet werden. Die unten angeführten Beispiele sollen ermutigen, in dieser Richtung weiterzudenken.

Eine handlungsorientierte Unterrichtsauswertung besteht genaugenommen in einem nicht lösbaren Konflikt bzw. Spannungsverhältnis zum herkömmlichen Leistungsverständnis und den daraus folgenden Verfahren der Leistungskontrolle und vor allem der Leistungsbewertung durch Zensuren (vgl. *Henze/Nauck* 1985, WPB 1982). Wie will man die in einer intensiven Erkundung entstandene neue Einstellung eines/r Schülers/in zu Behinderten und ihren Alltagsproblemen zensieren, wie die kommunikative Fähigkeit, Gefühle äußern und Beziehungen gestalten zu können, benoten? Nicht die Fähigkeit, auf Lernziele hin operationalisiertes Wissen in einer genau definierten Zeit (40 Minuten-Klausur) ritualisiert reproduzieren zu können, steht im Mittelpunkt eines handlungsorientierten Leistungsbegriffes, sondern »kooperative Produktivität in einem Betätigungsgebiet« (*Frey* 1990, 189). Damit wird der Leistungsbegriff nicht gerade einfacher, Leistung erst recht nicht besser meßbar, aber es treten Konkurrenz, Herstellen von Unterschieden zwischen Individuen, Einzelprüfung und Tauschwertcharakter von Zensuren in den Hintergrund.

Zur Auswertung des Unterrichtes: In gewisser Weise sagt ein erstelltes Produkt oder ein gelöstes Problem »selbstredend« etwas über den Unterrichtserfolg und sind auch schon Leistungsnachweis genug: Ein funktionierender Sonnenkollektor, ein erfolgreich aufgeführter Film oder ein restauriertes Haus »sprechen für sich«. Eine eigene Reflexionsphase ist aber in der Regel nötig, um die *Qualität der Handlungsprozesse* zu prüfen, die zum Produkt geführt haben, bzw. um handlungsorientierte Phasen ohne greifbares »Produkt« kritisch zu analysieren und zu bewerten.

Praktische Hilfsmittel dazu sind z. B.
- ein *Fragenkatalog*, der die Anfangsziele und die Planung auf die Ergebnisse des Unterrichtes bezieht (*Bönsch/Schittko* 1979, 77 ff.) und der gemeinsam bearbeitet wird
- eine vom/von der Lehrer/in ausgeteilter *Fragebogen* mit offenen Fragen oder Antworten nach dem Multiple-choice-Verfahren oder auch Skalierungen zur Bewertung von Statements oder Fragen (*Fuhr* 1979, 107 f.)
- *feedback-Instrumente*, z. B. Gruppenprozeß-Analysen (*Gudjons* 1990, 156 ff., *Wagner* 1983, 133 ff.).
- *Rollenspiele*, die bestimmte Phasen, Probleme oder Aspekte rückblickend noch einmal thematisieren
- *Protokolle, gefilmte* Teile der Arbeit oder auf andere Weise dokumentierte Prozesse können Gesprächsgrundlage sein
- von *Schüler/innen allein strukturierte Auswertungsgespräche* (z. B. Diskussionsleitung durch eine Schülerin oder einen Schüler).

Zur Feststellung des individuellen Lernzuwachses (Lernkontrolle): Seien wir nicht blauäugig. Im gegenwärten Schulsystem wird die Selbstproduktion der Schüler/innen als handlungsfähige Subjekte dominiert von der Selektion für verschiedene Entfaltungschancen (*Schulz* 1981, 3. Aufl., 135). Dennoch ist die Selbstkontrolle im Lernprozeß unerläßlicher Bestandteil rationalen Handelns. Außendruck entfällt umso mehr, je stärker die Lernenden an der Zielbestimmung, an der Strategieentwicklung zur Erreichung dieser Ziele und an deren Realisierung im Unterricht beteiligt waren. Insofern ist die Selbst-Evaluation umfassendes Anliegen des handlungsorientierten Unterrichtes.

Trotzdem: Irgendwann kommen die Zensuren. Die Zensierungsproblematik stellt sich vor allem dann, wenn handlungsorientiertes Lernen nicht in einer zensierungsfreien Projektwoche, sondern im ganz alltäglichen Fachunterricht geschieht. Es führt

(trotz der vernichtenden Kritik an der Ziffernnote) längerfristig kein Weg an der Zensur oder an der Punktvergabe vorbei. Darum ist es gerade für handlungsorientierte Phasen im Unterricht unbedingt notwendig, den Schülern/innen offen und klar zu sagen, auf welche Weise und für welche Leistungen wann Noten gegeben werden müssen, oder sich zu verständigen, einzelne Elemente von Handlungsorientierung ausdrücklich aus diesem Zwang herauszunehmen! –
Abschließend eine Reihe von praktischen Möglichkeiten, Selbstkontrolle von Lernergebnissen durch Handlungsmomente zu ermöglichen.

- »*Expertenbefragung*«: Eine Kleingruppe wird von den andern Schülern/innen mit Fragen zur ihr vertrauten Sache konfrontiert. Die Fragen sollen möglichst (evtl. in Kleingruppen- oder Partnerarbeit) vorbereitet werden. Auch der/die Lehrer/in kann Fragen stellen. – Eine sinnvolle Hausaufgabe: Fragen zu sammeln und zu formulieren. – *Variante*, die außerordentlich spannend und aktivierend ist: *Rollentausch*, der/die Lehrer/in wird als »Schüler/in« befragt. Ich habe noch keine Klasse erlebt, die nicht mit einer gewissen Schaden(vor)freude hochkonzentriert auf Fehler des/der Lehrers/in gewartet hat, – und durch das aufmerksame Verfolgen dieser Befragung (ungewollt) selbst viel gelernt hat ...
- *gemeinsame Entwicklung eines Tests:* Die Klasse trägt Fragen auf Karteikarten zusammen (mit Antworten auf der Rückseite). Dabei können wichtige Fragen auch vom/von der Lehrer/in selbst eingebracht werden. Für den endgültigen Test wählt der/die Lehrer/in einige Aufgaben aus (*Wagner 1985, 19*)
- »*Situationstest*«: eine auf das Sachthema (z. B. Atomkraft) bezogene Situation schildern (wie der Anfang einer Geschichte, die fortgesetzt werden soll: »Im Bus las Peter eine Zeitungsüberschrift: ›AKW abgeschaltet‹, die ihm nicht aus dem Kopf geht. In der Schule fragt er seinen Freund, warum man das gemacht hat und ob da wieder Grüne am Werk waren. Der antwortet: ...«) oder die Vorgabe einer Situation für eine Kleingruppe, die kooperatives Arbeiten erfordert, oder die Vorgabe von Gegenständen, die mit einer Aufgabenstellung verknüpft sind. Situationen müssen dabei mit jenen verwandt sein, die in der unterrichtlichen Arbeit vorgekommen sind (*Frey 1990, 190 ff.*)
- eine *Klassenarbeit kooperativ schreiben*, entweder indem eine zeitlich begrenzte Phase gegenseitigen Befragens, der Ideensammlung und Diskussion am Anfang ermöglicht wird (*Boettcher* u. a. *1976, 198*) oder indem Partner sich gegenseitig helfen, anregen und korrigieren dürfen (*Wagner 1982, 95*)
- *Schülerbeurteilungen einbeziehen:* Nachdem der/die Lehrer/in z. B. einen Aufsatz korrigiert und seine/ihre Kommentare separat notiert hat, erhalten Kleingruppen die Hefte jeweils einer andern Kleingruppe, arbeiten diese arbeitsteilig durch, diskutieren und bewerten sie, anschließend Vergleich mit dem Lehrer/inurteil, bei Unterschieden in der Note nochmalige Besprechung zwischen Gruppe und Lehrer/in (*Fuhr 1979, 120 f.*)
- *eine Wandzeitung anfertigen* durch eine Gruppe oder eine/n einzelne/n zu einer Aufgabenstellung, die Themenaspekte zusammenfassend festhält. Notfalls geht es auch durch ein *Referat* einer Gruppe oder von einzelnen zu einem Themenaspekt, evtl. mit Beurteilung durch die Klasse
- ein *Lerntagebuch*, in dem während der Arbeit Berichte von einzelnen über Lernerfolge und -schwierigkeiten, zu inhaltlichen Schwerpunkten, Leistungseinschätzungen während einzel-

ner Phasen festgehalten und mit Lehrer/innenkommentar versehen wurden, als *lernprozeßbegleitendes* Instrument der Steuerung und Kontrolle.
- einzelnen Schülern oder der Klasse einen *Brief schreiben* zu Erfolgen, Lücken, Vorschläge für weiteres Arbeiten u. a. m.
- der gesamten Kleingruppe *dieselbe Note* für eine Leistung geben (aktiviert die Mitglieder)
- *schriftliche Arbeiten* so anlegen, daß sie sinnvoll *ins Projektergebnis eingebaut* werden können, z. B. Aufsätze als Teil einer Ausstellung
- schließlich können auch *schriftliche Ergebnisprotokolle* helfen, den eigenen Lernprozeß zu überprüfen.

Vorschläge zur *Benotung* eines Produktes oder einer anderen Leistung können darüber hinaus in Lerngruppen in gleicher Weise zum Gegenstand gemeinsamer Arbeit gemacht werden wie die Tätigkeit in der Planungs- und Handlungsphase selbst. Weil aber auch hier die handlungsorientierte Unterrichtsauswertung keine Wunder vollbringen wird, muß erfahrungsgemäß mit dem *Wiederaufbrechen* von *Konkurrenzorientierung* und *Tauschwertprinzip* auch bei diesem Prinzip gerechnet werden.

4.4 Vier didaktische Probleme des handlungsorientierten Unterrichtes

4.4.1 Problem: Systematik des Lehrgangs und Zufallsmoment beim Handeln

Wenn handlungsorientierter Unterricht nicht zu einem Supermarkt mit Selbstbedienung verkommen will, in dem die zufälligen Lernbedürfnisse der Schüler/innen dominieren, muß er sich seines Bezuges zum systematisch geordneten Lehrgang und zu den Funktionen des Lehrplans in der Schule vergewissern (*Bielefeldt/Emunds* 1987, Glöckel 1992).
Es läßt sich historisch zeigen, daß genau genommen nicht die Intentionen des handlungsorientierten Unterrichtes (der das Leben »draußen« wieder stärker in die Schule hineinholen will) ursprünglich Schule konstituieren, sondern das Prinzip des *Lehrgangs. Pestalozzi* hat dies als einer der ersten deutlich erkannt: mit aufkommender Industrie wird »Schule« nötig (*Geißler* 1969).
Aber wie vermittelt die Schule nun Fähigkeiten und Kenntnisse, die durch traditionelles Miterleben und Mittun nicht erworben werden können? »Dann wird eine kunstvoll Schritt für Schritt vorgehende, vom Einfachen in das komplizierte Ganze allmählich einführende Unterweisung nötig.« (*Geißler* 1969, 165) Hier – d. h. in der Herausnahme des Lernens aus dem Leben! – liegen die Wurzeln des metho-

disch geordneten Unterrichts in der Form des Lehrgangs. Der Begriff Lehrgang »bezeichnet eine geplante und festgelegte Ordnung, in der die Inhalte eines größeren, komplexen Sachverhalts so zur Darstellung, Repräsentation kommen, daß der Schüler bzw. der Teilnehmer den gesamten Bereich geistig erfassen, ... erlernen kann« (*Reintges*, in: *Twellmann* 1981, Bd. 4.1, 197). Während das Leben den heranwachsenden Menschen unsystematisch bildet, tut die Schule dies im Lehrgang planmäßig. Das ist ihre Stärke, – aber eben auch zugleich ihre Schwäche, weil die Weitergabe didaktisch aufbereiteter Wissensbestände in Form perfektionierter, rational durchgeplanter Instruktion jederzeit bis zur Erstarrung degenerieren kann.

Während handlungsorientierter Unterricht z. B. in der Form des Projektunterrichtes die Lebensweltorientierung und den *Situations*bezug einer Aufgabe (d. h. die »Einbettung« in den realen Lebenszusammenhang) betont, ist der Lehrgang gerade dadurch gekennzeichnet, daß er sich *nicht* an die dingliche Ordnung des »Lebens« hält, sondern den Kategorien folgt, mit denen der Mensch die Mannigfaltigkeit der Erscheinungen erfassen gelernt hat. Er gliedert die Welt auf in ein System, das sich z. B. an der *Systematik der Wissenschaften* orientiert. Dabei werden Sachverhalte auch mehr oder weniger künstlich und willkürlich isoliert, um lehrbar zu werden, – auch um den Preis der Reduzierung. Ferner zerlegt der Lehrgang Sachverhalte in *Teileinheiten*, die zum Zwecke der besseren Vermittelbarkeit an Schüler (gegenüber der Lebenswirklichkeit) umgruppiert und nach didaktischen Gesichtspunkten neu geordnet werden (z. B. vom Leichten zum Schweren, vom Anschaulichen zum Abstrakten u. a. m.). Vor allem enthält der Lehrgang eine *Vorabentscheidung* über Lehr- und Lernziele, inhaltliche und planerische Zugänge und Wege.

Kritisch betrachtet hat der historische Prozeß der Institutionalisierung des Lehrens und Lernens im Lernort Schule unter Betonung des Lehrgangsprinzips dreierlei mit sich gebracht (*Keck/Sandfuchs* 1979, 15):

» – eine künstliche Systematisierung des Wissens in der Form des Unterrichts,
 – eine künstliche Trennung des Lernens aus dem natürlichen Lebens- und Handlungszusammenhang, und damit
 – eine Theoretisierung der gesellschaftlichen Praxis und eine Kanalisierung der Ausbildung unter starker Anpassung an die Wissenschaftsentwicklung von Fächern.«

Die Konsequenz einer durchgängigen Ersetzung des Lehrgangs (und seiner negativen Folgen) durch Projektunterricht würde letztlich aber einer *Entschulung* gleichkommen. Das wäre ein historischer Rückfall. Denn wenn die Eingangsthese stimmt, daß die moderne, hochkomplexe und nicht mehr überschaubare gesellschaftlich-kulturelle Wirklichkeit nicht mehr allein durch Mittun, Erfahrung und ungeplantes Lernen »by the way« einholbar ist und daß Handlungskompetenz durch

»informelles Lernen« nur noch in Ansätzen vermittelt werden kann, dann *muß* Lernen institutionalisiert und systematisch organisiert werden. Heinrich Roth (1963, 7. Aufl.) hat daher die »originale Begegnung als methodisches Prinzip« insofern relativiert, als er auch dem Konzept des »orientierenden Lernens« (ebd. 111) ein Recht einräumt, weil es Überblick, Zusammenhänge, Ordnungen vermittelt. Je komplexer die Wirklichkeit wird, desto eher werden in der Hinführung zu dieser Wirklichkeit vielseitig umsetzbare Lern- und Problemlösestrategien nötig, die grundlegende Einsichten und systematische Aufklärung ermöglichen. Selbst die lehrerzentrierte, kleinschrittige Vermittlung eines Sachverhaltes hat ihren Raum. Deshalb sind beide »*Grundmethoden*« – Belehren und Erarbeiten –, auf die sich alle Methodenvielfalt nach T. Dietrich letztlich zurückführen läßt, in der Schule notwendig, sie müssen nur »sinnvoll und sachgerecht eingesetzt werden« (T. *Dietrich* 1988, 211).

> Handlungsorientierter Unterricht, der (gegenüber der Stofffülle und dem Vollständigkeitspostulat) tätige Aneignung in ausgewählten Beispielen anstrebt, muß deshalb dafür sorgen, daß das Beispiel als ein Beispiel *für* ... erfaßt wird, daß die Schüler/innen die am Einzelfall erworbenen Erfahrungen und Erkenntnisse auch auf neue Sachverhalte und Situationen (für die das handelnd erarbeitete Beispiel stellvertretend war) übertragen können. Und dazu bedarf es des Transfer. Transfer aber stellt sich nicht in jedem Fall automatisch ein (*Weinert* 1974, 216ff.), sondern muß gefördert und geübt werden. Wenn ein solches *exemplarisches Lernen* nicht situativ beschränkt bleiben soll, muß es mit umfassenden Zusammenhängen, mit zusätzlichen Informationen und Verallgemeinerungen verknüpft und vernetzt werden, damit es zum einsichtigen und kritischen Lernen werden kann.

Für den handlungsorientierten Unterricht bedeutet das bisher Gesagte zweierlei. *Erstens:* Handlungsorientierter Unterricht bleibt auf die Integration von Lernergebnissen erfahrend-handelnder Unterrichtsphasen in der Systematik eines Problemfeldes und damit auf den Fachunterricht angewiesen, denn Handlungselemente bedürfen lehrgangsmäßiger Systematisierung/Einordnung. Wir müssen uns also bei der Inhaltsanalyse eines Themas fragen, wo die unterschiedlichen Schichten des Themas eben solche handlungsorientierten Zugänge ermöglichen und umgekehrt, welche besonderen Schichten einer Thematik sich überhaupt erst durch handlungsorientierte Zugänge erschließen. *Von Wulffen* (1997) nennt das den »zweiten Blick« und zeigt an einem Beispiel, wie sich im Lateinunterricht ein umfassenderes Verständnis z. B. der augustäischen Ära erst ergibt, wenn die – durch Lektüre von Klassikern erschlossene – Dimension des »glänzenden« Roms ergänzt wird durch handlungsorientierte Formen des Kennenlernens der meist »elenden Alltagskultur« der Mehrheit der Menschen. Unser Gehirn konstituiert, wie schon gezeigt, für eingehende Informationen Bedeutungen (*Otto* 1995), und je mehr kognitive Verarbeitungsnetze aufgebaut werden, desto »bedeutsamer« wird eine eingehende Information, desto mehr Zusammenhänge können hergestellt werden und desto »runder und wirklichkeitserfüllter« wird unser Bild von einer Sache. Entsprechend gilt umgekehrt: Ein solches Wissen kann unter *verschiedenen* Perspektiven wieder abgerufen und für neue Verarbeitungen fruchtbar gemacht werden. Damit gewinnt die aus der bildungstheoretischen Didaktik bekannte »didaktische Analyse« (*Klafki* 1991) unter wissenspsychologischen Gesichtspunkten eine neue Aktualität.

Handlungselemente sollen auch neue Interessen und Fragen wecken, die dann auf ihre Weiterführung im kursartigen, fachlich gegliederten Unterricht verweisen oder andere methodische Elemente (z. B. das eben genannte gemeinsame Lesen und Übersetzen fremdsprachlicher Texte) sinnvoll machen. Und solche anderen methodischen Elemente werden umgekehrt wiederum in dem Maß sinnvoller und durchschaubarer, in welchem sie für die Realisierung von handelnden Teilen fruchtbar gemacht werden. So ergeben sich aus dem übrigen Unterricht wieder Handlungsanstöße. In dieser wechselseitigen Verschränkung können Lehrgangselemente Teile (etwa in »Kleinformat« als Informationseinheiten) längerfristiger Handlungsphasen des Unterrichtes sein. Fehlt diese Spannung zwischen Handeln und Einordnung, Ausschnitt und Ganzem, endet handlungsorienterter Unterricht in Zufälligkeits- und Gelegenheitslernen.

Zweitens: Handlungsorientiertes Lernen ist das heute notwendige *Korrektiv* gegen die historisch bedingte Trennung von Schule und Leben, d. h. gegen die künstliche Isolierung, Systematisierung und Abtrennung des Lernens vom »natürlichen« Lebens- und Handlungszusammenhang und gegen die Theoretisierung gesellschaftlicher Praxis (womöglich inform abfragbarer und zerstückelter Wissenselemente) sowie gegen den darbietenden Unterricht als »Zeigedidaktik«.

Handeln im Unterricht heißt dabei aber nicht, »außerschulisches Handeln und Erfahren schlicht in die Schule hereinzulassen« (*Duncker/Götz* 1984, 21). Handlungsorientierter Unterricht soll keine Kopie der heute vorherrschenden restringierten außerschulischen Erfahrungsprozesse (vgl. Abschnitt 1.1.1) sein, sondern wird – wie am Beispiel des Projektunterrichtes gezeigt wurde – Erfahrungs- und Handlungsprozesse auf qualitativ hohem Niveau methodisch gestalten, gleichsam als »Musterbeispiel« für reflektiertes und erfülltes Handeln in einer handlungsarm gewordenen Lebenswelt.

Ein Schutz vor der Begrenztheit und Zufälligkeit von Erfahrungen liegt daher prinzipiell auch im *Lehrplan* (womit nicht die heute tatsächlich bestehenden legitimiert werden sollen!). So oft es auch in der Praxis Konflikte zwischen handlungsorientierter, projektbezogener Themenwahl gibt, so wenig darf die generelle Funktion staatlicher Lehrpläne geringgeschätzt werden. Sie bieten Abschirmung vor den einseitigen Ansprüchen gesellschaftlicher Gruppen (z. B. der »Abnehmer« von schulischer Qualifikation), sie sollen (jedenfalls dem Anspruch nach) die für *alle* Heranwachsenden pädagogisch begründbaren Inhalte und das, was eine Gesellschaft insgesamt für kulturell und überlieferungswürdig hält, festlegen und so vor interessengesteuerter, subjektivistisch verengter Auswahl bewahren. Ihre Funktion ist, eine *allgemeine Bildung für alle* zu sichern (*Klafki* 1985; *Sandfuchs* 1986).

Weil Lehrplanentscheidungen aber immer auch politische Entscheidungen sind, enthält jeder Lehrplan eine bestimmte *Auswahl*. Lernen nach dem Lehrplan hat also genauso zufällige Elemente, wie dies dem Projektunterricht vorgeworfen wird!

Außerdem darf natürlich nicht übersehen werden, daß Lehrpläne auch eine selegierende Funktion haben. Diese zeigt sich z. B. in der heute wieder zunehmenden Ablehnung einer wissenschaftsorientierten Bildung auch für Hauptschüler/innen, wobei unter dem Lobpreis des Wertes von »Handarbeit« und »Praxisbezug« durch die Hintertür die Blaujackenschule (E. *Frister*) wieder auferstehen könnte ...

Gleichwohl bleibt der handlungsorientierte Unterricht ein Stachel im Fleisch des Fachunterrichtes. Fachwissen ist nur *ein* Element, um sich in der Realität zu orientieren. Es gibt in der Schule zwar viele Fächer, aber jedes bringt – je höher die Jahrgangsstufe desto qualifizierter – den *Spezialisten* hervor. Die *Integration* indes wird in der Regel den Köpfen der Schüler/innen überlassen. Wenn es aber darum geht, in der realen Lebenswelt handlungsfähig zu werden, müssen mehrperspektivische Handlungsentwürfe aufgebaut werden. Und dazu leistet das *Handeln im Unterricht*, das sich an der fachübergreifenden Dimensionalität eines Problems orientiert, einen entscheidenden Beitrag.

4.4.2 Problem: Impulssteuerung durch Lehrer/in und Selbstbestimmung der Schüler/innen

Die Rolle des/der Lehrers/in in einem Unterricht, der sich auf selbständiges Handeln der Schüler/innen gründet, ist anders als beim üblichen »Unterricht-Geber« und bei der Einzelstunden-Lektion: Er/sie wird stärker zum Berater, Anreger, Vermittler und Supervisor (*Duncker/Götz* 1984, 90), ist nicht (mehr) Alleinplaner, Kontrolleur, direktiver Lenker und alleiniger Lernerfolgsüberprüfer. Und trotzdem: in der Institution Schule weist das Rollenverhältnis von Lehrenden und Lernenden unabdinglich das Merkmal der *Komplementarität* auf. Eine solche Beziehungs- und Kommunikationsstruktur beruht prinzipiell auf sich ergänzenden Unterschiedlichkeiten (*Watzlawick* u. a. 1967). Sie ist damit das Gegenteil symmetrischer Kommunikationsmuster. Partiell kann diese Struktur außer Kraft gesetzt werden, indem der/die Lehrer/in sich z. B. in einem Gespräch als gleichberechtigte/r Diskussionsteilnehmer/in verhält; sie kann sich auch graduell verschieben, indem der/die Lehrer/in den Schülern/innen größeres Mitspracherecht einräumt, – aber sie kann sich aufgrund ihrer institutionellen Verankerung und der qualifikationsbedingten Unterschiedlichkeit von Lehrer/in und Schüler/in niemals prinzipiell auflösen, – trotz der »Symmetrie-Sehnsucht« (*Bastian* 1986, 28) vieler Lehrer/innen.

Gerade der handlungsorientierte Unterricht muß diese Komplementarität anerkennen. Er legt *innerhalb* dieser Bedingungen die Lehrer/infunktion so an, daß Selbständigkeit und Selbsttätigkeit der Lernenden ermöglicht und gefördert wird. Damit wird die Spannung zwischen Eingreifen und die Schüler/innen *selbst* die Folgen ihrer (Fehl-)Entscheidungen spüren lassen zu einem ständigen Balanceakt innerhalb der Pole Zurückhaltung und Bevormundung. – Darum kann es nur um die Frage gehen, *wie* er/sie interveniert und mit welcher Qualität er/sie den Lern- und Arbeitsprozeß strukturiert. Dazu bedarf es aber nicht nur einzelner kognitiver Strukturierungsangebote, sondern wegen der Komplexität und Multidimensionalität des Unterrichts in sachlicher, sozialer, methodischer und psychologischer Hinsicht einer umfassenden Interventionskompetenz.

Aber wie sieht das praktisch aus? Das Konzept der *»Impulssteuerung des Unterrichts«* (*Keck* 1983, 5) und das der *»Lernhilfen«* (*Einsiedler* 1981) sind für den handlungsorientierten Unterricht besonders wichtig. Ausgehend von der Überwindung der falschen Frontstellung Lehrerfrage contra Lernimpuls hat *Keck* (ebd. 6f.) den besonderen Charakter des Impulses als Ermöglichung und Chance selbständigen Strukturierens für den/die Schüler/in herausgestellt: der Impuls hat »die wesentliche Aufgabe, zum aktiven Sprechen anzustoßen und die Teilnehmer durch Provokation zum Hinterfragen und Abwägen, zum Widerspruch und zur Kritik zu veranlassen, d. h. die Denkbewegung im Gespräch zu strukturieren« (ebd. 12). Das Wesentliche an der Impulssteuerung ist, daß sie der Zielorientierung des/der Lehrers/in ebensowenig widerspricht wie den Prinzipien »Autonomie statt Abhängigkeit, ... Schülerorientierung statt Stoffdiktat, ... Selbstsehen und Selbsterfahren statt ... Fremd- und Sekundärerfahrung« (ebd. 7), denn Impulse von der o. a. Qualität steuern nicht linear einen »Schrittchentrott«. Sie haben keine ziel*determinierende*, sondern ziel*orientierende* Funktion (ebd. 8). Damit ergeben sich Handlungsaufträge nicht als Vorschrift des/der Lehrers/in, sondern Konsequenzen eines sach- und problembezogenen Handlungsplans.

Auch *Lernhilfen* sind im Übergangsfeld zwischen Selbst- und Fremdsteuerung angesiedelt. Sie bilden gleichsam die Nahtstelle zwischen beiden Steuerungstypen und werden an besonders schwierigen Stellen des Unterrichtsverlaufes eingesetzt. *Einsiedler* (1981, 135 ff.) beschreibt *vier Typen* von Lernhilfen: 1. *Motivierungshilfen*, z. B. kognitive Konflikte erzeugen: eine Messingkugel paßt nach Erwärmung nicht mehr durch den Ring (Überraschung), eine unwahrscheinliche mathematische Aussage (Zweifel), Umsetzung einer Information in ein Problem (statt: »Ein Flußkraftwerk wird gebaut an einer Stelle, die ...«: »Wo würdet ihr an unserem Sandkastenmodell des Flußverlaufes ein Kraftwerk mit Mauer, Stollen und Generatorenhaus bauen?«) u. a. m.; 2. *Repräsentationshilfen* durch Bilder, Modelle, Medien; 3. *Aktivierungshilfen* (vgl. die Beispiele von Handlungssituationen 4.2), wobei immer darauf zu achten ist, daß Handlungen kognitive Aktivitäten anregen (vgl. Aebli im Abschnitt 2.2); 4. *Integrationshilfen* zur Eingliederung neuen Wissens, Übung und Anwendung/Übertragung (z. B. statt eines Lückentextes und Begriffen zur Wärmeströmung in Flüssigkeiten die Aufgabe: »Warum brennt Brei an, Suppe aber nicht?«).

4.4.3 Problem: Lehrziele von Lehrenden und Handlungsziele von Lernenden

Es wäre ein Traum, wenn die Lehrziele des/der Lehrers/in und die Handlungsziele der Schüler/innen immer übereinstimmen würden: Die Schüler/innen wollen durch ihr Handeln genau das *lernen*, was der/die Lehrer/in *lehren* will. Natürlich gibt es Berührungspunkte zwischen Lehrzielen und Handlungszielen, beide sind aber nicht identisch. In den Lehrzielen kommen Verhaltenserwartungen oder stoffliche Anforderungen als Forderungen der Gesellschaft auf die Schüler/innen zu und werden als solche durchgesetzt, während sich in den Handlungszielen die am Alltagsbewußtsein der Schüler/innen orientierten Bedürfnisse, Absichten und Interessen artikulieren (was nicht selten zum Widerspruch führt). Die entscheidende Frage ist, ob und wie sich Lehrziele und Handlungsziele vermitteln lassen. Entweder man schafft es, die Schüler/innen dazu zu bringen, sich die Lehrziele als Handlungsziele zu eigen zu machen (was umso eher gelingen dürfte, je stärker die Unterrichtssituationen für die Schüler/innen bedeutsame Probleme/Themenstellungen/Aufgaben enthält), oder aber es wird Raum gegeben, Interessenunterschiede auszusprechen, Gegensätze auszutragen und gemeinsame Handlungsziele auszuarbeiten und zu verfolgen.

Hier zeigt sich, daß weder Lehrziele noch Handlungsziele als statische, unveränderbare Eingangsgrößen verstanden werden dürfen. Beide können sich modifizieren, –

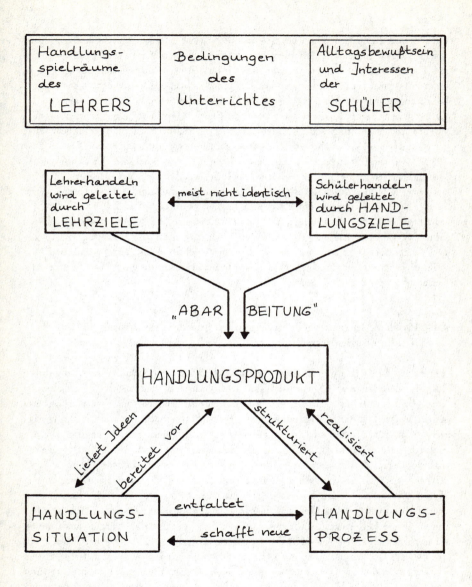

Abb. 3: Lehrziele – Handlungsziele – Handlungsproukt

mit einem Unterschied: Die Lehrziele des/der Lehrers/in (einschließlich der methodischen Maßnahmen) bleiben auch nach einer möglichen Veränderung organisierendes Prinzip für die *Zielorientierung* des Unterrichtes, während Handlungsziele in einer vorstrukturierten Eingangsphase des Unterrichtes didaktisch entwickelt, aufgebaut und gefördert werden (vgl. *Keck* 1983). Außerdem wird vom Lehrer und von der Lehrerin in anderer Weise erwartet, daß sie sich mit ihren Lehrzielen identifizieren.

»Lehr- und Handlungsziele können am ehesten dadurch aneinander abgearbeitet werden, daß im Unterricht versucht wird, Handlungsprodukte herzustellen« (*Meyer* 1980, 349). Im gemeinsam beschlossenen *Produkt* liegt gleichsam der Schnittpunkt von Lehrzielen und Handlungszielen. Das Produkt (Beispiel: 3. Welt-Film S. 72) hat dann sowohl hinsichtlich der Modifikation von Lehr- und Lernzielen als auch bei der Herstellung von offenen Handlungssituationen (Hungerspiel, S. 82) und den mit ihnen verbundenen Handlungsprozessen (Rollenschreiben, Szenenspielen, Kulissen bauen, S. 80) organisierende Kraft für die gesamte Unterrichtsgestaltung.

Das folgende zusammenfassende Modell (in Anlehnung an *Meyer* 1980, S. 344f.) zeigt diese Zusammenhänge, wobei auch die Berücksichtigung der Bedingungen des Gesamtprozesses eingeschlossen ist.

4.4.4 Problem: Institutionelle Bedingungen und die Einführung von handlungsorientiertem Unterricht

Angesichts der bekannten institutionellen Widerstände der Schule (Einengung durch den Stundenplan und 45-Minuten-Takt, Schulbau mit genormter Einheitsausstattung, Fächeraufteilung, Stoffdruck und Zensuren, Rechts- und Verwaltungsvorschriften usw.) ist die Konsequenz für die Einführung handlungsorientierten Unterrichts zunächst, diejenigen schulorganisatorischen Bedingungen zu schaffen, die mit einigem guten Willen und ohne großen Aufwand möglich sind. Dazu gehören insbesondere: *Zusammenfassung der Stunden verwandter Fächer* (Naturwissenschaften, sprachliche, musisch-aesthetische etc.), um für handlungsorientierte Unterrichtseinheiten mehr Zeit zu haben; *Absprache mit* den anderen in der Lerngruppe unterrichtenden *Lehrern/innen*, weil projektorientierte Arbeitsphasen für Schüler/innen meist erheblich zeit- und arbeitsaufwendiger sind und die Energien aus anderen Fächern abziehen; besser noch die *Zusammenarbeit der Lehrer/innen einer Fachgruppe*, die ein Projekt im Unterricht unter verschiedenen Aspekten betreuen (ein Projekt sollte immer von einer Gruppe von Kollegen/innen getragen und gestützt werden, wenn es sich um Ersterfahrungen handelt); *Aufklärung* anderer Kollegen/innen und der Eltern, weil handlungsorientierter Unterricht sonst leicht Feindschaft auf sich zieht; Absprache mit Schülern/innen und Lehrern/innen über die *Zensurenfrage* (Projekte müssen auch scheitern können, und dies muß sanktionsfrei möglich sein!); das Kämpfen um *Anerkennung des handlungsorientierten Unterrichts als normale Lernform*. Die neuere Diskussion darüber, wie sich Schulen ein eigenes Profil geben und Schulautonomie verwirklichen können, fördert dabei mit Sicherheit die Chancen des handlungsorientierten Unterrichts (vgl. PÄDAGOGIK H. 2/1995).

Der handlungsorientierte Unterricht lebt davon, wie gut er langfristig vorbereitet wurde, wie geduldig in kleinen Schritten Kompetenzen aufgebaut wurden, von der einfachen Fähigkeit, sich selbst und anderen Fragen stellen zu können über Kooperation, Selbstverantwortung und Initiative bis hin zur »mehrperspektivischen Handlungskompetenz«. Wer gutmeinend sofort auf die volle Handlungsstufe schaltet, wird in der Regel statt handlungsorientierten Unterrichts das Chaos produzieren.

Literatur

Bohnsack, F. u. a.: Schüleraktiver Unterricht. Weinheim 1984. Eine umfassende empirische Studie, die vor allem die Probleme und Chancen schüleraktiver Methoden in der Kooperation von Hochschule und Schule beschreibt.

Meyer, H.: Unterrichts-Methoden. 2 Bde. Frankfurt 1988 (2. Aufl.). Im ersten Band gibt Meyer eine Einführung in die Theorie der Unterrichtsmethoden, im zweiten stellt er eine Fülle von Praxisbeispiel zum methodischen Handeln in der Schule vor. Im Mittelpunkt seines Konzeptes steht die Handlungsorientierung des Unterrichtes, wie sie insbesondere in der 15. Lektion des zweiten Bandes ausführlich dargestellt und mit Vorschlägen für die Gestaltung des Unterrichts ergänzt wird. Meyers Vorstellungen sind mit unseren weitgehend identisch, das vorliegende Buch ist allerdings auf den Projektunterricht als zentraler Form handlungsorientierten Unterrichts stärker zugeschnitten.

Bönsch, M.: Schüler aktivieren. Hannover 1994 (3. Aufl.). Ein Standardwerk zum Thema aktivierender Verfahren des theoretisch ebenso wie praktisch orientierten Hannoveraner Schulpädagogen.

Bönsch, M.: Variable Lernwege. Paderborn 1995 (2. Aufl.). In diesem Lehrbuch der Unterrichtsmethoden werden neben den traditionellen Verfahren vor allem auch alternative Ansätze vorgestellt – dies mit durchgehendem Bezug zur praktischen Anwendbarkeit.

Statt eines Ausblicks

Wenn du einen Menschen etwas lehren willst, wird es es niemals lernen.
G. B. Shaw

»Hilf mir, es selbst zu tun!«
(Ein Kind zu *Maria Montessori*)

Es gilt, den Schüler aus den Passivum in das Aktivum zu übersetzen.
Hugo Gaudig

Für die Seele dagegen ist erzwungenes Lernen nie von bleibendem Wert.
Platon

Literaturverzeichnis

Aebli, H.: Denken: Das Ordnen des Tuns. Bd. I: Kognitive Aspekte der Handlungstheorie. Bd. II: Denkprozesse. Stuttgart 1980, 1981
Aebli, H.: Zwölf Grundformen des Lehrens. Stuttgart 1983
Aebli, H.: Grundlagen des Lehrens. Stuttgart 1987
Allerkamp, W.: Der Mörder von Bergedorf-Süd. Ein Filmprojekt. In: WPB H. 6/1984, S. 267 ff.
Angermeier, W. F. u. a.: Lernpsychologie. München 1984
Arbeitsgruppe Oberkircher Lehrmittel / AOL (Hg.): Handbuch zum Schulalltag. Bd. 1 Reinbek 1982, Bd. 2, Reinbek 1983
Arbeitsgruppe Oberkircher Lehrmittel (Hg.): Das AOL Projekte-Buch. (Handbuch zum Schulalltag. Bd. 3) Reinbek 1986
Ausubel, D. P.: Psychologie des Unterrichts. Weinheim 1973
Bach, G./Timm, J.-P. (Hg.): Englischunterricht. Tübingen 1989
Baer, U.: 500 Spiele für jede Gruppe für alle Situationen. Remscheid 1988
Bäuerle, D.: Alternativer Unterricht. Stuttgart 1980
Bahrdt, H. P.: Sozialisation und gebaute Umwelt. In: Neue Sammlung H. 4/1974, S. 211 ff.
Bastian, J.: Lehrer im Projektunterricht. Plädoyer für eine profilierte Lehrerrolle in schülerorientierten Lernprozessen. In: Westermanns Pädagogische Beiträge, H. 6/1984, S. 293 ff.
Bastian, J.: Projektunterricht planen. In: PÄDAGOGIK, H. 7/8, 1989, S. 72–75
Bastian, J.: Offener Unterricht. In: PÄDAGOGIK, H. 12/1995, S. 6–11
Bastian, H./Bastian, J.: Schüler und Lehrer lernen Projektunterricht. In: WPB H. 3/1980, S. 102 ff.
Bastian, J./Gudjons, H. (Hg.): Das Projektbuch. Hamburg 1986, 2. Aufl. 1989, 4. Aufl. 1994
Bastian, J./Gudjons, H. (Hg.): Das Projektbuch II. Hamburg 1990, 2. Aufl. 1993
Bastian, J./Gudjons, H. u. a. (Hg.): Zur Theorie des Projektunterrichtes. Hamburg 1997 (im Druck)
Beck, H.: Schlüsselqualifikationen. Bildung im Wandel. Darmstadt 1993
Beck, U.: Risikogesellschaft. Frankfurt/M. 1986
Becker, G. U.: Erfahrungen aus erster Hand – Erfahrungen aus zweiter Hand. In: WPB H. 2/1986, S. 40 ff.
Berg, C.: Wandel der Kindheit in der Industriegesellschaft. In: Neue Sammlung H. 3/1991, S. 411–435
Berg, C./Schulze, T.: Lehrkunst. Neuwied 1993
Berlyne, D. E.: Konflikt, Erregung, Neugier. Stuttgart 1974
Bielefelder Lehrergruppe: Schule kann anders sein. Reinbek 1979
Bielefeldt, H./Emunds, M.: Lehrgang und Projekt. Heinsberg 1987
Bleckwenn, H./Loska, R.: Phantasiereise. Imaginative Verfahren im Deutschunterricht. In: Pädagogik H. 12/1988, S. 25 ff.
Boden, M.: Meditation im Unterricht. In: PÄDAGOGIK, H. 12/1988, S. 36–41
Böhme, G.: Alternativen der Wissenschaft. Frankfurt/M. 1980
Böhme, G./v. Engelhardt, M. (Hg.): Entfremdete Wissenschaft. Frankfurt/M. 1979
Bönsch, M.: Schüler aktivieren. Hannover 1990 2. Aufl.
Bönsch, M.: Variable Lernwege. Paderborn 1991, 2. Aufl. 1995

Bönsch, M./Schittko, K. (Hg.): Offener Unterricht. Hannover 1979
Boettcher, W. u. a.: Lehrer und Schüler machen Unterricht. München 1976
Bohnsack, F. u. a.: Schüleraktiver Unterricht. Weinheim 1984
Bonk-Luetkens, M.: Planspiele und Planspielmodelle. In: Kreuzer, K. J. (Hg.), a.a.O., S. 269ff.
Borchert, M./Derichs-Kunstmann, K. (Hg.): Schulen, die ganz anders sind. Frankfurt/M. 1979
Brandes. H./Wilde, G./Wollrad, R. (Hg.): Entdeckendes Lernen im Unterricht. Oldenburg 1981
Brenner, G.: Kreatives Schreiben. Frankfurt/M. 1990
▼ Brenner, G./Niesyto, H. (Hg.): Handlungsorientierte Medienarbeit. Weinheim 1993
Brinkmann, G. (Hg.): Offenes Curriculum – Lösung für die Praxis. Kronberg/Ts. 1975
Brown, G. I. (Hg.): Gefühl und Aktion, Frankfurt/M. 1978
Bruner, J. S.: Der Prozeß der Erziehung. Düsseldorf 1970
Bruner, J. S.: Entwurf einer Unterrichtstheorie. Berlin 1974
Brunnhuber, P./Czinczoll, B.: Lernen durch Entdecken. Donauwörth 1974
Budilowa, J. A. u. a. (Hg.): Untersuchungen des Denkens in der sowjetischen Psychologie. Berlin 1973
Burow, O.-A./Gudjons, H. (Hg.): Gestaltpädagogik in der Schule. Hamburg 1994
Clasen, G. A./Gasow-Weiland, M.: Grüne Hügel statt grauem Beton. In: PÄDAGOGIK, H. 2/1996
Claussen, C. u. a.: Wochenplan- und Freiarbeit. Braunschweig 1993
Claußen, B./Koch, G. (Hg.): Lebensraum Schule und historisch-politische Erfahrungswelt. Frankfurt/M. 1984
Cohn, R. C./Terfurth, C. (Hg.): Lebendiges Lehren und Lernen. TZI macht Schule. Stuttgart 1993
Copei, F.: Der fruchtbare Moment im Bildungsprozeß. Heidelberg 1930, 1950, 2. Aufl.
Denecke, W. (Hg.): Gruppenunterricht als kritisch-kommunikative Unterrichtspraxis. Hannover 1981
Denecke, W.: Alternative Ernährung? In: WPB H. 7/1982, S. 302ff.
Dewey, J.: Wie wir denken (1910), Dt., Zürich 1951
Dewey, J.: Demokratie und Erziehung (1916). Dt., Braunschweig 1949 (2. Aufl.)
Dewey, J.: Der Ausweg aus dem pädagogischen Wirrwarr (1931). Dt., in: Dewey, J./Kilpatrick, W. H.: Der Projekt-Plan. Grundlegung und Praxis. Weimar 1935, S. 85–101
van Dick, L.: Alternativschulen. Reinbek 1979
Dietrich, G.: Bildungswirkungen des Gruppenunterrichtes. Donauwörth 1969
Dietrich, G.: Pädagogische Psychologie. Bad Heilbrunn 1984
Dietrich, I. (Hg.): Handbuch Freinet-Pädagogik. Weinheim 1995
Dietrich, T.: Zeit- und Grundfragen der Pädagogik. Bad Heilbrunn 1988, 4., neubearbeitete und erweiterte Auflage
Dörner, D.: Problemlösen als Informationsverarbeitung. Stuttgart 1972, 2. Aufl.
Dubs, R.: Konstruktivismus: Einige Überlegungen aus der Sicht der Unterrichtsgestaltung. In: Z. f. Päd. H. 6/1995, S. 889–903
Düker, H./Tausch, R.: Über die Wirkung der Veranschaulichung von Unterrichtsstoffen auf das Behalten. In: Z. f. experimentelle und angewandte Psychologie 1957, S. 384–400
Duncker, L./Götz, B.: Projektunterricht als Beitrag zur inneren Schulreform. Langenau–Ulm 1984
Duncker, L.: Erfahrung und Methode. Langenau–Ulm 1987

Edding, F./Mattern, D./Schneider, P. (Hg.): Praktisches Lernen in der Hibernia-Pädagogik. Stuttgart 1985
Edelhoff, C./Liebau, E. (Hg.): Über die Grenze. Praktisches Lernen im fremdsprachlichen Unterricht. Weinheim/Basel 1988
Eigler, G. u. a.: Grundkurs Lehren und Lernen. Weinheim 1973
Einsiedler, W.: Lehrmethoden. München 1981
Einsiedler, W.: Offener Unterricht: Strukturen – Befunde – didaktisch-methodische Bedingungen. In: WPB H. 1/1985, S. 20 ff.
Einsiedler, W.: Wissensstrukturen im Unterricht. Neuere Forschung zur Wissensrepräsentation und ihre Anwendung im Unterricht. In: Z. f. Päd. H. 2/1996, S. 167–191
Einsiedler, W./Härle, H. (Hg.): Schülerorientierter Unterricht. Donauwörth 1979
Emer, W. u. a.: Wie im richtigen Leben. Projektunterricht für die Sekundarstufe II. Bielefeld 1991
Engelkamp, J.: Das menschliche Gedächtnis. Göttingen 1990
Erdmann, J. W./Rückriem, G./Wolf, E. (Hg.): Kindheit heute. Bad Heilbrunn 1996
Fauser, P./Fintelmann, K./Flitner, A. (Hg.): Lernen mit Kopf und Hand. Berichte und Anstöße zum praktischen Lernen in der Schule. Weinheim 1983
Fauser, P./Flitner, A./Konrad, F.-M./Liebau, E./Schweitzer, F.: Praktisches Lernen und Schulreform. In: Z. f. Päd. H. 6/1988, S. 729 ff.
Fauser, P./Konrad, F./Wöppel, J. (Hg.): Lernarbeit. Arbeitslehre als Praktisches Lernen. Weinheim 1989
Foster, J.: Aktives Lernen – Konzeption des entdeckenden Lernens im Primarbereich. Ravensburg 1974, 2. Aufl. von G. Neff 1993
Frey, K.: Die Projektmethode. Weinheim 1982, 3. Aufl. 1990
Fröchling, J.: Ich spinne, also weiß ich. Erkenntnisgewinnung durch Phantasie beim Schreiben. In: WPB H. 2/1986, S. 24 ff.
Fucke, E.: Lernziel: Handeln können. Frankfurt/M. 1981
Fuhr, R. u. a.: Soziales Lernen. Innere Differenzierung, Gruppenunterricht. Braunschweig 1977
Fuhr, R.: Handlungsspielräume im Unterricht. Königstein/Ts. 1979
Fuhr, R./Gremmler-Fuhr, M.: Faszination Lernen. Köln 1988
Fuhr, R./Gremmler-Fuhr, M.: Gestalt-Ansatz. Köln 1995
Galperin, P. J.: Die Entwicklung der Untersuchungen über die Bildung geistiger Operationen. In: Hiebsch, H. (Hg.), a.a.O., S. 367–405
Galperin, P. J.: Die Psychologie des Denkens und die Lehre von der etappenweisen Ausbildung geistiger Handlungen. In: Budilowa, J. A. u. a. (Hg.), a.a.O.
Galperin, P. J./Leontjew, A. N. u. a.: Probleme der Lerntheorie. Berlin 1979, 5. Aufl.
Garlichs, A./Heipcke, K./Messner, R./Rumpf, H.: Didaktik offener Curricula. Weinheim 1974
Garlichs, A./Groddeck, N. (Hg.): Erfahrungsoffener Unterricht. Freiburg 1978
Geißler, G.: Strukturfragen der Schule und der Lehrerbildung. Weinheim 1969
Gerner, B. (Hg.): Das exemplarische Prinzip. Darmstadt 1966
Gerstenmaier, J./Mandl, H.: Wissenserwerb aus konstruktivistischer Perspektive. In: Z. f. Päd. H. 6/1995, S. 867–888
Gidion, J./Rumpf, H./Schweitzer, F. (Hg.): Gestalt der Sprache. Deutschunterricht und praktisches Lernen. Weinheim/Basel 1987
Glöckel, H.: Vom Unterricht. Bad Heilbrunn 1992, 2. Aufl.
Glück, G.: Buchbesprechung zu G. Dietrich, Bildungswirkungen des Gruppenunterrichts. München 1969. In: Z. f. Gruppenpädagogik H. 1/1976, S. 52–65

Goetsch, K.-H.: Projektunterricht bewerten. In: Bastian/Gudjons (Hg.) 1990, S. 257–265
Greiß, J.: Ansätze zur didaktischen Verknüpfung von Projekt- und Fachunterricht anhand zweier ausgewählter Beispiele. (Unveröffentlichte wiss. Hausarbeit). Hamburg 1991
Grieser, D.: Mitten im Leben lernen. Der Schulversuch »Die Stadt-als-Schule Berlin«. In: PÄDAGOGIK H. 2/1996
Grundmann, M./Huinink, J.: Der Wandel der Familienentwicklung und der Sozialisationsbedingungen von Kindern. In: Z. f. Päd. H. 4/1991, S. 529–554
Gudjons, H.: Gruppenunterricht. In: WPB H. 12/1979, S. 465 ff.
Gudjons, H.: Handelnder Unterricht – Handlungsorientierter Unterricht. In: WPB H. 9/1980, S. 345 ff.
Gudjons, H.: Gruppenunterricht auf dem Prüfstand. In: WPB H. 1/1985, S. 6 ff.
Gudjons, H.: Projektunterricht begründen. In: PÄDAGOGIK H. 7/8 1989, S. 47–52
Gudjons, H.: Spielbuch Interaktionserziehung. Bad Heilbrunn 1990, 4. Aufl.
Gudjons, H. (Hg.): Handbuch Gruppenunterricht. Weinheim/Basel 1993
Gudjons, H./Pieper, M./Wagener, B.: Auf meinen Spuren. Das Entdecken der eigenen Lebensgeschichte. Reinbek 1986, 2. Aufl. Hamburg 1992
Hänsel, D. (Hg.): Das Projektbuch Grundschule. Weinheim 1986
Hänsel, D./Müller, H. (Hg.): Das Projektbuch Sekundarstufe. Weinheim 1988
Halfpap, K.: Lernen lassen. Darmstadt 1996
Halfpap, K. u. a. (Hg.): Lernbüro (Bd. 2). Schwerte 1993
Halfpap, K./Marwede, H. (Hg.): Werkstattlabor (Bd. 2). Schwerte 1994
Hage, K. u. a.: Das Methoden-Repertoire von Lehrern. Opladen 1985
Hagedorn, F. u. a. (Hg.): Kindsein ist kein Kinderspiel. Frankfurt 1987
Haselmann, B.: Gruppenunterricht in der Sonderschule. Wiesbaden 1978
Hegele, J. (Hg.): Lernziel: Freie Arbeit. Weinheim 1995
Heller, A./Semmerling, R. (Hg.): Das Pro-Wo-Buch. Königstein 1983
Helsper, W.: »Daß man seine Geborgenheit nicht mehr hat« – Zur Antinomie der »Heimat« in einer oppositionellen Schüler-Szene. In: WPB H. 7/8/1985, S. 324 ff.
Henningsen, J.: Erfolgreich manipulieren. Methoden des Beybringens. Düsseldorf 1974
Hentig, H. v.: Schule als Erfahrungsraum. Stuttgart 1973
Hentig, H. v.: Das allmähliche Verschwinden der Wirklichkeit. München 1984
Hentig, H. von: Die Schule neu denken. München/Wien 1993
Henze, G./Nauck, J.: Testen und Beurteilen. Bad Heilbrunn 1985
Hessisches Institut für Bildungsplanung und Schulentwicklung (Hg.): Handlungsorientierter Unterricht in der Sekundarstufe I. (H. 1–6). Wiesbaden 1993
Hiebsch, H. (Hg.): Ergebnisse der sowjetischen Psychologie. Stuttgart 1969
Holtappels, H. G./Pfeiffer, H.: Projektlernen mit dem Computer. In: Bastian/Gudjons (Hg.) 1990, S. 118–131
Holzkamp, K.: Lernen. Frankfurt/M. 1993
Homfeldt, H. G./Kühn, A.: Klassenfahrt. Wege zu einer pädagogischen Schule. München 1981
Hurrelmann, K./Rosewitz, B./Wolf, H.: Lebensphase Jugend. Weinheim/München 1985
Huth, M. (Hg.): Unterrichtsprojekte konkret. Lichtenau 1984
Huth, M.: 77 Fragen und Antworten zum Projektunterricht. Hamburg 1988
Jank, W.: Unterricht, erfahrungsbezogener. In: D. Lenzen (Hg.): Enzyklopädie Erziehungswissenschaft, Bd. 3, S. 594–600. Stuttgart 1986

Jank, W./Meyer, H.: Didaktische Modelle. Frankfurt/M. 1991
Jantzen, W.: Galperin lesen – Anmerkungen zur Entwicklung einer historisch-materialistischen Theorie schulischen Lernens. In: Demokratische Erziehung 9 (1983) 5, S. 30–37
Jörg, H.: Freinet, die Bewegung »Moderne Schule« und das französische Schulwesen heute. In: Freinet, C.: Die moderne französische Schule. Paderborn 1965, S. 144 ff.
Jörg, S.: Per Knopfdruck durch die Kindheit. Köln 1987
Joerger, K.: Lernanreize. Königstein 1980
Jostes, M./Weber, R.: Projektlernen. Köln 1987
Jürs, G. u. a.: Projekte an Hamburger Schulen. Anregungen und Hilfen. Hamburg (Selbstverlag) 1985, 3. Aufl.
Jürs, G./Tobel, K./Goetsch, K.-H. (Hg.): Projekte an Hamburger Schulen. Hamburg 1990, 6. Aufl.
Jung, C. G. u. a.: Der Mensch und seine Symbole. Olten 1968.
Jungblut, G./Röhring, W.: Einmal Türkei und zurück. Notizen von einer Schulreise. In: WPB H. 11/1984, S. 542 ff.
Jugendwerk der Deutschen Shell (Hg.): Jugend 1981. Bd. 1–3. Hamburg 1981
Jugendwerk der Deutschen Shell (Hg.): Jugendliche und Erwachsene 1985, Bd. 1–5. Leverkusen/Hamburg 1985
Kaiser, A./Kaiser, F.-J. (Hg.): Projektstudium und Projektarbeit in der Schule. Bad Heilbrunn 1977
Kashnitz, D.: Handlungsorientierter Unterricht – Lernen oder action? In: Bundesfachgruppe für ökonomische Bildung (Hg.): Handlungsorientierung und ökonomische Bildung. Bergisch Gladbach 1993
Kath, F. M. (Hg.): Arbeit mit Projekten. Sonderheft 1 technic didact. Alsbach 1980
Keck, R.: Projekt/Vorhaben. In: Nicklis, W. S. (Hg.): Handwörterbuch der Schulpädagogik. Bad Heilbrunn 1973
Keck, R.: Unterricht Gliedern, Zielorientiert Lehren. Bad Heilbrunn 1983
Keck, R.: Impulssteuerung des Unterrichts. In: unterrichten/erziehen H. 2, Regensburg 1983, S. 5 ff.
Keck, R./Sandfuchs, U. (Hg.): Schulleben konkret. Bad Heilbrunn 1979
Kinter, J./Koch, M./Thiele, W.: Spuren suchen. Leitfaden zur Erkundung der eigenen Geschichte. Hamburg 1985
Klafki, W.: Neue Studien zur Bildungstheorie und Didaktik. Weinheim 1985, 2. Aufl. 1991
Klafki, W./Meyer, E./Weber, A. (Hg.): Gruppenunterricht im Grundschulunterricht. München 1981
Klemm, U./Treml, A. K. (Hg.): Apropos Lernen. Alternative Entwürfe und Perspektiven zur Staatsschulpädagogik. München 1989
Klewitz, E./Mitzkat, H. (Hg.): Entdeckendes Lernen und offener Unterricht. Braunschweig 1977
Klippert, H.: Projektwochen. Weinheim 1985
Klippert, H.: Methoden-Training. Weinheim/Basel 1994
Kluge, N.: Spielen und Erfahren. Bad Heilbrunn 1981
Knoll, M.: Calvin M. Woodward und die Anfänge der Projektmethode. Ein Kapitel aus der amerikanischen Erziehungsgeschichte 1876–1900. In: Z. f. Päd. H. 4/1988, S. 501–517
Knoll, M.: Europa – nicht Amerika. Zum Ursprung der Projektmethode in der Pädagogik 1702–1875. In: Pädagogische Rundschau 44. Jg. 1991, S. 41–48
Koch, J.: Projektwoche konkret. Lichtenau 1982

Kösel, E.: Die Modellierung von Lernwelten. Elztal-Dallau 1995, 2. Aufl.
Kornmann, R./Ramisch, B.: Lernen im Abseits. Heidelberg 1984
Kraft, P. (Hg.): Neue Schulhöfe. Braunschweig 1980
Krause, M./Kressel, T.: Stern ohne Himmel. Ein Theaterstück zum gleichnamigen Buch von L. Ossowski. In: WPB H. 1/1983, S. 26 ff.
Krauth, G.: Leben, Arbeit und Projekt. Frankfurt/M. 1985
Kratz, H.: Verantwortung für den eigenen Lernprozeß übernehmen. In: PÄDAGOGIK H. 7/8 1995, S. 30–34
Kremer, A./Stäudel, L. (Hg.): Praktisches Lernen im Naturwissenschaftlichen Unterricht. Marburg 1987
Kreuzer, K.-J. (Hg.): Handbuch der Spielpädagogik. Bd. 1–4. Düsseldorf 1983/84
Krieger, C. G.: Mut zur Freiarbeit. Baltmannsweiler 1994
Kunert, C.: Theorie und Praxis des offenen Unterrichts. München 1978
Kunert, C. (Hg.): Beispiele zum offenen Unterricht. München 1979
Landesinstitut für Curriculumentwicklung, Lehrerfortbildung und Weiterbildung des Landes NRW (Hg.): Projektwoche. Reihe: Curriculum Nr. 24. Neuss 1982
Landesinstitut für Schule und Weiterbildung NRW: Projektorientiertes Arbeiten in der Realschule. Soest 1988
Laubis, J.: Vorhaben und Projekt im Unterricht. Ravensburg 1976
Legutke, H./Thiel, W.: Airport. Bericht über ein Projekt im Englischunterricht in Klasse 6. In: WPB H. 7/1982, S. 288 ff.
Legutke, M.: Lebendiger Englischunterricht. Kommunikative Aufgaben und Projekte für schüleraktiven Fremdsprachenunterricht. Bochum 1988
Lehmann, J. (Hg.): Simulations- und Planspiele in der Schule. Bad Heilbrunn 1977
Lenk, H. (Hg.): Handlungstheorien – interdisziplinär. Bd. I–IV. München 1977–1984
Lenzen, D.: Kinderkultur – die sanfte Anpassung. Frankfurt/M. 1978
Leontjew, A. N.: Probleme der Entwicklung des Psychischen. Berlin 1975, 5. Aufl.
Leontjew, A. N.: Tätigkeit, Bewußtsein, Persönlichkeit. Stuttgart 1977
Löffler, R.: Ganzheitliches Lernen: Grundlagen und Arbeitsformen. In: Bach/Timm (Hg.) 1989, S. 42–67
Loose, M.: Mit »Community Education« zurück in die Zukunft. In: WPB H. 11/1985, S. 536 ff.
Lutz, R.: Die elektronische Umwelterfahrung. In: WPB H. 7/1983, S. 331 ff.
Maas, G.: Handlungsorientierte Begriffsbildung im Musikunterricht. Mainz 1989
Maier, F.: Z. B.: Der Kulturräuber Verres. Projektorientiertes Arbeiten im lateinischen Lektürenunterricht. In: Bastian/Gudjons (Hg.) 1990, S. 195–208
Mandl, H./Huber, G. (Hg.): Emotion und Kognition. München 1983
Mann, I.: Lernen durch Handeln. München 1977, 2. Aufl.
Mayer, W. G.: Projektunterricht in der Primarstufe. Lüneburg 1978
Meckling, I.: Zu den Skrupeln, in der Schule auch Persönliches zu äußern, und zu der Notwendigkeit, diese Skrupel zu überwinden. In: WPB H. 2/1986, S. 6 ff.
Meckling, I.: Schreibaufgaben auch für Nicht-Deutschlehrer. In: WPB H. 2/1986, S. 28 ff.
Messner, R.: Planung des Lehrens und Handlungsinteresses der Schüler im offenen Unterricht. In: WPB H. 4/1978, S. 145 ff.
Meyer, E.: Gruppenunterricht. Oberursel 1975, 5. Aufl.
Meyer, E. (Hg.): Handbuch Gruppenpädagogik – Gruppendynamik. Heidelberg 1977
Meyer, E.: Trainingshilfen zum Gruppenunterricht. Oberursel 1981

Meyer, H.: Leitfaden zur Unterrichtsvorbereitung. Königstein/Ts. 1980
Meyer, H.: Unterrichts-Methoden. Bd. 1 und 2. Frankfurt/M. 1987
Mie, K./Frey, K. (Hg.): Physik in Projekten. Kiel (IPN) 1988, 1989 2. Aufl.
Miller, R.: »Das ist ja wieder typisch« Kommunikation und Dialog in Schule und Schulverwaltung. 25 Trainingsbausteine. Weinheim/Basel 1996
Miller-Kipp, G.: Wie ist Bildung möglich? Die Biologie des Geistes unter pädagogischem Aspekt. Weinheim 1992
Miller, G. A./Galanter, E./Pribram, K. H.: Strategien des Handelns. Stuttgart 1973
Möller, K.: Lernen durch Tun. Frankfurt/M. 1987
Münzinger, W./Liebau, E. (Hg.): Proben auf's Exempel. Praktisches Lernen in Mathematik und Naturwissenschaften. Weinheim 1987
Münzinger, W./Frey, K. (Hg.): Chemie in Projekten. Kiel (IPN) 1989
Mundt, J. W.: Vorschulkinder und ihre Umwelt. Weinheim 1980
Neber, H./Wagner, A. C./Einsiedler, W. (Hg.): Selbstgesteuertes Lernen. Weinheim 1978, 1981 3. Aufl.
Neber, H. (Hg.): Entdeckendes Lernen. Weinheim 1973, 3. Aufl. 1981
Neff, G. (Hg.): Praxis des entdeckenden Lernens in der Grundschule. Kronberg 1977
Neuland, H. (Hg.): Schüler wollen lernen. Eichenzell 1995
Nipkow, K. E.: Sinnerschließendes, elementares Lernen – Handlungsperspektiven für die Schule angesichts der Lage der Jugend. In: Schweitzer, F./Thiersch, H. (Hg.), a.a.O., S. 154 ff.
Nuhn, H.-E./Vaupel, D. (Hg.): Projektarbeit. (Bezug GH Kassel) 1990
Nuhn, H.-E./Vaupel, D.: Projektlernen an nordhessischen Sekundarstufenschulen. In: PÄDAGOGIK H. 9/1991, S. 42–45
Odenbach, K.: Die deutsche Arbeitsschule. Braunschweig 1963
Otto, B.: Ist Bildung Schicksal? Gehirnforschung und Pädagogik. Weinheim 1995
PÄDAGOGIK: Schwerpunktthema »Über die Projektwoche hinaus« H. 7/8 1989 sowie zahlreiche weitere Hefte
Pestalozzi, J. H.: Sämtliche Werke, herausgegeben von A. Buchenau, E. Spranger, H. Stettbacher, Bd. III. Leipzig 1928
Petri, G.: Idee, Realität und Entwicklungsmöglichkeiten des Projektlernens. Graz 1991
Reetz, L.: Zum Konzept des handlungsorientiertes Lernens in der beruflichen Bildung. In: Schaube, W. (Hg.): Zum Konzept des handlungsorientierten Lernens, S. 33–36. Darmstadt 1995
Reiß, G./Eberle, G. (Hg.): Offener Unterricht. Freie Arbeit mit lernschwachen Schülerinnen und Schülern. Weinheim 1995, 3. Aufl.
Schäfer, U.: Internationale Bibliographie zur Projektmethode in der Erziehung 1895–1982. 2 Bde. Berlin 1988
Schaeffer, B./Lambrou, K.: Politische Bildung als Unterrichtsprinzip. Frankfurt 1972
Schaeffer, B.: Erfahrung als Grundlage politischen und sozialen Lernens. Überlegungen zu einer Didaktik der Gesellschaftslehre. In: Preuss-Lausitz, U./Schaeffer, B./Quitzow, W. (Hg.), a.a.O., S. 87 ff.
Schaube, W. (Hg.): Handlungsorientierung für Praktiker. Darmstadt 1995
Scheibe, W.: Die Reformpädagogische Bewegung. Weinheim 1971, 2. Aufl.
Scheller, J.: Erfahrungsbezogener Unterricht. Königstein 1981
Scheuerl, H.: Die exemplarische Lehre. Tübingen 1969, 3. Aufl.

Scheufele, K./Heller, A.: Parkingboys und Sonnenkollektoren. Eine Projektbeschreibung. In: Fauser, P./Fintelmann, K. J./Flitner, A. (Hg.), a.a.O., S. 28 ff.
Schmack, E.: Offenes Curriculum – offener Unterricht. Kastellaun 1978
Schreier, H.: John Dewey: Erziehung durch und für Erfahrung. Eingeleitet, ausgewählt und kommentiert von Helmut Schreier. Stuttgart 1986
Schroeder, G. u. H.: Gruppenunterricht. Berlin 1975
Schümer, G.: Projektunterricht in der Regelschule. In: 34. Beiheft der Z. f. Päd.: Leschinsky, A. (Hg.): Die Institutionalisierung von Lehren und Lernen, S. 141–158. Weinheim 1996
Schüttler, U.: Wir feiern ein Fest. In: WPB H. 7/1982, S. 314 ff.
Schütze, Y./Geulen, D.: Die »Nachkriegskinder« und die »Konsumkinder«: Kindheitsverläufe zweier Generationen. In: Preuss-Lausitz, U. u. a., a.a.O., S. 29 ff.
Schuhknecht, P.: Fahrradanhänger. In: PÄDAGOGIK H. 10/1988, S. 47 f.
Schulz, W.: Unterrichtsplanung. München 1981, 3. Aufl.
Schweingruber, R.: Das Projekt in der Schule. Bern 1979
Schweitzer, F./Thiersch, H. (Hg.): Jugendzeit – Schulzeit. Weinheim 1983
Seidel, O.: Zum Lernen herausfordern. Stuttgart 1995
Semmerling, R.: Projektlernen und Fachunterricht. In: Pädagogische Beiträge H. 5/1987, S. 19 ff.
Sharan, S. u. Y.: Gruppenzentrierter Unterricht. Stuttgart 1976
Söltenfuß, G.: Grundlagen handlungsorientierten Lernens. Bad Heilbrunn 1983
Söltenfuß, G./Halfpap, K. (Hg.): Handlungsorientierte Ausbildung im kaufmännischen Bereich. St. Augustin 1987
Stach, R. (Hg.): Projektorientierter Unterricht. Ratingen 1978
Stanford, G.: Gruppenentwicklung im Klassenraum und anderswo. Braunschweig 1980
Steinmann, B./Weber, B. (Hg.): Handlungsorientierte Methoden in der Ökonomie. Neusäß 1995
Struck, P.: Projektunterricht. Stuttgart 1980
Suin de Boutemard, B.: Schule, Projektunterricht und soziale Handlungsperformanz. München 1975
Suin de Boutemard, B.: Projektunterricht – Geschichte einer Idee, die so alt ist wie unser Jahrhundert. In: Bastian, J./Gudjons, H. (Hg.), a.a.O., S. 62 ff.
Thiersch, H.: Zum Unbehagen bei unserem Reden über Jugendprobleme. In: Schweitzer, F./Thiersch, H. (Hg.), a.a.O., S. 18 ff.
Treiber, B./Weinert, F. (Hg.): Lehr-Lern-Forschung. München 1982
Tulodziecki, G. u. a.: Handlungsorientierte Medienpädagogik in Beispielen. Bad Heilbrunn 1995
Twellmann, W. (Hg.): Handbuch Schule und Unterricht, Bd. 1–8. Düsseldorf 1980–1986
Tymister, H. J.: Didaktik: Sprechen – Handeln – Lernen. München 1978
Tymister, H. J. (Hg.): Projektorientierter Deutschunterricht. Düsseldorf 1975
Vaupel, D.: Offenen Unterricht strukturieren. In: PÄDAGOGIK H. 12/1995, S. 17–22
Vaupel, D.: »Entenpower auf Aktien«. In: PÄDAGOGIK H. 2/1996, S. 10–13
Vaupel, D.: Das Wochenplanbuch für die Sekundarstufe. Schritte zu selbständigem Lernen. Weinheim 1996, 2. Aufl.
Vaupel, D.: Raus aus der Schule! In: PÄDAGOGIK H. 1/1997
Vaupel, D.: Handeln und Lernen. 10 Praxisbeispiele aus dem offenen Unterricht in der Sekundarstufe. Weinheim 1997

Verband Deutscher Schullandheime (Hg.): Projektarbeit im Schullandheim, Bd. 1–4. o. O. 1979
Vohland, U.: Offene Curriculum – Schülerzentrierter Unterricht. Bochum 1980
Volpert, W.: Wie wir handeln – was wir können. Heidelberg 1992
Wagenschein, M.: Verstehen lehren. Weinheim 1973, 4. Aufl., 1989, 8. Aufl.
Wagenschein, M.: Wege zu einem andern naturwissenschaftlichen Unterricht. Ein Gespräch mit Martin Wagenschein. In: WPB, H. 2/1982, S. 66 ff.
Wagenschein, M.: Naturphänomene sehen und verstehen. Genetische Lehrpläne. Stuttgart 1988, 2. Aufl.
Wagner, A. C.: Selbstgesteuertes Lernen im offenen Unterricht – Erfahrungen mit einem Unterrichtsversuch in der Grundschule. In: Neber, H./Wagner, A. C./Einsiedler, W. (Hg.), a.a.O., S. 49 ff.
Wagner, A. C. (Hg.): Schülerzentrierter Unterricht. München/Weinheim 1982, 2. Aufl.
Wagner, A. C.: Offener Unterricht: Mut zum Risiko. Ein Praxisbeispiel. In: WPB H. 1/1985, S. 18 ff.
Walter, G.: Spielen im Sachunterricht. Heinsberg 1984
Watzlawick, P. u. a.: Menschliche Kommunikation. Bern 1967
Weber, H./Ziegenspeck, J.: Die deutschen Kurzschulen. Weinheim 1983
Weinert, F. (Hg.): Pädagogische Psychologie. Köln 1974, 8. Aufl.
Wenzel, H.: Unterricht und Schüleraktivität. Weinheim 1987
Westermanns Pädagogische Beiträge [WPB]: Schwerpunktthema: Die Not der Noten. H. 5/1982
Westermanns Pädagogische Beiträge: Schwerpunktthema: Freinet in der Sekundarstufe. H. 8/1983
Westermanns Pädagogische Beiträge: Schwerpunktthema: Wandel der Kindheit. H. 5/1986
Westermanns Pädagogische Beiträge: Schwerpunktthema: Handlungsorientierter Unterricht. H. 5/1987
Wilhelmer, B.: Lernen als Handlung. Köln 1979
Witzenbacher, K.: Handlungsorientiertes Lernen in der Hauptschule. München 1985
Wöhler, K. (Hg.): Gruppenunterricht. Hannover 1981
Wopp, C.: Unterricht, handlungsorientierter. In: D. Lenzen (Hg.), Enzyklopädie Erziehungswissenschaft, Bd. 3, S. 600–606. Stuttgart 1986
Wulffen, D. v.: Der zweite Blick. Handlungsorientierung im Lateinunterricht. In: PÄDAGOGIK H. 1/1997
Wygotski, L. S.: Denken und Sprechen. Berlin 1964
Ziehe, T.: »Ich bin heute wohl wieder unmotiviert.« – Von der Gratisproduktion der Kultur und der unsichtbaren Arbeit des Lehrers. In: WPB H. 7/1983, S. 316 ff.
Ziehe, T./Stubenrauch, H.: Plädoyer für ungewöhnliches Lernen. Reinbek 1982
Zur Kritik handlungsorientierter Ansätze in der Didaktik der Wirtschaftslehre. Mit Beiträgen von K. Beck, R. Czycholl, H. G. Ebner, H. Reinisch. Oldenburg 1989